清 主编

Research of Political Civilization

政治文明研究
2022

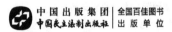

中国出版集团　全国百佳图书
中国民主法制出版社　出版单位

图书在版编目（CIP）数据

政治文明研究.2022 / 楚国清主编. —北京：中
国民主法制出版社，2023.3
ISBN 978-7-5162-3136-4

Ⅰ．①政… Ⅱ．①楚… Ⅲ．①社会主义政治学—研究
—中国 Ⅳ．①D6

中国国家版本馆 CIP 数据核字（2023）第 168545 号

图书出品人：刘海涛
出 版 统 筹：石　松
责 任 编 辑：姜　华

书　　　名 / 政治文明研究（2022）
作　　　者 / 楚国清　主编

出版·发行 / 中国民主法制出版社
地址 / 北京市丰台区右安门外玉林里 7 号（100069）
电话 /（010）63055259（总编室）　63058068　63057714（营销中心）
传真 /（010）63055259
http：//www.npcpub.com
E-mail：mzfz@npcpub.com
经销 / 新华书店
开本 / 16 开　710 毫米×1000 毫米
印张 / 19　字数 / 278 千字
版本 / 2023 年 9 月第 1 版　2023 年 9 月第 1 次印刷
印刷 / 北京虎彩文化传播有限公司

书号 / ISBN 978-7-5162-3136-4
定价 / 68.00 元
出版声明 / 版权所有，侵权必究。

《政治文明研究》编委会

创 刊 词

党的十九大报告指出：十八大以来，我国民主法治建设迈出重大步伐，积极发展社会主义民主政治，推进全面依法治国，党的领导、人民当家作主、依法治国有机统一的制度建设全面加强。要长期坚持、不断发展我国社会主义民主政治，积极稳妥推进政治体制改革，推进社会主义民主政治制度化、规范化、法治化、程序化。所有这些都为理论工作者提出了研究方向和任务。

《政治文明研究》的出版，旨在以坚持新时代中国特色社会主义政治文明建设理论为指导，在当代全球化治理背景下，密切关注新时代中国政治文明建设进程中的重大理论与现实问题，深入系统地开展政治文明建设的基本理论与实践问题研究，着力反映中国政治文明建设的成就，努力构建具有中国特色的社会主义政治文明研究理论框架和体系。

习近平总书记在庆祝全国人民代表大会成立60周年上的讲话中指出："政治发展道路更是关系根本、关系全局的重大问题"、"一个国家的政治制度决定于这个国家的经济社会基础，同时又反作用于这个国家的经济社会基础，乃至于起到决定性作用。"学习总书记的讲话，使我们深感政治文明研究大有可为。

期待《政治文明研究》在国家治理体系和治理能力现代化的进程中，能够发挥应有的作用，作出应有的贡献。

《政治文明研究》编委会

2017 年 12 月

目 录

全过程人民民主与党的领导

全过程人民民主与人民当家作主

全过程人民民主与依法治国

全过程人民民主
与党的领导

我国的人民代表大会制度始于何时

马　岭[*]

【摘　要】人民代表大会制度的基础是人民普选；人民代表大会制度由人大、政府、法院、检察院等若干板块构成，其中人大系统是主干；而在 1949—1954 年期间"普选"和"人大"尚处于"缺位"状态。这一时期我国的政体形式有三个特征：政协是国家最高权力机关；由政协产生中央人民政府；由中央人民政府产生其他国家机关。因此人民代表大会制应确立于 1954 年《宪法》而不是 1949 年的《共同纲领》。通说认为，我国 1949—1954 年期间没有宪法，只有起临时宪法作用的《共同纲领》，也值得商榷，笔者认为我国这一时期的宪法形式是较为特殊的、由多文本构成的成文宪法。

【关键词】政治协商会议；人民代表大会制度；《共同纲领》；《中央人民政府组织法》；《政协组织法》

1949 年 9 月 29 日，中国人民政治协商会议第一届全体会议通过的《中国人民政治协商会议共同纲领》（以下简称《共同纲领》），长期以来被认为在 1949—1954 年期间起着临时宪法的作用，"相当于当时的国家根本大法的形式"[①]"在我国建国之初发挥临时宪法作用"。[②]同时，《共同纲领》也往往被视为"确立"了我国的人民代表大会制度，如认为《共同纲领》"以临时

---

* 马岭，中国社会科学院大学法学院教授，海南师范大学法学院柔性引进教授。

① 阚坷：《"根本政治制度"话从何来?》，《法制日报》2014 年 4 月 8 日。

② 许崇德主编：《宪法》，中国人民大学出版社 1999 年版，第 69 页。

根本法的形式确认了人民代表大会制度为人民民主政权的组织形式"，[1]《共同纲领》"正式确定了人民代表大会制度为我国的政权组织形式"，[2] 等等，笔者认为这些"通说"值得商榷。

一、人民代表大会制度确立于 1954 年《宪法》而不是 1949 年的《共同纲领》

人民代表大会制度是指全国人民代表大会和地方各级人民代表大会都由民主选举产生，对人民负责，受人民监督。在人民代表大会制度中，人大处于至高无上的地位，国家行政机关、审判机关、检察机关都由它产生，对它负责，受它监督，但这些机关无权监督和制约人大。那么《共同纲领》确认的政体是否符合人民代表大会制度的这些特征呢？

（一）人民代表大会制度产生的基础是普选

在人民代表大会制度中，全国人大和地方各级人大都由"民主选举"产生，这是人民代表大会制度建立的基础，表明人大与人民的关系——人大的权力来自人民，人民授权人民代表组成人大，这是人民代表大会制度建立的正当性之所在。《共同纲领》第 12 条中规定："各级人民代表大会由人民用普选方法产生之。"但由于"当时中南地区、西南地区的军事行动还没有结束，土地改革还没有彻底实现，各界人民群众还没有充分组织起来，还不能进行全国范围内的普选""在 1949 年新中国成立时，由于条件不具备，还无法立即建立全国人民代表大会和地方各级人民代表大会，还不能立即实行人民代表大会制度"。[3] 也就是说，由于当时没有进行普选，所以全国和地方各级人民代表大会并没有召开。根据《共同纲领》第 13 条规定："在普选的全国人民代表大会召开以前，由中国人民政治协商会议的全体会议执行全国人

---

[1] 吴家麟主编：《宪法学》，群众出版社 1983 年版，第 185 页。

[2] 许崇德主编：《宪法》，中国人民大学出版社 1999 年版，第 109 页。

[3] 阚珂：《"根本政治制度"话从何来？》，《法制日报》2014 年 4 月 8 日。

民代表大会的职权",而政协成员并非公民选举产生,而主要是由中国共产党和各民主党派人士及人民团体的代表组成,① 这使其更像一种精英协商的政治体制,有一定的"贵族政体"色彩。

我国第一部《中华人民共和国全国人民代表大会和地方各级人民代表大会选举法》于1953年2月颁布,依据选举法,从1953年下半年开始了我国历史上第一次规模空前的普选。1954年6月完成了普选。1954年6月至8月,全国由下至上县、市、省逐级召开了人民代表大会会议。省级人民代表大会选举产生了全国人民代表大会代表。在此基础上,1954年9月15日至9月28日第一届全国人民代表大会第一次会议在北京中南海怀仁堂隆重举行,这标志着人民代表大会制度在全国范围内由下至上系统建立起来。② 因此,人民代表大会制度的建立应以1954年9月20日第一届全国人民代表大会第一次会议通过的《中华人民共和国宪法》(以下简称《宪法》)为标志,而不是1949年9月29日中国人民政治协商会议第一届全体会议通过的《共同纲领》为起点。③

(二)人民代表大会制度的主干部分是人大系统

在人民代表大会制度中,有人大系统、政府系统、法院系统、检察院系统等,它们共同构成了人民代表大会制度的若干板块,其中人大系统是主干

---

① "在新政权建立之时,各种政治力量都想在其中占有一席之地。因此,确定新政协代表名单尤为重要。中共中央做了一系列工作,最终确定了一份包括共产党和各民主党派、地区、军队、人民团体和特别邀请的23个单位、662位政协代表的名单。"叶介甫:《1949年新政协代表是如何产生的》,《炎黄春秋》2019年第6期。

② 阚珂:《"根本政治制度"话从何来?》,《法制日报》2014年4月8日。

③ 十三届全国人大常委会副委员长、中国法学会会长王晨指出:"1949年中华人民共和国的成立,开辟了中国历史上从未有过的人民当家作主新纪元。1954年9月召开的第一届全国人民代表大会第一次会议,标志着我国人民代表大会制度在全国范围内建立起来。这次会议通过了新中国第一部宪法,明确规定:'中华人民共和国的一切权力属于人民。人民行使权力的机关是全国人民代表大会和地方各级人民代表大会。'这就以国家根本法的形式,确立了人民代表大会制度这一根本政治制度的宪制基础。"(王晨:《坚持和完善人民代表大会制度这一根本政治制度》,《人民日报》2019年11月19日)。即"标志着我国人民代表大会制度在全国范围内建立起来"的是1954年的第一届全国人大第一次会议,而不是1949年的政协第一届全体会议,"确立人民代表大会制度"的是1954年《宪法》,而不是1949年的《共同纲领》。

部分，其地位高于其他系统，是人民代表大会制度的核心。

首先，在人民代表大会制度中，人大系统不能"缺位"。1949—1954 年期间不仅全国人大"缺位"（1954 年才成立），地方各级人大也基本都处于"缺位"状态。《共同纲领》第 14 条规定："凡人民解放军初解放的地方，应一律实施军事管制，取消国民党反动政权机关，由中央人民政府或前线军政机关委任人员组织军事管制委员会和地方人民政府，领导人民建立革命秩序，镇压反革命活动，并在条件许可时召集各界人民代表会议。在普选的地方人民代表大会召开以前，由地方各界人民代表会议逐步地代行人民代表大会的职权。军事管制时间的长短，由中央人民政府依据各地的军事政治情况决定之。"因此，在当时的情况下，"在地方，向人民代表大会制度过渡是通过城市军事管制委员会和人民代表会议"。需要指出的是，当时一些地方成立的"人民代表会议"并不能等同于后来的人民代表大会，"从性质上说，代表会议还只是个咨询机关，而不是权力机关，它只有权反映人民的意见和要求，对军管会和政府工作进行讨论，提出批评和建议"，① "人民代表会议的代表是协商产生的，而人民代表大会的代表要由普选产生，人民代表会议过渡到人民代表大会必须经过普选"。② 虽然在当时这些过渡性措施是历史的、现实的选择，有其合理性甚至必然性，但从逻辑上说，一个没有全国人民代表大会和地方人民代表大会的政权组织形式还能称之为人民代表大会制

① 蔡定剑：《中国人民代表大会制度》，法律出版社 2003 年版，第 60 页。
② "新中国成立之初，除了少数解放区根据'12 月会议'（1947 年 12 月 25 日至 28 日中共中央在陕西米脂县杨家沟召开的扩大会议）精神，召开人民代表大会或农民代表大会，选举产生当地的人民政府外，绝大多数的地方政府都是由上级党政机关指定组建的。新解放区的政权组织更不健全，在一些县以下的区、乡甚至还没有建立起政权组织。"即便是在华北这样的老解放区，"到 1951 年，土匪已经肃清，土地改革已经完成，群众已普遍地组织起来，华北绝大部分地区已有充分的条件、并且迫切需要实行人民代表大会或由各界人民代表会议代行人民代表大会职权的人民民主政权制度。但是，当时代行人民代表大会职权的实际情况不尽理想，尤其是县级，华北全区 331 个县、17 个旗，只有 25 个县、旗代行了人民代表大会的职权，选举了人民政府，仅占县、旗总数 7.1%。许多地方虽已召开过多次各界人民代表会议，但存在着很多缺点。比如，将人民代表大会会议应有的职权和作用与普通干部会议相混淆，单纯布置工作，对人民群众和人大代表的提案和要求，采取不严肃负责的态度。"阚珂：《"根本政治制度"话从何来?》，《法制日报》2014 年 4 月 8 日。

度吗？我们或许可以说人民代表大会制度中没有国家主席、没有检察院，这个制度还是存在的，只是不健全而已（如 1975 年《宪法》），但我们很难想象一个没有人民代表大会的人民代表大会制度是什么状态。因此，我国人民代表大会制度的确立应是 1954 年《宪法》第 2 条规定："中华人民共和国的一切权力属于人民。人民行使权力的机关是全国人民代表大会和地方各级人民代表大会。"第 21 条规定："中华人民共和国全国人民代表大会是最高国家权力机关。"在此没有政协代行全国人大的工作，全国人大不再有替身，它本身就是国家最高权力机关，地方人大也不再是"人民代表会议"那样的咨询机构，而是 1954 年《宪法》第 55 条规定的"地方国家权力机关"。

其次，在人民代表大会制度中，人大处于至高无上的地位。在人民代表大会制度中，人大系统不仅不能缺位，而且应处于核心位置。而《共同纲领》第 12 条第 1 款规定："人民行使国家政权的机关为各级人民代表大会和各级人民政府"，在这里"人民代表大会和人民政府"是并列的，人大的至高无上性并不明确，这与 1954 年《宪法》确定的人大地位有明显不同。在实践中，这一时期各地人民行使国家政权的机关实际上不是"各级人民代表大会"，也不是"各级人民代表大会和各级人民政府"，而是"各级人民政府和军事管制委员会"。[①] 此外，《共同纲领》第 12 条规定："国家最高政权机关为全国人民代表大会。全国人民代表大会闭会期间，中央人民政府为行使国家政权的最高机关。"[②] 由于全国人民代表大会并未召开，因此当时处于最

---

① 1949 年各大行政区和各省市的主席、副主席及主要的行政人员，是由政务院提议，中央人民政府委员会任免或批准任免的。转引自范晓春：《中国大行政区：1949—1954》，东方出版中心 2011 年版。

② 关于中央人民政府委员会与中央人民政府的关系，《中华人民共和国中央人民政府组织法》（以下简称《中央人民政府组织法》）并未作出规定，也没有就中央人民政府作出相关规定，只规定了中央人民政府委员会的组成、职权、领导体制、会议等内容，"中央人民政府"只是出现在《中央人民政府组织法》这一法律的名称中，似乎包括中央人民政府委员会、政务院、人民革命军事委员会、最高人民法院和最高人民检察署，是这些机构的总称。有学者认为：中央人民政府"由中央人民政府委员会及其所属政务院、人民革命军事委员会、最高人民法院和最高人民检察署组成。"中央人民政府委员会是"中央人民政府的首脑部分，对外代表国家，对内领导国家政权，是当时国家权力的最高领导机关。"范晓春：《中国大行政区研究：1949—1954》，2007 年博士论文，第 84—85 页。

高地位的是代行全国人大职权的政协，政协闭会期间是"中央人民政府"，①这与人民代表大会制度下全国人大闭会期间，全国人大常委会是国家最高权力机关的体制也明显不同。

二、1949—1954 年我国的政体是什么？

1949—1954 年期间，我国的政体形式如果不是人民代表大会制度，那么是什么？根据《共同纲领》、《中华人民共和国中央人民政府组织法》（以下简称《中央人民政府组织法》）、《中国人民政治协商会议组织法》（以下简称《政协组织法》）等宪法性文件的规定，这一时期的政体大体有三个特征：中国人民政治协商会议的全体会议是国家最高权力机关（执行全国人民代表大会的职权）；由政协全体会议产生中央人民政府；由中央人民政府产生并监督其他国家机关。

首先，政协是当时的国家最高权力机关（执行全国人民代表大会的职权），而政协是执政党与参政党进行合作和政治协商的机构，实际上是一个党派机构，即国家最高权力机关是一党领导、多党合作的党派组织。

其次，由政协全体会议产生中央人民政府，中央人民政府对政协负责，政协全体会议与中央人民政府之间是一揽子授权。即政协全体会议不是选举产生若干国家机关，分别授权，而是只产生一个国家机关——中央人民政府。二者之间的权力分配是：政协全体会议的权力，根据《共同纲领》第 13条的规定，"在普选的全国人民代表大会召开以前，由中国人民政治协商会议的全体会议执行全国人民代表大会的职权，制定中华人民共和国中央人民政府组织法，选举中华人民共和国中央人民政府委员会，并付之以行使国家权力的职权。"中央人民政府委员会的权力，《中央人民政府组织法》第 7 条规定，"中央人民政府委员会，依据中国人民政治协商会议全体会议制定的共同纲领，行使下列的职权：一、制定并解释国家的法律，颁布法令，并监

---

① 全国政协每年的开会时间不超过 10 天。

督其执行。二、规定国家的施政方针。三、废除或修改政务院与国家的法律、法令相抵触的决议和命令。四、批准或废除或修改中华人民共和国与外国订立的条约和协定。五、处理战争及和平问题。六、批准或修改国家的预算和决算。七、颁布国家的大赦令和特赦令。八、制定并颁发国家的勋章、奖章，制定并授予国家的荣誉称号。九、任免下列各项政府人员：甲、任免政务院的总理、副总理，政务委员和秘书长、副秘书长，各委员会的主任委员、副主任委员、委员，各部的部长、副部长，科学院的院长、副院长，各署的署长、副署长及银行的行长、副行长。乙、依据政务院的提议，任免或批准任免各大行政区和各省市人民政府的主席、副主席和主要的行政人员。丙、任免驻外国的大使、公使和全权代表。丁、任免人民革命军事委员会的主席、副主席、委员，人民解放军的总司令、副总司令，总参谋长、副参谋长，总政治部主任和副主任。戊、任免最高人民法院的院长、副院长和委员，最高人民检察署的检察长、副检察长和委员。十、筹备并召开全国人民代表大会。"从中可以看出，政协几乎把所有国家权力都授予给了中央人民政府，使其拥有大部分立法权，[①] 以及全部行政权、司法权和军事权。

最后，中央人民政府产生并监督其他国家机关，这些机关之间互相平行，但它们都共同存在于中央人民政府的框架之内，有议行合一甚至议事行政司法合一的特点。1949 年的《中央人民政府组织法》第 5 条规定，"中央人民政府委员会组织政务院，以为国家政务的最高执行机关；组织人民革命军事委员会，以为国家军事的最高统辖机关；组织最高人民法院及最高人民检察署，以为国家的最高审判机关及检察机关。"这些国家机关的成员都是由中央人民政府委员会产生。[②] 按照这一体制，中央人民政府委员会统揽所

---

① 关于政协与中央人民政府在立法权方面的分工，政协有权制定或修改《共同纲领》、《中央人民政府组织法》及《政协组织法》第 7 条的规定，而中央人民政府委员会有权"制定并解释国家的法律，颁布法令，并监督其执行"（《中央人民政府组织法》第 7 条）。也就是说，除了制定《共同纲领》《中央人民政府组织法》外，其余的立法权均属于中央人民政府委员会，如 1950 年 6 月，政协第一届全国委员会第二次会议通过了土地改革法草案，建议中央人民政府委员会审核通过后颁布施行，即关于土地改革法这样的法律，政协只能通过其"草案"，"建议"中央人民政府委员会通过。

② 见《中央人民政府组织法》第 5 条。

有国家最高权力，政务院、人民革命军事委员会、最高人民法院和最高人民检察署都在它之下，由它产生、对它负责、受它监督。

这三个层次不论哪一层都与 1954 年《宪法》确立的人民代表大会为最高权力机关、它产生并监督其他国家机关的体制有较为明显的差异。笔者认为，这一时期的政体形式可以概括为"以党统政制"，其中政协作为"党派组织"处于最高地位，统领一切国家权力；中央人民政府作为受政党统领的"国家政权机关"掌握所有国家权力，集立法、行政、司法、军事权于一身，是国家权力高度集中的模式。

1949—1954 年期间我国的政体如下图所示：

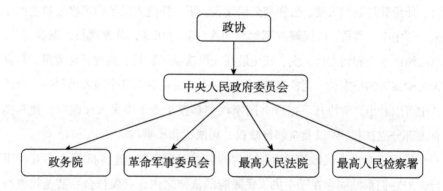

三、我国 1949—1954 年的宪法形式：多文本的成文宪法

通说认为，《共同纲领》在 1949—1954 年期间起着临时宪法的作用，这等于说这一时期没有正式宪法。确实，《共同纲领》作为一个宪法性文件，其纲领性过强，宪法性不足，难以独立担当宪法之责，但如果说我国这一时期没有宪法，只有起着临时宪法作用的一个纲领，恐怕也不符合实际情况。笔者认为，我国这一时期的宪法形式不是典型的单一文本构成的成文宪法，而是较为特殊的、由多文本构成的成文宪法。①

---

① 有学者将之称为"复式成文宪法"。［荷］亨利·范·马尔赛文、格尔·范·德·唐：《成文宪法的比较研究》，陈云生译，华夏出版社 1987 版，第 51 页。笔者认为更通俗易懂的名称为"多文本的成文宪法"（区别于单一文本的成文宪法）。

在研究《共同纲领》的过程中，笔者曾认为，我国 1949—1954 年的宪法形式是不成文宪法，因为这一时期我国的宪法形式是由《共同纲领》《中央人民政府组织法》《政协组织法》，以及一系列宪法性文件构成的，并认为这与英国式的不成文宪法模式有所不同——仅仅由一系列宪法性文件构成，没有宪法性习惯和宪法判例，这或可成为不成文宪法的第二种模式。① 但笔者在撰写本文的过程中，发现这一观点是站不住脚的。

（一）成文宪法与不成文宪法的区别点

成文宪法与不成文宪法是英国学者蒲莱士 1884 年在牛津大学讲学时首次提出的宪法分类，这种分类所依据的标准为宪法是否具有统一的法典形式。② 通说认为，成文宪法是指由一个或者几个宪法性法律文件所构成的宪法；不成文宪法是指既有书面形式的宪法性法律文件、宪法判例，又有非书面形式的宪法惯例等构成的宪法。③ 可见成文宪法与不成文宪法的关键区别点不在于是由一个还是若干个宪法性法律文件构成，而在于在这些成文的宪法性文件之外，是否还有大量的宪法惯例。笔者之所以曾误判我国 1949—1954 年的宪法形式为不成文宪法，就是认定成文宪法只能有一个宪法文本，若有几个宪法性法律文件构成的宪法，则是不成文宪法，而这显然是不对的。如法国历史上的 1875 年宪法就由三个宪法性文件组成，分别是《参议院组织法》、《政权组织法》和《国家政权机关相互关系法》，但人们并没有因此认为法国

---

① 笔者在 2019 年宪法年会上的发言。翟志勇教授也认为这一时期我国是不成文宪法形式："1949 年建国之时，宪法意义上的人民尚未生成，人民拟制性地存在着，中国共产党与各民主党派代表着不同阶层的人民，统一战线和中国人民政治协商会议构成这一时期的第三维度，以中国人民政治协商会议第一届全体会议暂时代行全国人民代表大会职权，制定了共同纲领和两部组织法，时称'三大宪章'，是新中国的立国之基，这一时期可以称之为新中国的不成文宪法阶段。这个时期建立了军政合一、议行合一的中央人民政府委员会体制，但这是准战时性的临时体制。"翟志勇：《宪法何以中国》，香港城市大学出版社 2017 年版之序言。

② 周叶中主编：《宪法》，高等教育出版社、北京大学出版社 2000 年版，第 46 页。

③ 英国式的不成文宪法一般被认为是典型的不成文宪法，此外新西兰也是不成文宪法国家。［荷］亨利·范·马尔赛文、格尔·范·德·唐：《成文宪法的比较研究》，陈云生译，华夏出版社 1987 版，第 59 页。

这一时期是不成文宪法。①

应当指出的是，多文本的成文宪法与不成文宪法确有相同之处——都是由多个（而不是一个）宪法性文件构成，有关宪法的内容均散见于这些不同的宪法性文件之中，如英国有 1628 年的《权利请愿书》、1679 年的《人身保护法》、1689 年的《权利法案》、1701 年的《王位继承法》、1911 年的《国会法》、1918 年的《国民参政法》、1928 年的《男女选举平等法》、1969 年的《人民代表法》等。我国 1949 年 9 月的政协第一届全体会议也产生了《共同纲领》《中央人民政府组织法》《政协组织法》等宪法性文件，但多文本的成文宪法与不成文宪法还有很重要的区别，即在不成文宪法中，除了宪法文本不是一个而是多个之外，还有大量的宪法惯例存在（这是其号称为"不成文"宪法的缘由所在），而我国 1949—1954 年期间基本没有宪法惯例。② 因此，即便《共同纲领》不能独立承担起"临时宪法的作用"，当时

---

① 除法国 1875 年宪法外，芬兰、伊朗、以色列、瑞典等国也是"复式成文宪法"。［荷］亨利·范·马尔赛文、格尔·范·德·唐：《成文宪法的比较研究》，陈云生译，华夏出版社 1987 版，第 54、56 页。

② 我国这一时期由于立法数量较少，法律规定也比较粗陋，因此实践中可能创制一些先例填补成文法的空白，但这些先例后来是否成为惯例，尤其是它们是否符合宪法精神从而可称之为宪法惯例，则还有待进一步梳理和研究。如《共同纲领》《中央人民政府组织法》《政协组织法》均未规定中央人民政府委员会及其所属的政务院、人民革命军事委员会、最高人民法院、最高人民检察署要向代行人大职权的政协报告工作（《中央人民政府组织法》第 14 条规定："政务院对中央人民政府委员会负责，并报告工作。在中央人民政府委员会休会期间，对中央人民政府的主席负责，并报告工作。"），而在实践中上述机关有的是作了工作报告的，如 1950 年 6 月 14 日至 23 日的政协第一届全国委员会第二次会议上，中央人民政府副主席刘少奇作了关于土地改革问题的报告，周恩来总理、陈云副总理、薄一波副主任、郭沫若副总理作了关于土地改革、政治、经济财政、税收、文化教育工作的各项报告，聂荣臻代总参谋长、沈钧儒院长作了关于军事、法院工作的各项报告（只有最高检察署未报告工作），可视为开启了报告工作的先例；之后的 1951 年 10 月 23 日至 11 月 1 日政协第一届全国委员会第三次会议，周恩来总理作了政治报告，陈云、郭沫若作了关于经济工作和财政工作、文化教育工作的报告，但中央人民政府、军事委员会、最高法院没有再作工作报告；1953 年 2 月 4 日至 7 日政协第一届全国委员会第四次会议上，只有周恩来总理作了工作报告。可见这一时期哪些国家机关应向政协报告工作还不明确，只有总理作工作报告被沿袭下来，但这是否能够构成宪法惯例？毕竟 4 年时间太短，1954 年后哪些机关应向人大报告工作已明确写在《宪法》中（1954《宪法》第 52、80、84 条）。付裕：《峥嵘岁月谱华章：一届全国政协代行人民代表大会会职能综述》，《人民政协报》2019 年 9 月 21 日。

的宪法是多个宪法性文件构成，也不能说明该时期的宪法就属于不成文宪法的类型，它仍然是成文宪法，只是不同于 1954 年《宪法》那样典型的单一文本的成文宪法。

（二）我国 1949—1954 年的宪法由多个宪法性文件构成

这一时期我国的《宪法》是由多个宪法性文件构成的，但"多"个是几个？哪些是哪些不是？为什么？还需要仔细甄别。

1.《共同纲领》

《共同纲领》无疑是这一时期最重要的宪法性文件，其序言规定了国家的性质、政治基础等政治纲领，第二章规定了国家的"政权机关"，总纲和其他五章分别规定了国家的军事制度、经济政策、文化教育政策、民族政策、外交政策等方面的总原则和相应的具体政策，是这一时期治国安邦的总章程。

但《共同纲领》主要是纲领性规范，全篇纲领性较强而法律性不足，如《共同纲领》的 60 个条文中，《宪法》最重要的内容之一——公民权利只在"总纲"中规定了 3 条，而《宪法》另一个更重要的内容——政权组织形式也只有 3 条，在第二章"政权机关"的 8 条（第 12—19 条）中，并非都是政体条款，且内容过于简单（这是更重要的）。①

总之，在《共同纲领》中政权机关的框架并没有搭建完整（只是原则性地规定了人大和政府的地位及其相互关系），作为政体板块的其他国家机关，如政务院、审判机关、检察机关、军事机关，以及这些国家机关与中央人民政府委员会共同构成的中央人民政府体制及其内部关系，都没有相应的条文规范。

2.《中央人民政府组织法》

有关中央人民政府委员会、政务院、人民革命军事委员会、最高人民法

---

① 我国有学者早在 20 世纪 30 年代在介绍成文宪法与不成文宪法时，就特别强调"凡将关系国家根本组织的事项"，以一种文书或数种文书规定者，谓之成文宪法。王世杰、钱端生：《比较宪法》，中国政法大学出版社 1997 年版，第 7 页。

院和最高人民检察署这些政体板块及这些板块彼此间的关系，较为完整地规定在《中央人民政府组织法》里，如《中央人民政府组织法》第二章为"中央人民政府委员会"（第6—12条），第三章为"政务院"（第13—22条），第四章为"人民革命军事委员会"（第23—25条），第五章为"最高人民法院及最高人民检察署"（第26—30条），这些条文明确规定了上述机关的性质、地位、组成等，综合《共同纲领》和《中央人民政府组织法》才能勾画出当时较为完整的政体图谱。因此，《中央人民政府组织法》是极为重要的宪法性文件，它比后来的《中华人民共和国全国人民代表大会组织法》《中华人民共和国国务院组织法》《中华人民共和国地方各级人民代表大会和地方各级人民政府组织法》《中华人民共和国人民法院组织法》《中华人民共和国人民检察院组织法》等宪法性法律更重要。因为，后来的这些组织法是在宪法构建起国家权力的基本框架并明确规定了各机关的性质、地位、组成、任期、职权、内部体制后，对其作出更为具体、详尽的规定，而1949年的《中央人民政府组织法》是在《共同纲领》对国家政体的基本框架尚未搭建完整的情况下，继续对政体的构建工作（而不是对已经搭建的政体作出细化性补充）。因此，它不是单一文本的成文宪法体制下的宪法性法律（上述组织法才是），而是多文本的成文宪法体制下的宪法性文件（也可叫作宪法性法律），是宪法本身的组成部分。

3. 《政协组织法》

由于政协全体会议在当时有代行全国人大工作的职能，因此《政协组织法》也应纳入这一时期的宪法性文件。①

根据《政协组织法》第7条，政协内部的最高机构应为政协"全体会议"，在当时拥有类似全国人大的地位。

《政协组织法》第6—13条规定的政协全体会议的会议、职权、决议方

---

① 在官方介绍政协第一届全体会议时，甚至将《政协组织法》排在《中央人民政府组织法》之前，如"会议通过了具有临时宪法性质的《中国人民政治协商会议共同纲领》，通过了《中国人民政治协商会议组织法》、《中华人民共和国中央人民政府组织法》"。《中国人民政治协商会议第一届全体会议》，中国政协网2011年9月21日。这或许如实地反映了当时政协的地位。

式、主席团、秘书长、各种委员会以及其常设机关等内容，由于当时政协全体会议执行全国人大的职权，因此这些规定中有些内容相当于后来《宪法》"国家机构"中"全国人民代表大会"一节的相关内容，而不仅仅是社团内部的机构设置，其地位较之后来的人大组织法更为重要，是宪法权力的体现。如第6条规定："中国人民政协全体会议，每三年开会一次，由全国委员会召集之。全国委员会认为有必要时，得提前或延期召集之。但第一届由中国人民政协筹备会召集之。"①

4. 某些零散的宪法性文件

这一时期的宪法除了《共同纲领》《中央人民政府组织法》《政协组织法》外，还包括一些零散的宪法性文件。如1949年12月16日中央人民政府政务院第11次政务会议通过、同月18日公布的《大行政区人民政府委员会组织通则》；② 1952年11月15日中央人民政府委员会第19次会议通过的《中央人民政府委员会关于改变大行政区人民政府（军政委员会）机构与任务的决定》；1954年6月19日中央人民政府委员会第32次会议通过的《中央人民政府关于撤销大区一级行政机构和合并若干省市建制的决定》；1952年2月22日政务院第125次会议通过、1952年8月8日中央人民政府委员会第18次会议批准施行的《中华人民共和国民族区域自治实施纲要》等。这些文件涉及国家结构形式的构建，确定了央地关系的基本结构，因而也应视为宪法性文件。

5. 关于"国家标志"的宪法性文件

除上述宪法性文件外，还有关于国歌、国旗、国徽、首都等单行法律文件，它们规定了中华人民共和国的"国家标志"，也属于宪法的内容之一。

---

① 1954年《宪法》第25条："全国人民代表大会会议每年举行一次，由全国人民代表大会常务委员会召集。如果全国人民代表大会常务委员会认为必要，或者有五分之一的代表提议，可以临时召集全国人民代表大会会议。"

② 该《大行政区人民政府委员会组织通则》同时适用于大行政区军政委员会，它以宪法性法律文件的方式将大行政区政权定位为省级政权之上最高一级地方行政单位，且同时是中央政府的派出机构。范晓春：《中国大行政区研究：1949—1954》，2007年博士论文，第86页。

如 1949 年 9 月 27 日全国政协第一届全体会议上通过的《关于中华人民共和国国都、纪年、国歌、国旗的决议》，决定新中国的名称为中华人民共和国，定都北京，在中华人民共和国的国歌未正式制定前以义勇军进行曲为国歌，中华人民共和国的国旗为红地五星旗，采用公元作为中华人民共和国纪年。1949 年 12 月 2 日中央人民政府委员会第四次会议通过《关于中华人民共和国国庆日的决议》，1950 年 6 月 23 日全国政协一届二次全体会议通过国徽图案的决定，等等。

（三）其他宪法性法律文件是法律而不是宪法

这一时期除了《共同纲领》《中央人民政府组织法》《政协组织法》，以及一些零散的宪法性文件和"国家标志"的宪法性文件外，还有一些宪法性法律文件，在多文本的成文宪法体制下，它们很像宪法性文件，但实际上是法律性文件。由于其内容与宪法性文件有较为密切的关联，因此，不同于《中华人民共和国婚姻法》《中华人民共和国土地改革法》等非宪法性法律文件，类似于后来的宪法性法律。如 1949 年 9 月 29 日政协第一届全体会议通过的《中华人民共和国中央人民政府委员会选举办法》《关于选举政协全国委员会和中央人民政府委员会的规定》；1949 年 12 月 2 日政务院第 9 次政务会议修改通过的《中央人民政府政务院及其所属各机关组织通则》；1952 年 2 月政务院发布的《关于地方民族民主联合政府实施办法的决定》《关于保障一切散居的少数民族成分享有民族平等权利的决定》等。这些宪法性法律文件的内容有的相当于人大议事规则，如《中华人民共和国中央人民政府委员会选举办法》规定的是中央人民政府委员会选举的具体操作程序："三、选举人对于选举票上之候选人无异议时，即请在被选举人姓名上画一圆圈（O）。""五、选票上之划写，一律用钢笔或毛笔。""六、选举违背以上三、四、五三条规定及书写模糊，无法统计者，均为废票。""七、选举人填写完毕后，应亲自将选举票投入票箱。"

党的领导对农村全过程人民民主的根本保障作用

肖君拥[*]

【摘　要】人民民主是一种全过程的民主，人民当家作主是社会主义民主政治的本质特征。全过程人民民主的关键在于中国共产党的领导，在党的领导下切实保障人民依法享有广泛权利和自由。巩固基层政权，完善基层民主制度，保障人民知情权、参与权、表达权、监督权。在全过程人民民主的发展与实践之中，农村基层民主发展有着较为广阔的发展空间，尊重农民的创造性、重视农民提出的问题是农村基层民主的发展前提。从这个角度来看，农村基层的探索实践为全过程人民民主建设提供参考依据。在农村基层民主的发展过程中，党的领导是根本保证，党的建设是基层组织领导全过程人民民主的基础，基层党组织也需要保障农村全过程人民民主秩序。此外，发展全过程人民民主有助于赢得民心，巩固党的执政基础。

【关键词】全过程人民民主；党的领导；基层民主；农村改革

2019 年 11 月 2 日，习近平总书记在上海市长宁区虹桥街道古北市民中心考察时首次提出"人民民主是一种全过程的民主"。党的十八大以来，中国共产党从完善人民代表大会制度到切实保障基层民主运作，人民民主真正实现了"全过程的民主"。习近平总书记指出，"人民当家作主是社会主义民主政治的本质特征"，要"扩大人民有序政治参与，保证人民依法实行民主选举、民主协商、民主决策、民主管理、民主监督""保证人民依法享有广

＊　肖君拥，北京理工大学法学院教授。

泛权利和自由。巩固基层政权，完善基层民主制度，保障人民知情权、参与权、表达权、监督权"。①

全过程人民民主的本质是"中国共产党领导的人民当家作主"，体现为公共权力的有效制约与积极行使、公民权利的有效维护与责任担当、公共利益的有效分配与社会生产、公共精神的有效提升与共同进步"四公"目标的"四位一体"过程，是基于人民主权论的议行合一制与基于人民利益论的共产党执政论的有机结合，以及基于人民当家作主原理的人民民主国家形态与基于共同富裕原理的社会主义制度的有机结合，其根本目的是实现国家富强、民族复兴、人民幸福，全体中国人过上好日子。②

全过程人民民主的发展难点在基层，机遇也在基层。农村是基层的一个重要组成部分，根据 2021 年底国家统计局发布的统计数据，全国总人口141260 万人，其中仅农村人口就有 49835 万人，约占总人口的 35%。③ 这35% 的农村人口保证了其余 65% 城镇人口的口粮，却晚于其他 65% 城镇人口享受到发展的成果。因此农村改革大有可为，农村改革发展的核心问题是如何对待农民，农村的民主建设也随之拥有了更多的发展可能。④

一、全过程人民民主离不开党的坚强领导

全过程人民民主的提出离不开中国共产党的领导。全过程民主源于中国共产党对中华优秀传统文化中的政治思想智慧的创造性转化、创新性发展。"以什么样的思路来谋划和推进中国社会主义民主政治建设，在国家政治生活中具有管根本、管全局、管长远的作用。"设计和发展国家政治制度，必须注重历史和现实、理论和实践、形式和内容的有机统一。习近平总书记指出，每个国家的政治制度"都是在这个国家历史传承、文化传统、经济社会

---

① 陶文昭：《为什么说人民民主是一种全过程民主》，《中国党政干部论坛》2021 年第 7 期。
② 唐亚林：《党的领导是全过程人民民主的根本政治保证》，《中国党政干部论坛》2021 年第 7 期。
③ "数据详情·总人口"，中华人民共和国中央人民政府门户网站（www.gov.cn）。
④ 赵树凯：《从改革经验看乡村振兴》，《中国发展观察》2018 年第 17 期。

发展的基础上长期发展、渐进改进、内生性演化的结果",只有扎根本国社会土壤的制度"才最可靠、也最管用"。中华民族创造了辉煌灿烂的政治文明,中华优秀传统文化中蕴含的"敬天保民""政在养民""民惟邦本""民贵君轻"等民本理念,为全过程人民民主理念提供了丰厚的传统文化滋养。习近平总书记指出:"要推动中华优秀传统文化创造性转化、创新性发展,以时代精神激活中华优秀传统文化的生命力。"全过程人民民主就是中国共产党立足中华优秀传统文化土壤,对其中的政治思想智慧的创造性转化和创新性发展。

全过程人民民主的良性发展离不开中国共产党的领导。中国共产党的领导是中国特色社会主义的本质特征,是中国特色社会主义制度的最大优势。这种特征所体现的一个很重要的方面就是,整个全过程人民民主都是由中国共产党进行顶层设计,党中央是全过程人民民主的领导力量和总体统筹者,党的地方组织特别是基层组织是全过程人民民主的主要实践者,基层党组织的战斗堡垒作用和广大党员的先锋模范作用的发挥,是全过程人民民主有序健康发展的重要体现和坚强保证。在推进全过程人民民主中,逐渐形成了一种以党内民主带动人民民主的民主发展战略,这种以党内带动党外的推进战略,主要源自中国共产党是领导党、是先锋队组织。正是基于党的先进性建设的政治要求,通过全过程党内民主带动全过程人民民主,将民主的理念、价值贯穿在党和国家政治建设与各方面系统治理的各领域各环节,既确保民主发展的正确政治方向,也不断提升民主的质量和民众的获得感满意度。

全过程人民民主的践行离不开中国共产党的领导。① 中国共产党的领导是包括各民主党派、各团体、各民族、各阶层及各界人士在内的全体中国人民的共同意愿和选择。"中国共产党的领导,就是支持和保证人民实现当家作主。"争取和实现人民当家作主是中国共产党百年奋斗的重要课题,也是党带领人民进行国家建设的重要动力。在中国这样一个大国,要具体地、现实地体现人民当家作主,真正把14亿多人民的意愿表达好、协同好、实现好

---

① 黄寿松、贺冬冬:《习近平关于全过程人民民主的五个重要论断》,《党的文献》2022年第1期。

并不容易。"办好中国的事情，关键在党。"中国革命、建设、改革的经验表明，坚持中国共产党的领导是"中国之制"和"中国之治"的最大优势，也是全过程人民民主的最大优势。发展社会主义民主政治，关键是要增加和扩大我们的优势和特点，而不是要削弱和缩小我们的优势和特点。我们要坚持发挥党总揽全局、协调各方的领导核心作用，保证党领导人民有效治理国家，切实防止出现群龙无首、一盘散沙的现象。只有始终坚持党的领导，才能保持正确的政治发展方向，走社会主义民主政治发展道路，全过程人民民主才能臻于完善，民主政治建设才能不断取得新成就。

二、农村基层的探索实践为全过程人民民主建设提供参考依据

习近平总书记指出："保证和支持人民当家作主，通过依法选举、让人民的代表来参与国家生活和社会生活的管理是十分重要的，通过选举以外的制度和方式让人民参与国家生活和社会生活的管理也是十分重要的。人民只有投票的权利而没有广泛参与的权利，人民只有在投票时被唤醒、投票后就进入休眠期，这样的民主是形式主义的。"基层民主相比其他民主过程来说更具有直接性，其一在于直面问题。基层直接面对人民群众，大到婚丧嫁娶，小到鸡鸭牛羊，无一不与人民群众利益相关。毛泽东1945年4月24日在中国共产党第七次全国代表大会上所作的《论联合政府》政治报告中指出："我们共产党人区别于其他任何政党的又一个显著的标志，就是和最广大的人民群众取得最密切的联系。全心全意地为人民服务，一刻也不脱离群众。"基层党组织与广大群众联系尤为密切，基层工作做得好，群众看在眼里尊敬在心里；做得不好，不仅瞒不过人民群众的眼睛，还会损害党的权威。其二在于基层民主是由人民直接参与的。如在农村的基层民主实践过程中，村民直接选举产生新一届村委会，并通过村民会议等参与村庄决策、进行全过程监督乃至罢免。由于基层结构扁平，一些较有资源和威望的新"乡贤"或一些进行重要投资的企业家等都或多或少地参与、影响村庄决策，而普通村民也同样有机会采取正式或非正式的方式表达态度，这种直接参与就

意味着在基层民主过程中更多是沟通的而不是命令的，更多是协商的而不是告知的。因此，党组织如何恰当引导、公民素质高下成为影响基层民主水平的两个关键影响因素。

农村基层民主需要党组织的恰当引导。农村基层民主可以说是全过程人民民主的微缩版，麻雀虽小五脏俱全，民主选举、民主协商、民主决策、民主管理、民主监督，在党的领导下以正式或非正式的方式运作。一些全国性的民主改革也是先由各地农村依照当地具体情况进行创新性尝试之后，才推广至全国，促进了全过程人民民主的发展进步。最为典型的例子是安徽省凤阳县小岗村包产到户的探索实践。时任安徽省省长万里、时任滁县地委书记王郁昭等党的优秀干部充分尊重农民意愿，在充分听取农民意见之后，坚决支持小岗村的创新性民主决策，最终以实际结果验证了"实践是检验真理的唯一标准"这一关键命题，掀起了轰轰烈烈的农村包产到户生产改革浪潮。

全过程人民民主的关键与前提是尊重人民群众所思所想，真正以为人民群众服务为宗旨，以保护人民群众切身利益不受损害为要务。在农村基层，"尊重农民"四个字已是老生常谈，但在部分地区却难以真正落到实处。一些领导干部习惯于将农民当作研究与施政的客体，对农村的政策往往难以搔到痒处、触及痛点。事实上，中华民族从事了几千年的农业生产，农民往往最深切地了解农业生产和农村生活的问题所在，也最明白问题应该如何解决。农村的基层民主之重要性就体现在基层民主将农民在生活中得出的创新性举措，通过民主集中制转化为民主决策，并在实践检验之下纳入政策之中，成为解决农村实际问题的良方。毛泽东于1944年9月8日在追悼张思德的会上发表的讲演指出："因为我们是为人民服务的，所以，我们如果有缺点，就不怕别人批评指出。不管是什么人，谁向我们指出都行。只要你说得对，我们就改正。你说的办法对人民有好处，我们就照你的办。"在基层农村的探索实践中，领导干部真正尊重农民在"三农"之中的主体地位，是农村基层发展民主的前提。当前改革正处于深水区，深水区改革的一个突出特点是，各种问题相互扭结、彼此交错，面对日益复杂的治理现状，很难再有"一招鲜，吃遍天"的万全之策。这就更需要通过推动全过程人民民主的基层实践，鼓励每个问题单元发挥其主动性和创造性，自主地对症下药，自开良方。

农民的素质参差不齐，普遍政治能力不高成为农村基层发展全过程人民民主的一大阻碍，因此提升农民素质，尤其是提升其政治素质，成为基层全过程人民民主的另一前提。农民素质提高是一个长久的命题，许多时候政府不敢在基层农村推进民主，正是担心农民素质不高、难以考虑长远，基层政府想放权给农民却不能放，"一放就乱"，但不放又会"一管就死"，于是陷入进退两难的尴尬境地。从根本上来说，农民素质的提高包括两个方面：其一是文化素质的提高，文化素质是理性思考的前提，一方面在于推进教育，久久为功。其二是需要在实际参与过程中提升其政治素养，让农民在实践过程中学会妥协与适度原则，锻炼其对眼下得失与长远利益的取舍，使其学会观点不同如何达成一致行动，等等。另一方面在于在特定领域以特定方式开放参与渠道，让农民在参与中学会参与。① 就法律而言，农民"素质低"不足以行使权利这种说法是违宪的，也是违法的，推翻"农民权利论"会损害党的执政根基。

三、全过程人民民主促进党的农村基层组织更有作为

推进农村基层全过程人民民主建设能够使基层党组织更有作为。习近平总书记指出："我们要继续推进全过程人民民主建设，把人民当家作主具体地、现实地体现到党治国理政的政策措施上来，具体地、现实地体现到党和国家机关各个方面各个层级工作上来，具体地、现实地体现到实现人民对美好生活向往的工作上来。"党的基层组织是党在社会基层中的战斗堡垒，是党的全部工作和战斗力的基础。基层治理是实现我国治理体系和治理能力现代化的重要基础，是实现治理能力现代化的基础。基层组织直接树立了党在人民群众心目中的形象，也直接关系到党的执政基础和执政权威。在推进全

---

① 王志强：《当前中国农民政治参与研究综述》，《中国农村观察》2004 年第 4 期。

过程人民民主过程中，比起党在其他各级组织而言，基层党组织直面民主之"民"，其如何引导如何执行，就形成了人民群众眼中全过程人民民主的样子。在农村基层党组织的民主实践中，有三个方面值得讨论。

第一，党的建设是基层组织领导全过程人民民主的基础。① 打铁必需自身硬，党的基层组织建设包括政治建设、思想建设、组织建设、作风建设、纪律建设和制度建设"六位一体"全面建设。具体来说，就是以讲政治根本，以始终保持先进思想为引领，以保持组织纯洁性和战斗力为目的，以扎实作风、严格纪律为途径，并最终总结提炼，形成制度来巩固建设成果。举例来说，基层组织的民主实践需要基层党员协助贯彻，也需要基层党员协助党组织处理矛盾、采集建议，发挥带头作用。如果党员和基层党组织不能发挥这两种作用，不能切实为人民服务，甚至基层党组织有选择性地发展党员，党员有选择性地接受人民监督、为人民群众发声，就会发展成"党员的民主"，形成"乡村的议会"。因此民主在农村基层行不行，关键在于农村基层党组织建设得怎么样，农村基层党建在基层发展全过程人民民主中至关重要。

第二，基层党组织需要保障农村全过程人民民主的秩序。全过程人民民主作为一种全新的民主形式，是包括了全部民主主体、民主程序和民主过程的，它是一种全主体、全方位、全覆盖、全流程、全环节、全链条的人民民主。农村基层民主在于农民全过程参与，包括决策前协商、决策中参与、决策后监督，制度上体现为村民的选举、监督和罢免等。全过程人民民主需要一种秩序，使全部民主主体、民主程序和民主过程能够在秩序之内运转，在这样一种秩序中，民主实践不至于遇到冲突时超线，也不会受到外来的干扰。这样一种秩序需要保证党的全面领导。基层党组织在全过程人民民主实践中需要起到确立权威、维持秩序的作用：一是引导农民在秩序中践行民主，及时解决民主运行中出现的问题，支持民主方式产生的决策，避免民主的实践过程受到外来权力或资本的干扰；二是保证全过程人民民主在党的领

① 胡洪彬：《习近平新时代党的政治建设思想论析》，《探索》2017 年第 6 期。

导之下运行，保证国家大政方针的贯彻执行，保证公共物品的稳定提供，以及可能会有损眼下利益的长远计划能够落地实施。

第三，发展农村全过程人民民主促进巩固党的执政基础。习近平总书记在庆祝中国共产党成立 100 周年大会上的重要讲话中强调："以史为鉴、开创未来，必须团结带领中国人民不断为美好生活而奋斗。江山就是人民、人民就是江山，打江山、守江山，守的是人民的心。中国共产党根基在人民、血脉在人民、力量在人民。"发展全过程人民民主实质上就是党为人民服务初心的体现，尊重人民、服从人民，听人民之所呼，想人民之所想，为人民办事，因为人民才是党的执政基础。中国共产党领导中国人民开创历史伟业的最根本秘诀，就在于始终抓住了人心这个根本出发点和落脚点，以人民群众追求"丰衣足食、安居乐业""出入相友、守望相助""国泰民安、风调雨顺""天下为公、四海一家"之"过上好日子"的梦想为一切工作的中心，根据社会主要矛盾的发展与变化这一历史主线，通过农村全过程人民民主的创建及其实现，达到充分动员和发挥广大农民建设社会主义现代化的积极性和创造性之目的。

四、结语

以村民自治为代表的农民民主是我国人民民主历史上开先河、树典型的民主形式，也是全过程人民民主的生动表现形式。在村民自治所代表的民主过程中，中国共产党的领导具有无可替代的重要作用，其取缔了宗族治理、乡绅治理等传统方式，也遏制了官商勾结、涉黑组织等犯罪情况，为保障人民的权利作出了重要贡献。进入新时代以来，中国共产党通过选调制度、农村基层组织交叉任职制度、委派制度和民选制度相结合，自治、德治、法治相结合，实现了农村的全过程人民民主。在党的领导下，农村全过程人民民主必将为实现乡村振兴和中华民族伟大复兴提供重要引擎动力。

党委人大工作会议：加强党对人大工作
全面领导的模式和效能
——以中共湖南省委召开的 5 次人大工作会议为例

田必耀[*]

【摘　要】在湖南省人大历史上，中共湖南省委先后召开过 5 次人大工作会议。通过召开党委人大工作会议，完善党领导人大工作的机制，统一对社会主义民主政治建设和人大工作的认识，支持和保证人大依法行使职权，解决人大工作和建设中存在的机构设置、人员编制、业务经费等实际问题。"党委人大工作会议"成为加强党对人大工作全面领导的常态模式、推进全过程人民民主和新时代人大工作高质量发展的制度保证。

【关键词】人大工作会议；党的全面领导；机构编制

1988 年 12 月，中共湖南省委第一次召开全省人大工作会议，此后于 1996 年、2004 年、2016 年、2021 年召开人大工作会议。其中，2004 年 12 月省委首次召开全省人大、政协工作会议。在湖南省人大历史上，省委先后召开过 5 次人大工作会议，对社会主义民主政治建设和全省人大工作产生了深远的影响。5 次省委人大工作会议，就是一部浓缩的湖南省人大史，蕴含了湖南人大工作生动实践和创制发展的"制度密码"。

---

* 田必耀，湖南省人大常委会《人民之友》杂志社主编，副编审。

一、动议和准备：人大常委会党组建议和省委常委会决定

湖南省委召开人大工作会议前，省人大常委会党组提出召开会议的建议，并通过前期调研，提出当前人大工作面临的新情况、新问题，特别是人大立法、监督、人大代表等工作，以及人大常委会组织建设中存在的实际问题，起草需要省委批转的人大工作和建设文件。

湖南省各级人大于 1987 年春和 1988 年春换届以后，地方人大工作出现了新的局面，同时也遇到了许多新的情况和问题。为了进一步加强全省各级人大的工作和建设，省人大常委会党组于 1988 年 6 月向湖南省委写出报告，建议召开全省人大工作会议。省人大常委会为了协助中共湖南省委开好这次会议，从当年 3 月起就开始组织力量进行调查研究，作了充分准备。

在省委常委会会议决定召开人大工作会议后，省委有关部门牵头为会议做好准备，省人大常委会有关机构协助做好会议的准备工作，按照省委常委会会议的要求，确定参加会议的人员、会议地点、会议日程、会议材料准备等，由省委有关部门发出会议通知。

二、参会规制：三级党委、人大常委会主要负责人参会

从层级上来说，省、市、县三级党委，人大常委会主要负责人，省级"一府一委两院"主要负责人等参加会议。每次省委人大工作会议，会议规格高，省委书记、省人大常委会主任讲话，省委副书记、省人民政府省长主持，省人大常委会、"一府一委两院"主要负责同志作表态（交流）发言。

从范围上来说，省委、省人大常委会、省人民政府及有关部门（机构）主要负责人，省监察委、"两院"主要负责人，同时邀请全国、省人大代表等参加会议。1988 年 12 月 15 日至 18 日，中共湖南省委召开的第一次全省人大工作会议，各地、州、市、县和市辖区人大常委会党组书记，地区人大工作联络处处长，以及省直有关部门负责人参加了会议。会上，湖南省委书

记熊清泉，省委副书记、省人大常委会主任刘夫生分别作了讲话。中共常德市等 5 个地方党委、长沙市等 8 个地方人大常委会和石门县人民政府的负责人在会上介绍了经验。2016 年 5 月，省委人大工作会议在长沙召开，有近800 人参加会议，其中，有 20 名省领导，67 名省直单位主要负责人，277 名市州、县市区委书记和人大常委会主任，还有部分全国人大代表、省人大代表，及全省县乡两级人大换届选举工作学习班人员。2004 年 12 月 23 日，湖南省委首次召开"全省人大、政协工作会议"。省委书记、省人大常委会主任杨正午，省人大常委会副主任吴向东，省政协主席胡彪，省委副书记、省长周伯华分别作了讲话。

从会议形式上来说，以现场会议为主，特殊情况下采取现场会与视频会议相结合的方式。2021 年，在新冠肺炎疫情防控的形势下，省级层面的参会人员在湖南省长沙市主会场现场出席会议，参会人员约 150 人；市县两级各自设立分会场，采取视频连线方式参会。

三、会议主题：加强和改进党对人大工作的领导

省委人大工作会议强调各级党委发挥总揽全局、协调各方的作用，完善党领导人大工作的机制。每次省委人大工作会议，省委书记都发表讲话，"加强和改进党对人大工作的领导""依法治省""新时代人大工作高质量发展"是贯穿历次会议的主题。省委人大工作会议明确提出，要把党的主张和重大决策经过法定程序变为国家意志，成为全体人民共同遵守的行为规范，从制度和法律上保证党的路线方针政策的贯彻实施；把人大工作摆在重要位置，各级党委要高度重视人大工作，切实把重要议事日程列入全局。

1996 年 12 月，湖南省委召开的全省人大工作会议提出，加强和改善党对人大工作的领导，进一步完善人民代表大会制度。贯彻党中央关于依法治国、建设社会主义法制国家的治国方略，紧紧围绕省委的中心工作，更好地发挥各级人大的作用。1996 年 8 月，湖南省八届人大常委会第二十三次会议通过了关于进一步加强法制宣传教育、积极推进依法治省的决议；当年 12

月，湖南省八届人大常委会第二十四次会议审议通过了《湖南省县级以上人民代表大会常务委员会监督条例》，成为人大依法履行监督职能的一个重要武器，这些地方性法规的出台和实施为省委人大工作会议加强和改善党对人大工作的领导、推进依法治省准备了条件。

在依法处理衡阳破坏选举案后，2016年5月召开的湖南省委人大工作会议要求，要认真学习贯彻习近平总书记系列重要讲话精神，主动顺应人民群众的新期盼，切实肩负起做好新时期地方人大工作的时代使命，加强和改进党对人大工作的领导，为做好地方人大工作提供坚强保证，确保市县乡人大换届选举风清气正。此后，湖南省市、县、乡三级人大换届选举深刻吸取衡阳破坏选举案、四川南充拉票贿选案的教训，严格落实"九严禁"和"约法三章"，建立起中央纪检国家监委、最高法、最高检、中组部、中宣部、中央统战部等22家单位联合审查机制，15条"负面清单"把关人大代表人选，实现市县乡人大换届选举风清气正、圆满成功。

四、会议的效能：出台政策文件和增进政治认识

省委人大工作会议通过省委书记、省人大常委会主任发表讲话，省委专门就人大工作、人大代表工作出台文件等形式，支持和保障人大及其常委会依法行使"四权"提出工作要求。省委人大工作会议进一步统一了对社会主义民主政治建设和人大工作的认识，解决了人大工作和建设中存在的一些突出问题，对全省民主政治建设和人大工作产生了深远的影响。

据《湖南省志·政务志》记载，第一次省委人大工作会议着重研究解决政治认识等五个问题：一是进一步统一对社会主义民主政治建设和人大工作的认识；二是进一步明确人大常委会工作的指导思想；三是进一步提高人大常委会的工作水平和效能；四是进一步加强人大常委会的自身建设；五是进一步加强中共各级党委对人大工作的领导。1989年5月，湖南省人大常委会主任刘夫生在湖南省七届人大二次会议上作省人大常委会工作报告时说："全省人大工作会议是去年我省地方人大工作和建设中的一件大事。它对我

省人大工作和民主政治建设将产生深远的影响。"此次省委召开的全省人大工作会议对人大常委会主任参加同级党委常委、人大及其常委会的机构设置、人员编制和业务经费，以及地区设立联络工作委员会等问题作了一些具体的规定。全省各地认真地贯彻落实会议精神，解决了人大工作和建设中存在的一些问题。《人民之友》1989 年第 1 期社论说，"这标志着我省人大工作已进入一个新的起点，来势喜人，大有希望。"

县乡人大在人手少、经费少、编制少的情况下，在巩固党的执政基础、坚持和完善人大制度中发挥了重要作用。但是，由于历史的原因和现实的情况，县乡人大存在会议质量不高、行使法定职权"虚化"、代表联系群众的形式和渠道不便利、机构和工作力量难以适应需要等问题和困难。针对这一问题，2015 年 6 月，中共中央转发了《中共全国人大常委会党组关于加强县乡人大工作和建设的若干意见》，即中央 18 号文件。中央 18 号文件要求，地方各级党委通过召开人大工作会议、出台指导性文件等形式支持和保证县乡人大依法行使职权，帮助解决实际问题。2015 年 12 月，省委常委会会议审议通过了《中共湖南省委关于加强县乡人大工作和建设的实施意见》，有效解决了县乡人大工作和建设中存在的问题。

五、会议导向：解决人大工作实际问题

每次省委人大工作会议，聚焦社会主义民主法制建设和新时代地方人大工作的新任务、新情况、新问题，与时俱进解决地方人大工作和建设中存在的实际问题，特别是人大及其常委会的机构设置、人员编制和业务经费等具体问题。

湖南省委首次人大工作会议批准省人大常委会在地区设立联络工作委员会，作为省人大常委会派出机构，受省人大常委会和地委的领导。1989 年 4 月，湖南省七届人大常委会第八次会议通过决议，决定在益阳、娄底、郴州、零陵、怀化 5 个地区，设立省人大常委会联络工作委员会，以进一步加强省人大常委会同地区的省人大代表和地区所辖县、市人大常委会的联系。

1996 年 12 月召开的湖南省委人大工作会议提出，各级党委要高度重视人大干部队伍建设，在机构改革中，人大及其常委会只能加强，不能削弱。要保持人大机构设置和人员编制的稳定，人员偏少的应予以适当增加。有条件的地方要把国家权力机关的活动经费单列在财政预算中，将其纳入依法管理的范围。

2004 年 12 月，湖南省委召开的全省人大、政协工作会议指出，要关心人大、政协机关建设，从机构编制、人员配备、工作经费等方面给予支持，创造良好的工作条件。要切实加强人大、政协领导班子和干部队伍建设，改善领导班子结构，适当增加专职委员比例，加强专门委员会建设。2004 年 11 月，湖南省委召开全省人大、政协工作会议前 1 个月，省委向全省批转省人大常委会党组关于进一步加强人大代表工作的意见。会后，省委发出《关于进一步加强人大工作的意见》。省人大常委会落实会议精神和省委文件，有效地促进了人大工作和代表工作迈上新台阶。省人大代表的活动经费由过去每人每年 1000 元增加到 2000 元，列席常委会会议的全国、省人大代表在原来的基础上增加一倍。同时，按照全国人大常委会办公厅的要求，设立了全国人大代表联络机构。

2014 年 4 月，湖南省人大常委会研究室的调研报告显示，市、县、乡（镇）人大的编制非常紧张，全省县级人大机关共有行政编制 2757 个，平均每个县市区为 22.6 个；全省 123 个县市区中，有 50 个县级人大存在"一人委"现象。"一人委"意味着这些县级人大常委会工作机构只有一个"光杆司令"。湖南省人大常委会研究室的调研报告指出，地方人大的机构设置、人员配备、物质保障，与地方国家权力机关承担的任务要求不适应。湖南省衡阳市某县人大机关行政编制为 23 个，2013 年换届时"实改非"人员为 9 个，实际可用的编制只有 14 个；邵阳市某县人大机关干部平均年龄 50.4 岁，最年轻干部的年龄是 43 岁。针对县乡人大工作和建设中存在的困难和问题，2015 年 12 月，省委常委会会议审议通过了《中共湖南省委关于加强县乡人大工作和建设的实施意见》。2016 年 5 月，湖南省委人大工作会议要求，切实解决县乡人大工作中存在的困难和问题，确保有机构管事、有人员办事、有经费做事。省人大常委会党组及时召开专题会议，认真传达和学习省委人大工作会议精神。2016 年 11 月，省人大常委会领导率省委督查调研组到 14 个市州就贯彻落实中央 18 号文件、省委 26 号文件和省委人大工作会议精神情况进行督查，向省委提出进一步落实上述"两文一会"建议，推动省委人大工作会议精神全面落地。市县两级党委及时召开人大工作会议，出台关于进一步加强县乡人大工作和建设的实施意见。2017 年 1 月，湘西自治州委常委会经过专题研究，同意州人大常委会党组提出的关于县市人大及其常委会机构设置调整意见。湘西自治州 8 县市人大机关增加了 30 多个行政编制，县市人大机关编制增量平均达 4 个左右，新增和规范统一后的县市人大及其常委会机构为 3 个专门委员会（法制、财经、环资）、5 个工作委员会和 1 个办事机构。按照省委人大工作会议和政策文件精神，市县两级党委、人大常委会也在积极破解"一人委"难题。由于机构改革"三定"方案给县级人大机关核定的行政编制数偏少而且很难突破，湖南省不少县级人大机关开始设立副科级事业单位，如代表服务中心、预算联网监督中心等，招考 2—4 名事业编制工作人员，有力有效地解决了工作力量尤其年轻干部缺乏的问题。市级人大机关则在办公室、研究室或者代表工作机构下设正科级的事业单位，具体承担服务代表、新闻宣传、信息化建设等工作任务。还有少数地方，把县级人大常委会领导编制列入党委序列，不占县级人大机关编制，解决"退线"领导循环占用人大机关编制问题。

经过实践探索和实验总结，上述做法进一步上升为湖南省委的政策。2021 年 7 月出台的《中共湖南省委关于加强和改进新时代人大工作的意见》，明确了解决人大机关"一人委""退线占编"等实际问题，很有指导性、针对性和操作性。意见明确了市州、县级人大常委会主任、副主任可在本级行政编制总额内实行编制单列管理，并要求保障县级人大机关必要的编制，切实解决"一人委"问题。在控制机构总数的前提下，县级人大常委会可以结合工作实际，提出机构设置建议，按照机构编制管理权限和程序报批。湖南省人大常委会党组高度重视中央和省委关于人大工作决策部署的贯彻落实，主任会议成员多次带队督查调研。随着湖南省委政策的深入实施，县级人大机关干部队伍建设不断加强，人大工作进入重要的发展期。比如，岳阳市华容县人大机关在职干部平均年龄由 51 岁降至 46 岁，其中，35 岁以下有 4 人，全面消灭了"一人委"，人大专门委员会、常委会工作机构平均在职 3 人。

六、党委人大工作会议：全面领导的常态模式

地方党委加强对人大工作的全面领导、全过程领导的体制和机制，主要是召开党委全会、常委会会议、人大工作会议等，听取人大常委会党组汇报，及时研究解决人大工作中的重大问题，出台有关政策文件指导人大工作。"党委人大工作会议"成为把党的领导贯穿到人大工作全过程、各方面，推进全过程人民民主，进一步完善党委领导人大的工作机制的常态模式。

2015 年 6 月，中央 18 号文件要求地方各级党委通过召开人大工作会议、出台指导性文件等形式支持和保证县乡人大依法行使职权，帮助解决实际问题。按照中央 18 号文件的要求，2015 年 12 月，湖南省委常委会议审议通过了《中共湖南省委关于加强县乡人大工作和建设的实施意见》，湖南省委及市县两级党委先后召开人大工作会议，完善党委领导人大工作机制，支持和推进新时代地方人大工作高质量发展。2021 年 7 月召开的湖南省委人大工作会议出台的《中共湖南省委关于加强和改进新时代人大工作的意见》（以下简称《意见》），对全省人大工作进行了全面安排部署，形成了许多创新举措和硬性措施。其中，《意见》提出"省市县党委每届至少召开一次人大工作会议"的要求，意味着形成每届一次"党委人大工作会议"的顶层设计和领导模式，进一步明确了加强党对人大工作的全面领导的制度机制，为推进新时代地方人大工作高质量发展提供了根本保证。2022 年 1 月 26 日，湖南省委召开贯彻落实中央人大工作会议精神推进会，省委书记、省人大常委会主任张庆伟在会上发表讲话，要求更加坚定地推进全过程人民民主，切实加强各级人大及其常委会"四个机关"建设，自觉把政治建设摆在首位，着力加强人大组织建设，不断提升全省人大工作质量和水平。

从中共湖南省委召开的 5 次人大工作会议的效能可以看出，"党委人大工作会议"是完善党委领导人大的工作机制的常态模式，是把党的领导贯穿到人大工作全过程、各方面的重要体制，必须坚持和加强。地方党委应坚持每届召开一次人大工作会议，适应新情况、新任务，出台政策文件，对人大工作进行全面安排部署，坚持和完善加强党对人大工作的全面领导的制度机制。同时，确保党委人大工作会议精神和政策文件的落地落实，需要党委有关部门加强督查。在这方面，湖南省委督查机构发挥了重要作用。比如，2016 年 11 月，省人大常委会领导率省委督查调研组到 14 个市州就贯彻落实中央 18 号文件、省委 26 号文件和省委人大工作会议精神情况进行督查，向省委提出进一步落实"两文一会"的建议，推动省委人大工作会议精神全面落地，保证了会议的政治效果和工作效能。

正确处理地方人大常委会党组
履责过程中的若干关系[*]

黄小钫　马明杨[**]

【摘　要】党组是党对中央和地方国家机关等非党组织实施领导的重要组织形式，在本单位发挥重要领导作用。县级以上地方各级人大常委会党组是中国共产党在地方国家政权机关设立的领导机构，是执政党与地方国家政权机关之间产生联系的枢纽和联结点。厘清县级以上地方各级人大常委会党组的职责与功能，正确处理它在履职过程中与同级地方党委、本级人大常委会、人大常委会机关党组、本级人大专门委员会分党组，以及人大常委会机关党委等组织的关系，对于发挥人大常委会党组的领导核心作用、进一步加强党对人大工作的全面领导，具有重要的现实意义。

【关键词】人大常委会；地方党委；人大常委会党组；党的领导

党组是党的一个重要组织机构，它"在党的组织体系中具有特殊地位，要贯彻落实党中央和上级党组织决策部署"[①]。《中国共产党章程》第九章和《中国共产党党组工作条例》（以下简称《条例》）对党组的性质与地位、设立的条件与范围、职权职责、组织原则以及决策程序等内容作了规定，指出

---

[*] 本文系国家社科基金项目"中国地方人大的会议体系及其运行机制研究"（20BZZ041）阶段性成果。

[**] 黄小钫，中国人民大学马克思主义学院副教授；马明杨，中共北京市委党校政治学教研部硕士研究生。

[①] 习近平：《在全国组织工作会议上的讲话》，人民出版社2018年版，第12页。

"党组是党在中央和地方国家机关、人民团体、经济组织、文化组织和其他非党组织的领导机关中设立的领导机构，在本单位发挥领导作用，是党对非党组织实施领导的重要组织形式"①。地方各级人大是地方各级国家权力机关，县级以上地方各级人大设立常委会作为本级人大的常设机关，在闭会期间行使本级人大的一些职权。《条例》规定：县级以上人大常委会应当设立党组，保证人大常委会党组开展工作有据可依。作为县级以上人大常委会的领导机构，人大常委会党组是党对人大工作实施领导的重要载体，是执政党与地方国家权力机关发生联系的枢纽和联结点。人大常委会党组的职责履行到位不到位、作用发挥好不好，直接影响到党对人大工作的领导能否实现。在整个人大制度体系中，人大常委会党组居于一个核心位置，必然会或多或少地同其他机构发生一定的关系。正确处理并理顺地方人大常委会党组履责过程中的若干关系，具有十分重要的现实意义。

一、地方人大常委会党组与同级地方党委的关系

现行党章和《条例》分别规定："党组必须服从批准它成立的党组织领导。"② "党组的设立，应当由党中央或者本级地方党委审批。"③ 这两个条款明确了地方党委与党组之间的关系性质，即一种上下级之间的领导与被领导的关系。其中，地方党委是领导者，决定着党组的设立；党组属于被领导者，须服从批准其成立的党委的领导。因此，地方人大常委会党组首先要处理好与同级地方党委的关系，这是其履行职责、发挥作用的前提和基础。

一方面，地方人大常委会党组作为执政党在地方国家权力机关设立的一个领导机构，是同级地方党委的派出机构，它的设立、人员的组成、职责范围等都是由后者决定的。因此，人大常委会党组接受同级地方党委的领导并对其负责，是应有之义。地方人大常委会党组作为地方人大常委会的领导核

---

① 《中国共产党党组工作条例》，法律出版社 2019 年版，第 3 页。
② 《中国共产党章程》，中国法制出版社 2018 年版，第 59 页。
③ 《中国共产党党组工作条例》，法律出版社 2019 年版，第 9 页。

心，为同级地方党委全面领导人大工作提供组织保障，发挥着承上启下的作用。其中，"承上"要求及时主动地向同级地方党委请示报告本级人大及其常委会的年度工作计划，以及立法、法律实施、讨论决定重大事项、监督、代表、常委会及机关建设中的重要问题和重要事项，为同级地方党委的各项决策提供参考。"报告一下有好处，集思广益，群策群力，事情能办得更好。"①"启下"要求保证同级地方党委的决策部署能够有效贯彻和落实，切实保证同级地方党委的主张和意图经由法定程序成为地方性法规，以及同级地方党委推荐的人选依法成为地方国家政权机关的工作人员。总之，服从同级地方党委的领导是地方人大常委会党组开展工作必须遵循的首要原则。当然，它也不能一味地消极等待被领导，应积极主动地争取同级地方党委的领导，这样才能有利于开展各项工作，即"不应该也不完全是处于一种被动授受的地位，不是一种机械的命令与执行关系，也不是一种纯粹的地方党委布置、党组操作的单向关系，而更应该处在一种发挥主观能动性、主动服务、创造性地开展工作的地位"②。从各地人大工作的成效来看，人大工作做得好不好，同人大常委会党组是否主动具有直接关系：有些地方的人大工作有声有色，关键就在于人大常委会党组积极主动；而有些地方的人大工作做得不好，"根源是人大常委会党组的工作不主动，没有主动谋划人大的工作，没有积极地争取党委的领导和支持"③。

另一方面，地方党委即党的地方委员会，是党的地方组织，肩负着全面领导本地区人大工作，支持和保证本地区国家权力机关依法履行法定职权这一重要职责。《中国共产党地方委员会工作条例》规定，地方党委"在本地区发挥总揽全局、协调各方的领导核心作用，按照协调推进'四个全面'战略布局，对本地区经济建设、政治建设、文化建设、社会建设、生态文明建

① 《习近平关于社会主义政治建设重要论述摘编》，中央文献出版社2017年版，第27页。
② 余建清：《地方人大工作中发挥党委与人大常委会党组两个领导核心作用的几点思考》，上海人大：http://www.spcsc.sh.cn/shrdgzw/node7/node62/node66/userobject1ai26466.html。
③ 杜德印：《在新的历史起点上坚持和完善人民代表大会制度 加强和改进人大工作——市人大常委会主任杜德印对〈中共北京市人大常委会党组关于在全面推进依法治国进程中加强和改进人大工作的意见〉的说明》，《北京人大》2015年第1期。

设实行全面领导，对本地区党的建设全面负责""主要实行政治、思想和组织领导，把方向、管大局、作决策、保落实"①。对于地方党委的角色及作用，习近平总书记指出："地方党委是贯彻落实党中央决策部署的'中间段'，不能出现'中梗阻'。"② 地方党委作为本地区的领导核心，对本地区各级国家权力机关的工作实施领导是其应有之义。不过，地方党委对人大工作的领导并不是一种直接领导，而是要依托各级国家权力机关中的党组织及其党员（包括人大常委会机关、人大代表、人大常委会组成人员中的党员）发挥领导作用，尤其是要发挥人大常委会党组的领导核心作用。同时，这种领导主要表现为贯彻并落实党中央关于人大制度建设和人大工作的路线、方针、政策和重大决策部署，做好对本级国家权力机关的党组织及其党员的动员和组织工作、本级地方国家政权机关的人选推荐工作、本级地方国家权力机关与"一府一委两院"之间的协调工作，等等。近年来，各地已经形成了许多好的经验和做法，如坚持安排一名主要领导分工联系人大工作，邀请不是同级党委常委的人大常委会党组书记或党组副书记列席党委常委会议；定期召开党委人大工作会议，解决人大工作中面临的有关问题；定期听取人大常委会党组的工作汇报并讨论研究人大工作；等等。

总而言之，无论是人大常委会党组还是同级地方党委，都负有对人大的领导权。两者之间的区别在于："地方党委主要是一种全局性、方向性、原则性的领导。地方人大常委会党组则是一种基础性的、落实性的、操作性的领导。两个领导核心作用应该表现为一种相互协调、相互协力的和谐关系。"地方党委对同级人大的领导是地方人大常委会党组对人大常委会领导的前提和方向，地方人大常委会党组对人大常委会的领导是地方党委对同级人大领导的基础和保障。③ 因此，做好地方人大工作，既要加强人大常委会党组的领导，还要加强同级地方党委的全面领导，两者缺一不可，忽视其中任何一

---

① 《中国共产党地方委员会工作条例》，中国法制出版社 2016 年版，第 4—5 页。
② 习近平：《贯彻落实新时代党的组织路线 不断把党建设得更加坚强有力》，《求是》2020 年第 15 期。
③ 余建清：《地方人大工作中发挥党委与人大常委会党组两个领导核心作用的几点思考》，上海人大：http://www.spcsc.sh.cn/shrdgzw/node7/node62/node66/userobject1ai26466.html。

个方面，都会影响或者弱化党对人大工作的领导。

二、地方人大常委会党组与本级人大常委会的关系

地方人大常委会是地方国家权力机关的组成部分，它的设立保证了地方国家权力机关能够在闭会期间有效发挥作用。在县级以上地方各级人大常委会设立党组，不仅是实现党对人大工作领导的内在要求，更是推动人大制度优势转化为治理效能的根本保障。因此，地方人大常委会党组能否处理好同本级人大常委会的关系，直接影响党对人大工作的领导，以及人大制度优势能否充分实现。

一方面，地方人大常委会党组作为本级人大常委会的领导机构，要不断加强自身建设，准确把握人大常委会党组的职责定位，善于发挥人大常委会的职能作用。《条例》第十六条明确规定："党组发挥把方向、管大局、保落实的领导作用，全面履行领导责任，加强对本单位业务工作和党的建设的领导，推动党的主张和重大决策转化为法律法规、政策政令和社会共识，确保党的理论和路线方针政策的贯彻落实。"[1] 因此，地方人大常委会党组的工作，应着重围绕"把方向、管大局、保落实"三个方面展开，它们集中体现了党组作为领导核心的性质和地位。具体而言，"把方向"自然就是把握政治方向。只有坚持正确的政治方向，人大工作才能不断向前发展，人大制度建设才能取得成效。"管大局"主要是管事关人大工作全局的重大决策、重大举措、重大事项和重大问题。"保落实"主要是保证党中央和同级党委的重大决策部署能够全面得到落实，这是人大常委会党组作为同级党委派出机构的基本职责。人大常委会党组在履行职责的过程中，要努力做到"到位不越位"，同样也不能失位，它要积极支持、尊重并保证人大常委会依法履行法定职权和开展工作，绝不能包办代替人大常委会或人大常委会主任会议履行职责。概言之，就是该由人大常委会党组讨论和决定的重大事项，人大常

---

[1] 《中国共产党党组工作条例》，法律出版社 2019 年版，第 12 页。

委会党组就应担起责任；而该由人大常委会或人大常委会主任会议讨论和决定的事项，人大常委会党组则应给予支持，这样不仅保证了党对人大工作的领导，还使人大常委会的法定职权得到了行使，真正实现了党的主张和人民意志的有机统一。

另一方面，地方人大常委会作为本级人大闭会期间的常设机关，要充分利用人大常委会党组这个枢纽，确保人大常委会的各项工作始终在党的领导下顺利开展。2019 年 7 月，习近平总书记作出重要指示，要求地方人大及其常委会"要自觉接受同级党委领导，密切同人民群众的联系，更好发挥人大代表作用，接地气、察民情、聚民智，用法治保障人民权益、增进民生福祉"①。2021 年 10 月，习近平总书记在中央人大工作会议上进一步强调："各级人大及其常委会要不断提高政治判断力、政治领悟力、政治执行力，全面加强自身建设，成为自觉坚持中国共产党领导的政治机关、保证人民当家作主的国家权力机关、全面担负宪法法律赋予的各项职责的工作机关、始终同人民群众保持密切的代表机关。"② 无论是作为政治机关，还是国家权力机关，抑或工作机关和代表机关，党的领导都是不可或缺的环节。人大常委会不仅要自觉坚持党对人大工作的全过程领导，即凡是事关全局的重大事项，均应交由人大常委会党组会议讨论和决定，再由其提出原则性意见交由人大常委会主任会议讨论决定，最后由人大常委会会议作出决议或决定，确保党的领导贯穿人大常委会工作的始终；还要积极主动地争取党对人大常委会工作的领导，为人大常委会开展各项工作创造条件和提供保障。实践证明，只要党的领导落实到位、贯彻有力，人大常委会的各项工作便能有声有色。如果党的领导弱化，那么，人大常委会的工作便会受到影响。因此，各级人大常委会要善于积极发挥人大常委会党组的领导核心作用，通过人大常委会党组向同级党委请示报告其在开展各项工作中遇到的重大问题和困难，让同级党委第一时间掌握有关工作情况，推动相关问题和困难的解决。

---

① 习近平：《论坚持人民当家作主》，中央文献出版社 2021 年版，第 261 页。
② 习近平：《论坚持人民当家作主》，中央文献出版社 2021 年版，第 334—335 页。

三、地方人大常委会党组与本级人大常委会机关党组的关系

2015 年制定的《中国共产党党组工作条例（试行）》首次提出："县级以上人大常委会机关、政府机关、政协机关，经本级党的委员会批准，可以设立机关党组。"① 该条款使人大常委会机关党组的设立有了明确依据。从词语的语义来理解，"可以设立"意味着"可以不设立"，这就意味着对"人大常委会机关党组"的设立并没有作强制性的要求。2019 年，《条例》正式颁布实施，细化了该条款的有关内容，进一步明确了人大常委会机关党组设立的层级，增强了可操作性和执行性，即"市级以上人大常委会、政府、政协，应当设立机关党组。县级人大常委、政府、政协根据工作需要，可以设立机关党组"②。也就是说，市级以上人大常委会设立机关党组是必须履行的义务，至于县级人大常委会，各地可以视工作需要设立，不作强制性的规定。但是，从检索的情况来看，全国几乎所有的县级人大常委会都设立了机关党组。需要指出的是，人大常委会机关党组并不是一个新生事物。早在 1956 年，全国人大常委会就设立了机关党组，时任全国人大常委会副秘书长、办公厅主任张苏担任机关党组书记。改革开放后，全国人大常委会党组、全国人大常委会办公厅党组，以及全国人大常委会法制委员会党组相继设立，但没有设立全国人大常委会机关党组。直到 1989 年底，全国人大常委会机关党组才恢复设立并延续至今，同时撤销了全国人大常委会办公厅党组和全国人大常委会法制委员会党组。在地方层面上，安徽省马鞍山市人大常委会曾在 2008 年设立了人大常委会机关党组，并制定了《中共马鞍山市人大常委会机关党组议事规则》，这是笔者所能检索到的最早设立机关党组的一个地方人大。理顺并处理好与人大常委会机关党组的关系，是人大常委会党组面临的一个新课题。

一方面，人大常委会党组作为人大常委会的领导机构，要履行好对人大

---

① 《中国共产党党组工作条例（试行）》，人民出版社 2015 年版，第 2 页。
② 《中国共产党党组工作条例》，法律出版社 2019 年版，第 8 页。

常委会机关党组的领导职责。根据《条例》规定可知，人大常委会机关党组实行双重领导体制，它既要服从批准其设立的党组织的领导，还要接受人大常委会党组的领导。具体而言，地方人大常委会机关党组是同级地方党委在人大常委会机关设立的领导机构，它的性质实际上和人大常委会党组是一样的，即都属于同级地方党委的派出机构，因而要接受同级地方党委的领导。但是，不同于人大常委会党组是人大常委会的领导机构，人大常委会机关党组只是人大常委会机关的领导机构。尽管人大常委会机关党组不是由人大常委会党组直接批准设立，但是，它的设立是由人大常委会党组提请同级地方党委批准的，同时，在具体工作中，人大常委会机关党组需要服从人大常委会党组的领导。可见，人大常委会党组和人大常委会机关党组在整个人大制度体系中的政治地位实际上是有一定区别的。人大常委会党组对人大常委会机关党组的领导，主要体现在两个方面：一是在具体的制度设计上，由人大常委会秘书长担任人大常委会机关党组书记，人大常委会秘书长同时又是人大常委会党组成员，这种制度安排有利于两者之间的沟通与协调；二是在具体的工作层面上，人大常委会党组要听取人大常委会机关党组的情况汇报，督促检查常委会机关党组履行其在党建、党风廉政建设等方面的主体责任。

另一方面，人大常委会机关党组作为人大常委会机关的领导机构，在履行对人大常委会机关的领导职责的同时，要自觉服从同级地方党委及人大常委会党组的领导，积极争取同级地方党委及人大常委会党组的支持，确保其工作有序开展。检索各地人大常委会机关党组工作规则可知，人大常委会机关党组的职责范围主要涉及以下几个方面：人大常委会机关的机构设置、人员编制；人大常委会机关的重大人事任免事项、重大项目安排、重大资金使用等；人大常委会机关的干部培训、考核与奖惩；人大常委会机关的党组织建设、党员队伍建设、党风廉政建设、工会、共青团工作；等等。这些工作的开展，离不开人大常委会党组的支持。人大常委会机关党组要健全请示报告工作制度，不仅要向同级党委报告其开展党建情况、贯彻落实党风廉政建设责任制情况等，也要向人大常委会党组汇报有关工作情况，让人大常委会党组及时了解和掌握，以便在遇到困难和问题时能够提供帮助。同时，人大常委会机关党组书记也要报告其履职情况，接受人大常委会党组的监督。总之，人大常委会机关党组的设立，是新时代加强党对人大工作全面领导的重要举措，有助于使人大及其常委会切实成为自觉坚持中国共产党领导的政治机关。

四、地方人大常委会党组与本级人大专门委员会分党组的关系

现行地方组织法规定，县级以上地方各级人大根据需要，可以设立专门委员会。各专门委员会的组成人员由代表大会选举产生，受本级人大及其常委会领导，主要职责是"研究、审议和拟订有关议案；对属于本级人民代表大会及其常务委员会职权范围内同本委员会有关的问题，进行调查研究，提出建议"①。为全面加强县级以上各级人大专门委员会党的工作和党的建设，2015 年颁布的《条例》对分党组的设立作了比较笼统的要求，仅规定"已设立党组的有关组织，因行业、系统管理需要等确需在下属单位设立分党组的，由党组报本级党委组织部门审批"②。至于哪些组织需要设立分党组，该条款并没有明确。尽管如此，这仍然为各级人大设立专委会分党组提供了依据。2016 年，全国人大率先在各专门委员会设立分党组，并制定《中共全国人大各专门委员会分党组工作规定（试行）》，规定"各专门委员会分党组由常委会党组提出，经中共中央组织部批准设立，在常委会党组领导下和机关党组统筹协调下开展工作"③。尔后，各省级人大纷纷效仿全国人大的做法，相继设立了专委会分党组，同时，许多省级人大常委会更是设立了工作委员会分党组，取得了良好的成效。因此，2019 年修订实施的《条例》明确规定，省级以上人大的专门委员会经过批准，可以设立分党组，至于人大常委会工作委员会分党组的设立，则没有作出规定。设立专委会分党组，是人大

① 《中华人民共和国地方各级人民代表大会和地方各级人民政府组织法》，法律出版社 2015 年版，第 20 页。
② 《中国共产党党组工作条例（试行）》，人民出版社 2015 年版，第 3 页。
③ 《全国人民代表大会社会建设委员会历史》，中国人大网，http://www.npc.gov.cn/npc/c34460/202009/75c4efeb3909491c910604637c8dfc09.shtml.

加强党的建设的一项创新性举措，对于提高各专门委员会的依法履职能力、进一步健全和完善人大专门委员会的党组织体系、从体制机制上保证党对人大工作的全面领导具有重要意义。理顺与专委会分党组的关系，就成为人大常委会党组的一项重要任务。

一方面，人大常委会党组要加强对专委会分党组的领导，督促专委会分党组履行好其工作职责。专委会由本级人大选举产生，它在闭会期间须接受本级人大常委会的领导并为本级人大常委会履职提供服务。专委会分党组作为党在人大专委会设立的领导机构，须由本级人大常委会党组报同级党委组织部门批准同意方能设立。专委会分党组服从人大常委会党组的领导，不仅是开展工作的客观需要，更是组织体制和组织程序方面的必然要求。可见，人大常委会对本级人大专委会的领导，同人大常委会党组对本级人大专委会分党组的领导，具有不同的内涵和特征：前者的领导更多限于工作业务层面，两者在组织层面是独立的，即专委会和人大常委会都由代表大会选举产生，专委会是属于人大的工作机构；后者的领导除了工作层面，在组织层面两者是有明确的隶属关系。人大常委会党组对专委会分党组的领导，不仅要做好专委会分党组组成人员的人选工作，这是保证专委会分党组有效履行职责的前提和基础；还要授权于专委会分党组，督促其履行好同本委员会相关的职责，及时向人大常委会党组汇报有关情况，为人大常委会党组的决策提供服务和保障。

另一方面，人大专委会分党组要向本级人大常委会党组负责并报告工作，接受本级人大常委会机关党组的工作指导。为此，专委会分党组应按照本级人大常委会党组的工作部署，结合本专委会工作职能，做好有关议案的研究、审议和拟定工作，开展有关立法、监督、代表工作，完成本级人大常委会党组交给的任务。同时，还要做好本委员会的党的建设工作，特别是要团结好本委员会党外干部群众，密切与他们的联系，听取他们的意见，将本委员会组成人员提出的建议报告本级人大常委会党组，为本级人大常委会党组的决策提供依据，提高人大常委会党组决策的民主化、科学化水平。所以，专委会分党组的工作成效，对人大常委会党组有着直接的影响。除此之外，人大专委会分党组也要处理好同本级人大常委会机关党组的关系，后者负责人大机关的机构设置、人员编制、职责范围等重要事项，其中包括各专委会所属的处室。各专委会分党组要积极争取本级人大常委会机关党组对其开展工作的支持和配合，有效增强人大制度体系内党组织的工作合力。

五、地方人大常委会党组与本级人大常委会机关党委的关系

人大常委会机关党委即在人大常委会机关设立的党的基层委员会，它是由人大常委会机关的党员大会或党员代表大会选举产生的。《中国共产党党和国家机关基层组织工作条例》规定，机关基层党组织"在上级党的委员会或者党的机关工作委员会和本单位党组（党委）（包括不设党组、党委的单位领导班子）领导下，协助本单位负责人完成任务，改进工作，对包括本单位负责人在内的每个党员进行教育、管理、监督，不领导本单位业务工作"①。人大常委会机关的党员干部是党领导人大工作的基本依托，作为负责人大常委会机关党员干部日常工作的组织，人大常委会机关党委可以说责任重大。它能否吸收和发展政治素质高、业务能力强的党员干部，直接影响党对人大工作的领导。党的十九大审议通过的党章修正案对党组和机关党组织的关系作了新的修订，即从"指导机关和直属单位党组织的工作"，改为"领导机关和直属单位党组织的工作"。尽管"领导"和"指导"仅有一字之差，但是，两者之间的关系性质已然发生变化。其中，在指导关系中，指导者与被指导者之间不存在组织上的上下级关系，前者可以向被指导者提出意见和建议，但是否采纳最后决定于被指导者，后者承担最后的责任；在领导关系中，领导者与被领导者之间存在组织上的上下级关系，在工作上对被领导者具有强制性，即被领导者必须执行领导者的决定，最后的责任也由领导者承担。

一方面，人大常委会党组要善于依托人大常委会机关党组对人大常委

① 《中国共产党党和国家机关基层组织工作条例》，中国法制出版社2020年版，第3—4页。

机关党委实施领导，为人大常委会机关党委开展工作提供支持。虽然人大常委会党组肩负着领导责任，但是，它一般不直接对人大常委会机关党委发号施令，而是经由人大常委会机关党组来实现其领导。当然，人大常委会党组及人大常委会机关党组的领导并不涉及吸收和发展新党员、监督和教育机关党员干部的具体事务，主要是把好机关党务工作的方向，并对机关党委教育和培养人大机关干部的工作进行引导和监督。具体而言，就是人大常委会党组要指导机关党委定期开展党员的思想教育活动、召开关于党的理论会议学习心得分享交流会，使人大机关党的干部首先在思想上紧紧团结在党的周围；监督机关党委在发展吸收机关新党员、选拔推荐党员干部、研究处理违纪干部的过程是否符合规章条例。机关工委领导同级党委机关和国家机关党的工作，其中就包括人大常委会机关党委。机关工委的主要职责包括：统一规划、组织、部署和检查同级机关党的工作；指导本级党组织做好党员发展、党员干部的思想教育工作；领导本级各机关单位党的纪律检查工作等。综上所述，人大常委会党组、人大常委会机关党组和机关工委对人大机关党委的领导是有所交叉的，三者需要加强联系和沟通，相互支持、配合，这样才能更好发挥人大机关党委作为基层党组织的作用。

另一方面，对于人大常委会机关党委而言，受人大常委会党组、人大常委会机关党组、机关工委的三重领导。根据有关党内法规可知，人大常委会党组和机关党组同为同级地方党委的派出机构，机关工委则是同级地方党委派出的代表机关。人大常委会机关党委作为党的机关基层党组织，既要接受机关工委的领导，也要接受本单位党组领导。当然，人大常委会党组更多是一种间接领导，而人大常委会机关党组和机关工委则是直接领导。在实践中，人大常委会机关党委书记一般是人大常委会机关党组成员，这一制度安排有效保证了人大常委会机关党组对人大常委会机关党委的领导。首先，人大常委会机关党委要坚决执行机关党组及机关工委传达的各项工作任务，执行党组织的命令，在开展工作中积极寻求上级党组织的支持。其次，在教育、管理、监督和服务机关党员过程中，要按照上级党组织的指示和领导，组织召开党员教育活动，加强党员干部的理论学习，努力提高党员干部的政治素质，定期报告党员思想学习情况，在处理违规违纪党员干部时，要及时向上级领导请示报备。最后，密切联系人大机关干部，了解党外干部对机关党员、党的工作的批评和意见，了解其他非党员干部诉求，再通过合理合法的程序把党外干部意见报告给上级党组织，使党更好地为人民群众服务。

需要指出的是，在具体的工作实践中，人大常委会党组履责过程中所要应对的关系远不止上面五组关系，还涉及同地方人大、地方人大常委会主任会议、地方人大代表等之间的关系。限于篇幅，本文着重探讨了上述五组关系。除了地方人大常委会党组与本级人大常委会之间的关系属于两种不同性质的机构关系，其他四组关系都是属于党的系统内的组织或机构关系。首先，地方人大常委会党组与同级地方党委的关系是最为重要也是最为关键的，起着决定性作用。能否处理好这组关系，直接影响到整个地方人大工作的质量。也只有处理好这组关系，才能确保党对人大工作的领导不走偏不走样。其次，人大常委会党组与人大常委会机关党组分别作为人大常委会和人大常委会机关的领导机构，它们之间的职责关系能否理顺，不仅关系到党对人大工作的实现程度，更会影响人大常委会和人大常委会机关的工作成效。再次，处理好同人大专委会分党组、人大常委会机关党委的关系，是适应新时代地方人大工作的要求，它们起着基础性、保障性的作用。最后，理顺人大常委会党组与人大常委会之间的关系也是非常重要的，这不仅关系到党的主张能否同人民的意志统一起来，而且影响到党能否对国家和社会实施有效和全面的领导。

发展全过程人民民主　创造人类政治文明新形态

赵连稳　谷晓红[*]

【摘　要】党的十八大以来，我们深化对民主政治发展规律的认识，提出"全过程人民民主"这个重大理念，这是对人类民主的总结和发展，超越了人类历史上的民主形式，已经在中华大地上开花结果，展示了全过程人民民主的优越性，创造了人类政治文明新形态。新的征程上，我们要不断发展全过程人民民主，继续推进全过程人民民主建设，使全过程人民民主更广泛、更真实、更管用，更好地体现人民当家作主。

【关键词】全过程；人民；民主；政治文明

党的十八大以来，我们深化对民主政治发展规律的认识，提出"全过程人民民主"这个重大理念，既是对我国人民民主理论和经验的总结，也是社会主义民主的发展方向。全过程人民民主是发展型民主，需要把理论和实践统一起来，只有把全过程人民民主的理论和实践统一起来，在治国理政中日益体现出具体的、看得见的效能，才能够展示全过程人民民主的优越性，创造人类政治文明新形态。

一、全过程人民民主超越人类历史上的民主形式，是民主政治的新形态

我国的全过程人民民主具有资本主义民主所不具备的优越性，中国共产

---

[*]　赵连稳，北京联合大学北京政治文明建设研究基地常务副主任、研究员；谷晓红，中共保定市委党校教师。

党为之奋斗了一百多年，不断发展完善全过程人民民主，使之拥有宪法、法律和制度、机制保障，创造了人类政治文明新形态。

第一，资本主义民主虽然具有历史进步性，但它是只供少数人享受的民主；全过程人民民主则是最广泛的人民民主。

现代民主理念伴随着资产阶级革命而来，相对于封建君主制，资产阶级民主制具有进步性，也促进了社会生产力的极大发展，但相对于无产阶级的民主来说，"资本主义社会里的民主是一种残缺不全的、贫乏的和虚伪的民主，是只供富人、只供少数人享受的民主"。这是列宁对资本主义民主的认识，深刻指出了资产阶级民主名为"一人一票"，实为"少数人专政"的本质和缺陷，而且人民只有投票的权利而没有广泛参与的权利，只有在投票时被唤醒、投票后就进入了休眠期，这是一种形式主义的民主。全过程人民民主符合中国国情、体现国家性质，真实广泛地代表了最广大人民的根本利益。我国的人民民主是中国共产党领导人民把马克思主义基本原理与中国具体实际相结合的产物，毛泽东在《论联合政府》中指出：我们主张的新民主主义的政治，"是建立一个联合一切民主阶级的统一战线的政治制度"，建立在此基础上的民主一定是最广泛的人民民主，是对人类历史上民主制度的超越，是对人类民主探索的最新文明成果，创造了人类政治文明新形态。

第二，全过程人民民主贯穿中国共产党的百年奋斗历程。

发展全过程人民民主，支持和保证人民当家作主是共产党矢志不渝的奋斗目标。"中国共产党根基在人民、血脉在人民、力量在人民。"发展全过程人民民主是中国共产党始终高举的一面旗帜，贯穿于中国共产党奋斗历史的全过程。还在新民主主义革命时期，毛泽东在《新民主主义论》中就对人民民主制度作了理论探讨，新中国的成立，"实现了中国从几千年封建专制政治向人民民主的伟大飞跃"。社会主义革命和建设时期，我国确立了工人阶级领导的、以工农联盟为基础的人民民主专政的国体，人民代表大会制度的政体。作为根本政治制度的人民代表大会制度和作为基本政治制度的新型政党制度、民族区域自治制度等一系列制度逐步建立健全，初步形成了全面、广泛、有机衔接的人民当家作主的制度体系。改革开放新时期，中国特色社会主义民主政治制度体系进一步健全。进入新时代，以习近平同志为核心的党中央团结带领全党全国各族人民坚定不移地走中国特色社会主义政治发展道路，选举民主和协商民主相辅相成、相得益彰，彰显了我国民主政治的独特优势，特别是广泛多层制度化的协商民主深深嵌入了中国特色社会主义民主政治全过程，广大人民群众能够依法、广泛、有效地参与国家事务和社会治理，通过具体的渠道、方式、评估、反馈机制，全体人民享有最广泛的民主，体现了参与主体的全面性和参与过程的全面性，超越了资产阶级民主形态。

第三，全过程人民民主有宪法、法律和制度、机制保障。

《中华人民共和国宪法》明确规定，中华人民共和国年满 18 周岁的公民，不分民族、种族、性别、职业、家庭出身、宗教信仰、教育程度、财产状况和居住期限，都有选举权和被选举权。同时，基本政治制度使各民主党派、无党派人士都能够参政议政、民主监督、参加中国共产党领导的政治协商，少数民族拥有管理本民族内部事务的权利，基层群众享受自治权利。进入新时代，中国共产党大力推进人民民主制度化、规范化和程序化，全过程人民民主的制度体系得到进一步健全和完善，为人民完整参与全过程人民民主提供了可靠的制度保障。全过程人民民主运行机制保证人民有充分参与日常政治生活、充分表达利益诉求的权利，实现了过程民主和成果民主、程序民主和实质民主、直接民主和间接民主、人民民主和国家意志相统一；实现了全链条、全方位、全覆盖，避免了投票时被唤醒、投票后就进入休眠期，竞选时聆听天花乱坠的口号、竞选后就毫无发言权，拉票时受宠、选举后就被冷落的弊端，能够实现广泛真实的民主，扩大了民主范围、丰富了民主标准、拓宽了民主路径，真正实现了人民当家作主。全过程人民民主是人类政治文明的新形态。

二、全过程人民民主在中国的生动实践，向世人展示了政治文明新形态的治理效能

全过程人民民主坚持人民至上，充分体现以人民为中心，紧紧依靠人民，不断造福人民，让全体人民都能参与民主实践。我国的全过程人民民主不仅有完整的制度程序，而且有完整的参与实践，具体地、现实地体现到党治国理政的政策措施上来，具体地、现实地体现到党和国家机关各个方面各个层级工作上来，具体地、现实地体现到实现人民对美好生活向往的工作上来。

第一，新民主主义革命时期，中国共产党就开始了全过程人民民主的实践探索，成立了新中国，中国人民从此站起来了。

还在新民主主义革命时期，以毛泽东为首的中国共产党人就立足中国实际，领导人民为建立人民民主制度体系进行了艰辛探索，从工农民主专政到"三三制"政权，再到各界人民代表会议。经过不断探索，认为中国国情不适合搞多党制，也不能够成就一党制，而适合实行几个革命阶级的联合专政，即人民民主专政，实行最广泛的人民民主，以团结一切可以团结的力量，共产党呼吁各族人民团结起来"共同建设人民民主"。在筹建新中国的过程中，所有关于建立新中国的重要问题，共产党都事先和各民主党派、无党派人士、各人民团体、各族各界群众共同协商，待取得一致、凝聚共识以后再进行票决，《中国人民政治协商会议共同纲领》就是协商民主和票决民主的结果，充分反映了全国人民的意愿，保证了中华人民共和国的顺利诞生。

第二，社会主义革命、建设和改革开放时期，全过程人民民主实践进一步发展，中国人民从此富起来了。

中华人民共和国建立初期，全过程人民民主实践迈出坚实的一步。我们确立了新型政党制度、人民政协制度，召开了第一届全国人民代表大会第一次会议，会上通过了中华人民共和国第一部宪法，确立了人民代表大会制度。这一时期，共产党领导人民在全国范围内进行史无前例的普选，并且就土地改革、抗美援朝、"三反"、"五反"等重要工作广泛征求各民主党派、无党派人士的意见和建议。1957年反右派运动以后，民主氛围越来越不好，最终酿成"文化大革命"那样的悲剧，深刻的教训教育了全党，认识到没有民主就没有社会主义，就没有社会主义现代化。党的十一届三中全会以后，我国进入改革开放新时期，加强民主制度和机制建设，将人民当家作主的理念贯穿政治生活全过程，全过程人民民主实践得到发展。我国实现了从生产力相对落后的状况到经济总量跃居世界第二的历史性突破，推进了中华民族从站起来到富起来的伟大飞跃。

第三，党的十八大以来全过程人民民主的生动实践，使中国人民从此迈向强起来的新时代。

进入新时代，共产党统筹两个大局，大力推进全过程人民民主。习近平总书记指出："社会主义民主不仅需要完整的制度程序，而且需要完整的参与实践。"民主不是装饰品，不是用来做摆设的，而是要用来解决人民要解决的问题的。习近平总书记强调："保证和支持人民当家作主不是一句口号、不是一句空话，必须落实到国家政治生活和社会生活之中。"党的十八大以来，我们不断丰富全过程人民民主实践，大到国家立法、国民经济和社会发展规划的制定、财政预算编制与执行监督，小到物业管理、生活垃圾分类管理等，人民群众都切切实实参与其中。着眼于不断解决人民所关心、关注的实际问题，确保全体人民依法管理国家事务和社会事务、管理经济和文化事业，满足人民群众畅通表达利益要求，促进了社会各方面有效参与国家政治生活，极大地激发了人民的创造力，我国经济实力、科技实力、综合国力和人民生活水平跃上了新的台阶，中华民族迎来了从站起来、富起来到强起来的伟大飞跃，实现中华民族伟大复兴进入了不可逆转的历史进程。实践证明，全过程人民民主能够解决中国的问题，是有效管用的民主，是我们需要的民主。

三、继续发展全过程人民民主，继续创造人类政治文明新形态

党的十九大报告指出，扩大人民有序政治参与，保证人民依法实行民主选举、民主协商、民主决策、民主管理、民主监督。2021 年 11 月，习近平总书记在参加北京市区和乡镇两级人大代表换届选举投票时强调："不断发展全过程人民民主，更好保证人民当家作主。"新的征程上，我们要不断发展全过程人民民主，继续推进全过程人民民主建设，使全过程人民民主更广泛、更真实、更管用，更好地体现人民当家作主，继续创造人类政治文明新形态。

第一，进一步扩大和畅通人民群众知情权、参与权、表达权、监督权及其渠道。

包容性是政治文明的核心，是政治文明新形态的主要特征，人民群众拥有知情权、参与权、表达权、监督权对发展全过程人民民主至关重要，没有知情权或知情权不充分，参与权、表达权、监督权的充分体现就会大打折扣。发展全过程人民民主，必须进一步扩大人民的参与权，政府的重要问题决策之前和实施过程之中，要确保有关利益方的代表都能够参与协商，参与不广泛，利益诉求表达就不全面，从而影响政府决策的科学性。在知情充分、参与广泛的前提下，还要给协商各方充分的表达权，使政府决策建立在集思广益、科学民主的基础之上。人民群众的监督权主要体现在决策实施过程中和实施之后的效果评估中，决策实施过程之中的监督可以让政府的决策进行适当调整，使其更加科学；对决策实施之后的效果监督，则可以总结经验、吸取教训。

第二，进一步将民主选举、民主协商、民主决策、民主管理、民主监督各环节贯通起来。

作为一种新的民主形态，全过程人民民主由民主选举、民主协商、民主决策、民主管理、民主监督等若干个环节构成，它们之间有机统一，缺一不可，避免了只重视选举过程而不重视协商、决策、管理、监督过程的问题。民主选举很重要，但没有经过广泛民主协商的民主选举则会造成社会撕裂、种族冲突，因为没有经过民主协商的决策、管理、监督，至多能够代表多数人的利益，而少数人的诉求、弱势群体的利益则会被漠视。因此，下一步要统筹推进民主选举、民主协商、民主决策、民主管理、民主监督各环节的实践，切实发挥全过程人民民主的优势。

第三，更好实现过程民主和结果民主、形式民主和实质民主、直接民主和间接民主相协调、相统一。

新的征程上，我们要不断健全完善民主制度化、程序化运行机制，将过程民主和结果民主、形式民主和实质民主、直接民主和间接民主更好地统一起来，以完整的制度程序和参与实践，让全过程人民民主真正有效体现人民意志和反映人民利益诉求，切实防止出现西方国家选举时漫天许诺、选举后无人过问的现象，防止出现人民形式上有权、实际上无权的现象，充分体现人民意志、保障人民权益。

第四，始终坚持党的领导、人民当家作主、依法治国三者有机统一。

党的十九大报告将"坚持党的领导、人民当家作主、依法治国有机统一"作为发展社会主义民主政治的首要任务。习近平总书记指出："我们强调坚持党的领导、人民当家作主、依法治国有机统一，最根本的是坚持党的领导。"科学阐明了党的领导、人民当家作主、依法治国的内在关系。党的领导是人民当家作主和依法治国的根本保证，人民当家作主是社会主义民主政治的本质特征，依法治国是坚持党的领导和人民当家作主的坚强法治保障，三者统一于我国社会主义民主政治的伟大实践。每种民主都有目的性，全过程人民民主则是通过人民当家作主，达到维护人民根本利益的目的。发展全过程人民民主的目的与中国共产党的宗旨是一致的，人民民主是中国共产党始终高举的旗帜，民主选举、民主协商、民主决策、民主管理、民主监督，都要在共产党领导下，依法有序进行，实现人民知情权、参与权、表达权、监督权等各项权利，保证有序和谐的民主政治秩序，提高党科学执政、民主执政、依法执政水平。

全过程人民民主
与人民当家作主

论实现全过程人民民主的重要制度载体

包心鉴*

【摘　要】在发展全过程人民民主的完整制度链条中，人民代表大会制度居于根本性重要地位、具有全局性重要功能，是实现全过程人民民主的重要制度载体。人民代表大会制度是彰显民主国体、确保人民主权的重要制度载体，在民主选举过程中人民当家作主权利得到根本制度保障和有效实现。人民代表大会制度是坚持民主立法、实现良法善治的重要制度载体，在民主立法促进科学立法过程中实现党的领导、人民当家作主、依法治国有机统一。人民代表大会制度是加强民主监督、制约权力运行的重要制度载体，在实现让人民监督权力过程中有效防止治乱兴衰历史周期率。充分发挥人民代表大会制度在实现全过程人民民主中的重要作用，内在要求把选举民主和协商民主有机融合起来，实现"重要制度载体"和"重要制度平台"相辅相成、相得益彰。

【关键词】人民代表大会制度；实现全过程人民民主；重要制度载体

全过程人民民主，既是中国式民主历史经验的深刻总结，又是中国特色社会主义政治发展的根本方向。习近平总书记关于发展全过程人民民主的重要思想及其深入实践，深刻揭示了中国特色社会主义民主的鲜明特质和内在逻辑，深刻指明了在世界百年未有之大变局中人类政治文明的发展趋势和基

---

*　包心鉴，中国政治学会学术委员会副主任，山东大学特聘教授，山东省习近平新时代中国特色社会主义思想研究中心学术委员会委员、特邀研究员。

本走向。我国全过程人民民主，是全链条、全方位、全覆盖的民主，是最广泛、最真实、最管用的民主，实现了过程民主和成果民主、程序民主和实质民主、直接民主和间接民主、人民民主和国家意志的有机统一。在发展全过程人民民主的完整制度链条中，人民代表大会制度居于根本性重要地位、具有全局性重要功能，"是实现我国全过程人民民主的重要制度载体"①。深刻认识和全面把握"重要制度载体"的性质定位、功能结构和运行逻辑，不仅对于进一步加强和改进新时代人民代表大会工作具有根本性指导意义，而且对于全方位推进和实现全过程人民民主具有深远性引领价值。

一、彰显民主国体、确保人民主权的重要制度载体

人类政治发展史表明，民主的核心问题是国家制度；衡量民主性质与质量的根本标志是人民在国家制度中处于何种位置。马克思深刻指出："民主制是作为类概念的国家制度。"② 人民在国家制度中是居于主体地位还是被边缘化，是真实民主和虚假民主的根本区别。"在君主制中是国家制度的人民；在民主制中则是人民的国家制度。"③ 人民是社会主义国家的主人，人民当家作主是社会主义民主的本质；从国家制度及其运行层面坚持人民主体地位、坚持以人民为中心，是发展全过程人民民主的根本原则和根本方向。

民主的国家制度，包括国体和政体两个方面。作为国体，民主是指国家性质或国家形态；作为政体，民主是指国家形式或国家运行方式。列宁指出，民主既是国家形式，又是国家形态，"民主意味着在形式上承认公民一律平等，承认大家都有决定国家制度和管理国家的平等权利"④。国体和政体

① 习近平：2021年10月13日在中央人大工作会议上的讲话，《习近平谈治国理政》第4卷，外文出版社2022年版，第261页。
② 马克思：《黑格尔法哲学批判》（1843年夏天），《马克思恩格斯全集》第1卷，人民出版社1956年版，第280页。
③ 马克思：《黑格尔法哲学批判》（1843年夏天），《马克思恩格斯全集》第1卷，人民出版社1956年版，第281页。
④ 列宁：《国家与革命》（1917年8—9月），《列宁选集》第3卷，人民出版社2012年版，第201页。

相互依存、有机统一，国体决定政体，政体体现国体。没有有效政体支撑的国体，国家性质和功能无法实现；离开国体抽象地谈论政体，则不可能建立起能够有效彰显国家性质与宗旨的政治制度。习近平总书记深刻指出："设计和发展国家政治制度，必须注重历史和现实、理论和实践、形式和内容有机统一。""政治制度是用来调节政治关系、建立政治秩序、推动国家发展、维护国家稳定的，不可能脱离特定社会政治条件来抽象评判，不可能千篇一律、归于一尊。在政治制度上，看到别的国家有而我们没有就简单认为有欠缺，要搬过来；或者，看到我们有而别的国家没有就简单认为是多余的，要去除掉。这两种观点都是简单化的、片面的，因而都不是正确的。"① 我国人民代表大会制度，正是坚持历史和现实、理论和实践、形式和内容有机统一的有效政治制度，是适应和体现人民民主专政的国体性质、保证国家权力始终掌握在人民手中的根本制度安排。坚持国体性质和政体形式有机统一的政治发展观，确保国家权力始终掌握在人民手中、始终体现人民的利益和意志，既是我国人民代表大会制度产生和发展的根本历史经验，也是人民代表大会制度成为实现全过程人民民主的重要制度载体的根本逻辑依据。

新中国成立前夕，在思考和设计新中国政治制度过程中，毛泽东就明确提出并反复强调必须坚持国体性质和政体形式有机统一的政治原则，为新中国各项政治制度的建立指明了方向。毛泽东指出："我们是人民民主专政，各级政府都要加上'人民'二字，各种政权机关都要加上'人民'二字，如法院叫人民法院，军队叫人民解放军，以示和蒋介石政权不同。""人民民主专政的国家，是以人民代表会议产生的政府来代表它的。"② 1952 年 9 月，此前执行全国人民代表大会职权的中国人民政治协商会议第一届全体会议已经届满。根据中共中央的提议，1953 年 1 月，中央人民政府委员会通过了《关于召开全国人民代表大会及地方各级人民代表大会的决议》，同时成立了以

---

① 习近平：《在庆祝全国人民代表大会成立 60 周年大会上的讲话》（2014 年 9 月 5 日）；《论坚持人民当家作主》，中央文献出版社 2021 年版，第 80—81 页。

② 毛泽东：《在中共中央政治局会议上的报告和结论》（1948 年 9 月），《毛泽东文集》第 5 卷，人民出版社 1998 年版，第 135—136 页。

毛泽东为主席的宪法起草委员会和以周恩来为主席的选举法起草委员会，并着手第一次全国人口普查、选民登记、基层选举、召开地方各级人民代表大会、选举产生全国人民代表大会代表等一系列民主政治建设工作。经过紧张有序的筹备，1954 年 9 月 15 日至 28 日，第一届全国人民代表大会第一次会议在北京隆重举行。这次大会一致通过了《中华人民共和国宪法》，选举产生了最高国家权力机构和行政机构，选举和决定了国家领导工作人员。[①] 全国人民代表大会的胜利召开，标志着人民代表大会制度这一国家根本政治制度正式建立。在中国实行人民代表大会制度，是中国人民在人类政治制度史上的伟大创造，是深刻总结近代以后中国政治生活惨痛教训得出的基本结论，是中国社会 100 多年激越变革、激荡发展的历史结果，是中国人民成为国家主人、掌握自己命运的必然选择。

人民代表大会制度运行近 70 年的实践深刻表明，这一根本政治制度之所以具有强大生命力和显著优越性，关键在于它深刻坚持和彰显了人民民主专政的国体性质，深深植根于人民之中。我们说人民代表大会制度是实现全过程人民民主的重要制度载体，其根本依据和内在逻辑正在于此。人民代表大会制度的有效运行，本身就是发展全过程人民民主的生动实践。民主选举是人民代表大会实现和推进全过程人民民主的根本制度安排及有效实现形式，各级人大代表的产生，包括代表候选人的酝酿、提出、投票，各级国家机关组成人员的酝酿产生，法律和地方性法规的制定出台，国家和地方经济社会发展重大事项的讨论决定等，无不是通过充分讨论基础上的民主票决而形成的，这充分体现了发展全过程人民民主的基本原则和制度规范。同时，全国人大及其常委会以及拥有立法权的地方人大常委会通过制定有关法律、地方性法规、规范性文件等，保障和引领全过程人民民主有效实现。比如，选举法确立的选举原则及其具体制度，有效保障了公民的民主选举权；《立法法》规定的立法公开及其基本要求，使所有法律草案都公开征求意见，通过各种方式广泛听取建议，有效保障了公民对国家立法活

---

① 中共中央党史和文献研究院：《中国共产党的一百年（社会主义革命和建设时期）》，中共党史出版社 2022 年版，第 426—428 页。

动的有序参与；监督法规定的公开监督及其监督程序，对涉及人民群众切身利益的问题和社会普遍关注的重大问题开展监督与质询，有效保障了人民监督权利的实现与落实。这些制度化规定及其深入实践，深刻体现了发展全过程人民民主的原则要求和核心价值。正如习近平总书记深刻指出："人民代表大会制度是符合中国国情和实际、体现社会主义国家性质、保证人民当家作主、保障实现中华民族伟大复兴的好制度。""我们国家的名称，我们各级国家机关的名称，都冠以'人民'的称号，这是我们对中国社会主义政权的基本定位。中国260多万各级人大代表，都要忠实代表人民利益和意志，依法参加行使国家权力。各级国家机关及其工作人员，不论做何种工作，说到底都是为人民服务。这一基本定位，什么时候都不能含糊、不能淡化。"①

人民代表是人民代表大会制度建设的主体力量，是体现民主政体性质的具体要素。人民代表是否具有广泛性、真实性和有效性，直接关系到人大制度能否真正代表人民主权，能否体现和彰显人民民主专政的国体性质。习近平总书记明确强调："人大代表肩负人民赋予的光荣职责，要忠实代表人民利益和意志，依法参加行使国家权力。"要"充分发挥人大代表作用，做到民有所呼、我有所应"。② 人大代表的光荣性质和神圣职责要求，一方面，必须切实改进和完善民主选举制度，把实现全过程人民民主要求贯穿人大代表选举全过程，增强民主选举的真实性和广泛性，使人大代表真正在民主选举中产生，具有真实的、广泛的群众基础，严格防止和清除选举工作中弄虚作假，甚至拉票贿选等腐败行为。另一方面，必须切实增强人大代表的政治责任感和履职尽责能力，做真正代表人民、取信人民、敢为人民鼓与呼的人大代表。习近平总书记明确要求，人大代表"要站稳政治立场，履行政治责任，加强思想、作风建设，模范遵守宪法法律，做政治上的明白人。要充分

① 习近平：《在庆祝全国人民代表大会成立60周年大会上的讲话》（2014年9月5日），《论坚持人民当家作主》，中央文献出版社2021年版，第73页、79页。

② 习近平：2021年10月13日在中央人大工作会议上的讲话，《习近平谈治国理政》第4卷，外文出版社2022年版，第255页。

发挥来自人民、扎根人民的特点优势，密切同人民群众的联系，当好党和国家联系人民群众的桥梁，最大限度调动积极因素、化解消极因素，展现新时代人大代表的风采"。① 党的十八大以来，党中央不断加大对人大民主选举制度改革的力度，严格清除选举工作中弄虚作假和拉票贿选等弊端，有力促进了人大代表队伍建设。实践深刻表明，正确认识和把握"选民"和"代表"的关系，不啻是正确认识和把握"国体"和"政体"的关系的重要基础。只有从根本制度和具体机制的层面切实保证人大代表来自人民、扎根人民，为人民服务、向选民负责，才能有力保证人民代表大会制度真正成为实现全过程人民民主的有效制度载体。

二、坚持民主立法、实现良法善治的重要制度载体

法律与民主相伴而生、如影相随。马克思指出："法的关系正像国家的形式一样，既不能从它们本身来理解，也不能从所谓人类精神的一般发展来理解，相反，它们根源于物质的生活关系。"② 这种"物质的生活关系"，自然包括人们为争得民主权利而形成的政治关系和社会关系。法律的根本功能就是保障人民民主权利、制约国家公共权力，因此，民主与法治构成现代国家治理的两大基本要素，现代法治是人类政治文明的重大成果，是人民民主的根本保障，是实现国家治理现代化的基本方式。世界现代化进程表明，民主与法治相辅相成、不可分割，凡是政治秩序稳定、社会长治久安的国家，无不是既发展民主又加强法治的国家；而一些国家在走向现代化过程中陷入这样那样的"陷阱"，出现严重的政治危机乃至政治动乱，究其根源无不是把民主与法治严重割裂开来甚至对立起来，既严重忽视法治又严重滞障民主的结果。正是在深入总结历史经验尤其是世界社会主义正反两方面历史经验

---

① 习近平：2021 年 10 月 13 日在中央人大工作会议上的讲话，《习近平谈治国理政》第 4 卷，外文出版社 2022 年版，第 255 页。

② 马克思：《〈政治经济学批判〉序言》（1859 年 1 月），《马克思恩格斯文集》第 2 卷，人民出版社 2009 年版，第 591 页。

的基础上，以习近平同志为核心的党中央把"坚持党的领导、人民当家作主、依法治国有机统一"作为健全人民当家作主制度体系、发展全过程人民民主的最高政治原则，成功走出了一条"坚持依法治国、依法执政、依法行政共同推进，坚持法治国家、法治政府、法治社会一体建设"的中国特色社会主义民主法治道路。

我国新时代政治发展实践深刻表明，正确处理民主和法治的关系，不断发展和实现以人民民主为基础的现代法治，是建设社会主义现代化国家的关键环节，是发展全过程人民民主的根本保障。民主是法治的灵魂，全面依法治国内在要求确保人民当家作主权利、实现全过程人民民主。民主是国家制度的本质，是民主国体和民主政体的内核，因而它对作为国家制度基本实现形式的法律和法治起着决定性作用。马克思深刻揭示："在民主制中，不是人为法律而存在，而是法律为人而存在。"这也就是说，法律要由人民来制定，法治要为实现人的权利和利益服务。马克思将此称之为"民主制的基本特点"。① 正是坚持马克思主义的民主法治思想，适应我国民主法治建设需要，党的十八届四中全会通过的《中共中央关于全面推进依法治国若干重大问题的决定》，把"坚持人民主体地位"作为全面推进依法治国的一条基本原则，明确指出"人民是依法治国的主体和力量源泉""必须坚持法治建设为了人民、依靠人民、造福人民、保护人民，以保障人民根本权益为出发点和落脚点"。② 习近平总书记反复强调："我们党的政策和国家法律都是人民根本意志的反映，在本质上是一致的。"③"把坚持党的领导、人民当家作主、依法治国有机统一起来是我国社会主义法治建设的一条基本经验。"④ 正是在坚持民主和法治有机统一的基础上，在充分尊重人民主体地位和主人权益的

① 马克思：《黑格尔法哲学批判》（1843 年夏天），《马克思恩格斯全集》第 1 卷，人民出版社 1956 年版，第 281 页。
② 《中共中央关于全面推进依法治国若干重大问题的决定》，人民出版社 2014 年版，第 6 页。
③ 中共中央文献研究室编：《习近平关于全面依法治国论述摘编》，中央文献出版社 2015 年版，第 20 页。
④ 中共中央文献研究室编：《习近平关于协调推进"四个全面"战略布局论述摘编》，中央文献出版社 2015 年版，第 94 页。

理论与实践中，我们党成功开辟了一条中国特色社会主义法治现代化道路，充分彰显了全过程人民民主的强大生命力和光明发展前景。

坚持民主和法治有机统一，内在地体现在全面依法治国的各个层面，有机地融入发展全过程人民民主的全部过程之中。首先是民主立法。"法律是治国之重器，良法是善治之前提。"① 良法从哪里来？归根到底来自人民的利益和人民的意愿，这就是必须恪守以民为本、立法为民的理念和原则，使每一项立法都符合人民的利益、反映人民的意愿、获得人民的拥护。其次是民主执法。法律的生命力在于实施，法律的权威在于执行。确保法律执行过程及其效果的关键在于加快建设职能科学、权责法定、执法严明、公开公正、廉洁高效、守法诚信的法治政府；而建设法治政府的核心价值导向就是全心全意服务人民，建设让人民满意的公共政府。再次是民主司法。公正是法治的生命线，司法公正对社会公正具有极其重要的引领和"保底"作用，司法不公正对社会公正具有致命性损伤和破坏作用。司法公正的关键在于一切法律和法治机构必须尊重人民主体地位，保护人民生命财产，坚持人民司法为人民，依靠人民推进公正司法，通过公正司法维护人民权益。民主立法、民主执法、民主司法，根本基础是人民的民主意识和法治精神，这就是全面守法。法律的权威源自人民的衷心拥护和真诚信仰，这种拥护和信仰不是抽象的，更不是强制性的，而必须建立在人民的民主觉悟和对自我权利的自觉认同上。正是从这个根本意义上说，民主精神与法治精神内在一致，尊重民主与弘扬法治高度统一。总之，人民民主是依法治国的基础和灵魂，贯穿于科学立法、严格执法、公正司法、全民守法全部过程，渗透于建设法治国家、法治政府、法治社会各个领域。这也是当代中国发展全过程人民民主的一种丰富多彩的政治实践。

正是民主和法治有机统一的内在逻辑，尤其是民主立法在实现良法善治中的基础性和首要性作用，赋予人民代表大会制度实现全过程人民民主重要制度载体的神圣使命。习近平总书记明确指出："良法是善治的前提。"要

---

① 《中共中央关于全面推进依法治国若干重大问题的决定》，人民出版社 2014 年版，第 8 页。

"加快完善中国特色社会主义法律体系,以良法促进发展、保障法治""全国人大及其常委会是国家立法机关,要在确保质量的前提下加快立法工作步伐,增强立法的系统性、整体性、协同性,使法律体系更加科学完备、统一权威""有立法权的地方人大要严格遵循立法权限,围绕贯彻落实党中央大政方针和决策部署,做好地方立法工作,着力解决实际问题"。① 全国人民代表大会是最高立法机构,一部分地方人大承担着立法立规的重要工作,把好民主立法关,对于保障人民民主权利的实际落实、实现良法善治,具有"牵一发而动全身"的重大意义。从根本意义上说,坚持民主立法的过程,也就是实现全过程人民民主的过程。从立法项目的确定到法律草案的起草,从草案审议到论证评估,从修改完善到表决通过,在人大立法的各个环节,都必须充分发扬民主、贯彻和体现全过程人民民主的要求。只有这样,才能使立法过程真正代表人民的利益和意愿,制定出使人民受益、让人民满意、人民高兴的法律法规来。党的十八大以来,全国人大和地方各级人大进一步加大民主立法工作力度,建立了公开立法制度和让人民大众参与立法工作的有效形式,包括立法调研、座谈、咨询、评估、论证、听证等具体立法机制和建立立法工作联系点、网上公开征求意见等,从而使立法工作愈益走近民众、愈益切合民意,使民主立法真正成为科学立法不可或缺的重要前提。每年通过"两会"这一中国特色民主政治的重要制度载体,广泛收集、认真研究人大代表、政协委员提出的议案、提案、建议,进行科学评估论证,从中筛选确定立法项目。这一过程,生动彰显了发展全过程人民民主在实现民主立法、科学立法中的重要源头作用。新时代愈益完善的人大立法工作实践有力表明,只有坚持民主立法,才能做到科学立法,真正实现良法善治;通过民主立法、科学立法实现良法善治。这就是人民代表大会制度成为实现全过程人民民主重要制度载体的深刻含义。

---

① 习近平:2021 年 10 月 13 日在中央人大工作会议上的讲话,《习近平谈治国理政》第 4 卷,外文出版社 2022 年版,第 253—254 页。

三、加强民主监督、制约权力运行的重要制度载体

加强对公共权力的监督与制约，防止权力被滥用而产生腐败现象，是人民民主的主题中应有之义，是实现全过程人民民主至关重要的环节。马克思主义国家学说指出："国家的本质特征，是和人民大众分离的公共权力。"①由于脱离社会并凌驾于社会之上，因而任何公共权力都时刻面临被少数人垄断而以权谋私、特权腐败的危险。权力腐败是寄生在国家机构上的最大毒瘤，是对人民民主权利的最大损害，腐败不除，人民民主无从谈起，发展全过程人民民主就是一句空话。因此，自从产生了公共权力，就有了对权力进行监督和制约的需要，加强权力监督，防止权力腐败，是以人民为主人和主体的社会主义国家的本质要求，是取得执政地位的无产阶级政党的天然使命。恩格斯强调，"为了防止国家和国家机关由社会公仆变为社会主人"，必须将国家机关的"一切职位交给由普选选出的人担任"，并且要加强对所有国家公职人员的监督，"规定选举者可以随时撤换被选举者"②。马克思指出：人民有权监督国家和国家机关工作人员，"这是人民群众把国家政权重新收回"的本质体现，"是人民群众获得社会解放的政治形式"。③ 马克思主义经典作家关于公共权力监督的重要思想，为社会主义政治制度的构建和运行提供了根本遵循。

依靠人民民主的力量加强对公共权力的制约和监督，是高举人民民主光辉旗帜、矢志不渝为人民民主不懈奋斗的中国共产党人的特有本色和政治自觉，是党的初心使命的深刻彰显。当年，在中国革命取得节节胜利的形势下，民主人士黄炎培访问延安，坦率地向毛泽东提出中共掌握国家政权后如

---

① 恩格斯：《家庭、私有制和国家的起源》（1884 年 3 月底—5 月底），《马克思恩格斯文集》第 4 卷，人民出版社 2009 年版，第 135 页。

② 恩格斯：《〈法兰西内战〉1891 年版导言》（1891 年 3 月 18 日以前），《马克思恩格斯文集》第 3 卷，人民出版社 2009 年版，第 110—111 页。

③ 马克思：《法兰西内战》（1871 年 4 月中—5 月上半月），《马克思恩格斯文集》第 3 卷，人民出版社 2009 年版，第 195 页。

何防止历史上"政怠宦成""人亡政息"现象重演，跳出"其兴也勃焉，其亡也忽焉"的"历史周期率"的尖锐问题。毛泽东明确回答，我们已经找到新路，我们能够跳出这周期率，这条新路就是民主。"只有让人民来监督政府，政府才不敢松懈；只有人人起来负责，才不会人亡政息。"① 这就是历史上著名的"窑洞对"。"窑洞对"对于我们党在取得全国执政地位之后构建权力监督制度和权力制约体系，确保党和国家永远充满生机活力、永远立于不败之地具有永久性的启迪和警示意义。党的十八大以来，习近平总书记反复重提"窑洞对"，警醒全党尤其各级领导干部必须以发展人民民主的高度政治坚定和勇于自我革命的高度政治自觉，应对好长期执政带来的严峻考验，走好新时代新的赶考之路。在党的十九届六中全会上的重要讲话中，习近平总书记立足党的百年奋斗历程提供的历史经验，尖锐指出："我们党历史这么长、规模这么大、执政这么久，如何跳出治乱兴衰的历史周期率？毛泽东同志在延安的窑洞里给出了第一个答案，这就是'只有让人民来监督政府，政府才不敢松懈'。经过百年奋斗特别是党的十八大以来新的实践，我们党又给出了第二个答案，这就是自我革命。"他特别强调："在建党百年之际，我们要居安思危，时刻警惕我们这个百年大党会不会变得老态龙钟、疾病缠身。对党的历史上走过的弯路、经历的曲折不能健忘失忆，对中外政治史上那些安于现状、死于安乐的深刻教训不能健忘失忆；对自身存在的问题不能反应迟钝，处理动作慢腾腾、软绵绵，最终人亡政息！"② 从毛泽东到习近平，一个历史之问，两个历史答案，深刻彰显了不忘初心、牢记使命的中国共产党人在加强权力监督、防止自身腐败上的高度政治自觉。依靠人民民主、勇于自我革命，这是中国共产党在长期斗争和考验中保持自身纯洁性、跳出治乱兴衰历史周期率的两个重要法宝，也是从根本上解决如何防止国家公共权力脱离社会产生权力腐败的两个重要法宝。这两个法宝相辅相成、相得益彰，既深刻彰显了中国共产党人一以贯之的坚定立场和鲜明

① 《习近平谈治国理政》第 3 卷，外文出版社 2020 年版，第 514 页。
② 习近平：2021 年 11 月 11 日在党的十九届六中全会第二次全体会议上的讲话，《求是》2022 年第 1 期。

品格，又深刻揭示了社会主义国家公共权力的本质规定和运行逻辑。人民是我们党立党兴党强党的根本基础，是一切国家公共权力的根本源泉，坚持人民民主是实现党长期执政、国家长治久安的最大底气。加强公共权力的制约，必须充分发展民主，让人民来监督党和政府。而要使民主监督行之有效，党和政府必须有正视问题的勇气和刀刃向内的自觉，不断推进自我革命。加强民主监督是确保党的先进性和国家权力人民性的内在要素；加强民主监督内在要求必须勇于自我革命，以自我革命精神自觉接受人民监督，充分发挥民主监督的重要作用。这就是党长期执政的基本规律和权力健康运行的内在逻辑。

党的十八大以来，我们党以勇于自我革命的精神和勇气加强对公共权力的监督，不断健全和完善了包括党内监督、国家机关监督、民主党派监督、人民群众监督、新闻舆论监督，以及政治巡视制度在内的权力监督体系，既持之以恒地推进了全面从严治党和党风廉政建设，又广泛充分地吸引人民来监督权力，让权力在阳光下运行，把权力关进制度的笼子，不断实现了对所有行使公权力的公职人员监督监察全覆盖。党的十九大报告明确强调："构建党统一指挥、全面覆盖、权威高效的监督体系，把党内监督同国家机关监督、民主监督、司法监督、群众监督、舆论监督贯通起来，增强监督合力。"[①] 新时代权力监督体系的不断完善及其巨大政治成效，既解决了我们党历史上长期想解决而未能彻底解决好的重大问题，也解决了国际共产主义运动史上长期未能解决好的重大难题，在无产阶级政党和社会主义国家监督史上具有里程碑意义。

在我国权力监督体系中，人民代表大会制度监督无疑具有典型性和特殊性重大意义。人民代表大会既是国家权力机关，又是政治监督机关；人大监督，既是政治监督，又是民主监督，是依靠人民代表进行的政治监督，是以人民为主体力量的民主监督；人大监督的实质和核心，是加强对国家机关及其工作人员行使人民赋予的公共权力状况的监督，确保国家权力在阳光下运

---

① 习近平：《决胜全面建成小康社会 夺取新时代中国特色社会主义伟大胜利——在中国共产党第十九次全国代表大会上的报告》，人民出版社 2017 年版。

行，确保所有公共权力切实掌握在人民手中。正是在这个重大意义上，人民代表大会制度承负着加强民主监督、制约权力运行、确保权力公共性与人民性的政治重任，是实现全过程人民民主的重要制度载体。习近平总书记深刻指出："人民代表大会制度的重要原则和制度设计的基本要求，就是任何国家机关及其工作人员的权力都要受到监督和制约。要更好发挥人大监督在党和国家监督体系中的重要作用，让人民监督权力，让权力在阳光下运行，用制度的笼子管住权力，用法治的缰绳驾驭权力。"①

人大监督的重要地位和重大功能决定，在实施和加强各级人大及其常委会的监督工作中，必须遵循人民民主的基本原则和发展全过程人民民主的内在要求，不断增强人大监督的人民性、全过程性和全覆盖性。比如，在听取和审议专项工作报告、监督计划和预算执行情况时，要通过信访、调研、公开、咨询、调查等多种方式广泛听取人民群众对监督事项的意见，积极回应人民群众的呼声。在执法检查中，要围绕涉及人民群众切身利益、社会普遍关注的法律法规，确定执法检查项目，推动工作重心下移，深入社会最基层充分听取人民群众对法律实施情况的意见和建议，依据人民群众的利益和意愿进行法律实施情况评判，更好地改进和加强人大立法工作；在对政府部门进行专题询问中，要通过多种形式征询、听取、收集人民群众对专题询问事项的意见，适应人民群众的普遍关切，增强所提问题的针对性和代表性，以更好地促进政府部门改进工作，更好地代表人民的权利和利益行使行政权力，建设为人民服务、让人民满意的政府。总之，人大监督是全过程、全覆盖的政治监督和民主监督，核心是权力监督，从本质上体现和彰显全过程人民民主的强大力量。

四、"重要制度载体"和"重要制度平台"相辅相成、相得益彰

人民代表大会制度是实现全过程人民民主的重要制度载体，在发展全过

---

① 习近平：2021 年 10 月 13 日在中央人大工作会议上的讲话，《习近平谈治国理政》第 4 卷，外文出版社 2022 年版，第 254 页。

程人民民主中具有彰显民主国体、实现民主立法、加强民主监督的重要功能和作用，是坚持党的领导、人民当家作主、依法治国有机统一的根本政治制度安排，是人民主权的根本体现和人民意志的集中代表。新时代新征程上，必须进一步改进和加强人大制度建设与人大各项工作，切实把各级人大建设成为"自觉坚持中国共产党领导的政治机关、保证人民当家作主的国家权力机关、全面担负宪法法律赋予的各项职责的工作机关、始终同人民群众保持密切联系的代表机关"。① 与此同时，还必须清醒地认识到，实现全过程人民民主是一项全链条、全方位、全覆盖的政治建设工程，加强人民代表大会制度建设、发挥人民代表大会"重要制度载体"作用，离不开全过程人民民主其他方面的制度建设，尤其要高度重视和充分发挥人民政协"重要制度平台"的作用，把"重要制度载体"和"重要制度平台"有机结合起来，相辅相成、相得益彰，同向运行、共同发力，共同实现和巩固全过程人民民主的政治制度和政治形态。

中国式民主的一个鲜明特征和内在要求是其广泛性和包容性。"民主意味着在形式上承认公民一律平等，承认大家都有决定国家制度和管理国家的平等权利。"② 发展全过程人民民主，就是要不断扩大人民有序政治参与，充分发挥社会各界参与国家治理和民主政治建设的积极性，保障人民享有真实的知情权、参与权、表达权和监督权，依靠人民广泛参与不断推进党和国家政治生活的民主化、经济和社会生活的民主化。

我国全过程人民民主开辟了两种发展人民政治参与的基本形式：一是选举民主；二是协商民主。建立在公平竞争基础上的选举民主，是实现人民当家作主权利的根本制度安排。人民通过公平竞争和依法选举，组建各级人民代表大会和各级人民政府，代表人民行使管理国家的权利，从而实现"权利"向"权力"转移、"权力"代行"权利"职责，这是维系国家

---

① 习近平：2021年10月13日在中央人大工作会议上的讲话，《习近平谈治国理政》第4卷，外文出版社2022年版，第256页。
② 列宁：《国家与革命》（1917年8—9月），《列宁选集》第3卷，人民出版社2012年版，第201页。

运行、推进国家治理的一种有效的制度安排。但是也必须清醒地看到，选举民主不是万能的，仅仅靠"票决"不可能完全解决好国家治理中大量的涉及人民群众切身利益的问题。对于绝大多数公民来说，假如只有投票的权利而没有广泛参与的权利，选民只有在投票时被唤醒、投票后即进入"休眠"状态，这样的民主显然是不彻底的，甚至是虚假的。以"美式民主"为代表的西方民主，其弊端正在于此。以美国为代表的资本主义民主，在反对封建专制、推动人类文明进步方面曾经起过积极的作用，然而由于资产阶级政党代表的是少数利益集团和特权阶层的利益，其狭隘性和虚伪性逐渐暴露出来。"美式民主"把票决当成民意表达的唯一形式，由于缺乏人民广泛参与和监督，这种票决制愈益被两党操控，已经沦为少数政客相互攻击和愚弄选民的工具，与民主的真正意义渐行渐远，甚至背道而驰。我国全过程人民民主，把选举民主和协商民主有机地结合起来，把民主选举、民主协商、民主决策、民主管理、民主监督有机地贯通起来，涵盖经济、政治、文化、社会、生态文明等各个方面。既关注国家发展大事和社会治理难事，又关注人民群众具体需求和百姓日常琐事，具有时间上的连续性、内容上的整体性、运行上的协同性、人民参与的广泛性和持续性，使国家政治生活和社会生活各环节、各方面都体现人民意愿、听到人民声音，有效防止了"美式民主"中固有的选举时漫天许诺、选举后无人过问的现象。正是从这个意义上说，选举民主和协商民主这两种基本的民主形式不可顾此失彼，更不可相互割裂，必须在坚持以人民为中心、确保人民当家作主的基点上把两者有机地结合起来。

在我国政治发展理论与实践中，选举民主制度使人民代表大会成为实现全过程人民民主的重要制度载体，协商民主制度使人民政协成为实现全过程人民民主的重要制度平台。所谓"重要制度载体"，主要是指全过程人民民主的主体性，人民代表大会制度是集中表达人民当家作主权利、巩固和彰显人民民主专政国家性质的根本制度载体；所谓"重要制度平台"，主要是指全过程人民民主的广泛性，通过人民政协协商民主的制度化平台，更广泛更充分地表达和实现人民当家作主权利，实现"有事好商量，众人的事情由众人商量"这一"人民民主的真谛"。① 对于实现全过程人民民主来说，人民代表大会和人民政协这两种政治制度同样重要、缺一不可，它们各司其职、各负其责，相辅相成、相得益彰，有效增强了中国式民主的广泛性、真实性和有效性，共同构成依靠人民主体力量实现全过程人民民主的生动活泼的政治实践。

---

① 习近平：《决胜全面建成小康社会 夺取新时代中国特色社会主义伟大胜利——在中国共产党第十九次全国代表大会上的报告》，人民出版社 2017 年版。

密切联系群众，发挥人大代表
在全过程人民民主中的作用

李伯钧*

【摘　要】2021 年 3 月和 2022 年 3 月，在全国人大会议上修改的全国人大组织法和地方组织法，把充分发挥人大代表在全过程人民民主中的作用写进法律。官方关于人大代表在全过程人民民主中的作用，主要是栗战书委员长两次与列席全国人大常委会会议的全国人大代表座谈时讲的。需要重视代表在全过程人民民主中的作用，明确代表发挥哪些作用，并从密切联系群众着手，从几个方面发力发挥好作用，并掌握若干基本准则。

【关键词】联系群众；全过程民主；代表作用

2021 年 3 月和 2022 年 3 月，十三届全国人大四次和五次会议分别对《中华人民共和国全国人民代表大会组织法》（以下简称《全国人大组织法》）和《中华人民共和国地方各级人民代表大会和地方各级人民政府组织法》（以下简称《地方组织法》）作出修改，将坚持和发展全过程人民民主、充分发挥代表在全过程人民民主中的作用等写进法律。栗战书委员长 2022 年 4 月 18 日，在十三届全国人大常委会第三十四次会议期间与列席会议的全国人大代表座谈交流时指出，习近平总书记深刻论述了全过程人民民主的重大理念，人大代表密切联系群众、依法履职尽责，是全过程人民民主的重要内

---

*　李伯钧，全国人大常委会代表资格审查委员会办公室原主任、全国人大常委会办公厅联络局原巡视员。

容和生动实践。

一、发挥人大代表在全过程人民民主中的作用是客观要求

党的十八大以来，习近平总书记就坚持和发展我国社会主义民主作出了一系列深刻阐释。2019 年 11 月 2 日，习近平总书记在考察上海市长宁区虹桥街道基层立法联系点时首次提出，"我们走的是一条中国特色社会主义政治发展道路，人民民主是一种全过程的民主"。2021 年 7 月 1 日，习近平总书记在庆祝中国共产党成立 100 周年大会上发表重要讲话，强调"践行以人民为中心的发展思想，发展全过程人民民主"。在 2021 年 10 月 13 日中央人大工作会议上，习近平总书记第一次全面阐述了全过程人民民主这一重大理念。

需要注意的是，从官方角度最先概括习近平总书记全过程人民民主的，是 2021 年 6 月 9 日栗战书委员长同列席十三届全国人大常委会第二十九次会议的全国人大代表座谈交流时讲的。根据报道，列席会议的全国人大代表围绕发挥人大代表在全过程民主中的作用谈了履职体会、提出意见建议。听取代表发言后，栗战书委员长指出，要全面学习贯彻习近平总书记关于全过程民主的重要论述，特别是准确把握全过程民主的突出特点。人大代表来自人民、代表人民，在全过程民主中发挥着重要作用。要更加密切联系群众，发挥同人民群众工作和生活在一起的优势，深入了解民情，真实反映民意，广泛集中民智，当好党和国家密切联系人民群众的桥梁和纽带。及时把人民群众最关心、最直接、最现实的问题通过适当的渠道反映给党委和政府，努力推动问题的解决。对于一时难以解决的问题，要给予正面引导和解释。对于一些带有共性、普遍性的问题依法提出议案和建议，推动从法律、政策层面予以解决。全过程民主是讲好中国故事、传播好中国声音、展示社会主义民主政治优越性的重要内容。人大代表要结合自身的履职经历和体会，生动讲述中国人大故事、中国全过程人民民主故事，让国际社会更好地了解中国人民代表大会制度、了解社会主义全过程人民民主。

论述是叙述和分析，理念则是信念，是思想、观念，在中央人大工作会议上，习近平总书记全面阐述了全过程人民民主这一重大理念，应当说是一种升华。根据栗战书委员长的要求，在发展全过程人民民主中，坚持和完善人民代表大会制度，做好人大的各项工作，必须发挥好人大代表的作用。

（一）全过程人民民主的突出特点要求发挥人大代表作用

全过程人民民主是社会主义民主政治的突出特点，是中国特色社会主义民主政治区别于西方形形色色资产阶级民主的鲜明特征。全过程人民民主的基础是民主、核心是人民、精髓在于这个"全"字。其实质，就是在党和国家以及社会生活的各方面各环节都要具体地、现实地体现人民当家作主，始终做到一切为了人民、一切依靠人民，从群众中来、到群众中去，民有所呼、我有所应，充分体现我国民主的真实性、全面性、彻底性。

全过程人民民主是人民当家作主的生动实践和必由之路，通过一系列法律和制度安排，真正将民主选举、民主协商、民主决策、民主管理、民主监督各个环节彼此贯通起来，既有完整的制度程序又有完整的参与实践，以多样、畅通、有序的民主渠道，有效保证全体人民依法通过各种途径和形式管理国家各项事务和事业。中国共产党的领导是实行全过程人民民主的根本政治保证。全过程人民民主体现了国家一切权力属于人民的宪法原则，是党领导人民创建的新型政治文明形态，使党永远保持同人民群众的血肉联系，不断实现好、维护好、发展好最广大人民根本利益。全过程人民民主是坚持党的领导、人民当家作主、依法治国三者有机统一的新型民主，是紧跟时代、面向未来、不断发展的民主。

在我国，人民行使国家权力的机关是由人大代表组成的全国和地方各级人民代表大会，保证人民当家作主，发展全过程人民民主，必须尊重人大代表的主体地位和权利。在全过程人民民主中发挥人大代表的作用，是实行我国国体和政体的要求，是发展我国社会主义民主政治的需要，在法律上和实践中都是毋庸置疑的。

（二）在全过程人民民主中发挥人大制度和人大的作用必须落脚在发挥人大代表的作用上

发挥人民代表大会制度在全过程人民民主中的制度优势。在我国实现全过程人民民主，人民代表大会制度是重要制度载体和可靠制度保障，其设计和安排在各个环节都坚持民主原则、体现发展全过程人民民主的要求，其运行和实践就是有力地保障实现全过程人民民主。践行党的初心和使命，发展全过程人民民主，支持和保证人民当家作主，有效保证国家治理跳出治乱兴衰的历史周期率，必须坚持和完善人民代表大会制度。

发挥人民代表大会在发展全过程人民民主中的重要作用。各级人大及其常委会在推进全过程人民民主建设中承担着重要职责和光荣使命，要充分发挥其职能作用。人大各项工作都要建立在坚实的民意基础之上，通过完善人大的民主民意表达平台和机制，做好人大协商、立法协商等工作，通过调研、座谈、论证、咨询、听证、公开征求意见、基层联系点等方式，广泛征求和充分听取各方面意见，最大限度吸纳民意、汇聚民智，使作出的决策体现人民意愿、维护人民利益、激发人民创造性。必须紧紧抓住人民代表大会这一主要民主渠道，无论是选举还是立法、监督、代表等工作，人大履职的各个方面各个环节，都要贯彻、落实和彰显全过程人民民主的特点和要求。

发挥人大代表在全过程民主中的重要作用。坚持和完善人民代表大会制度，必须首先把人大的事做好，人大代表工作是人大及其常委会的基础性工作，归根到底是要发挥好代表的作用。人大代表来自人民、代表人民，更加密切联系群众，发挥同人民群众工作和生活在一起的优势，接地气、察民情、聚民智、惠民生，在履职中践行全过程人民民主，当好党和国家密切联系人民群众的桥梁和纽带。全国 260 多万人大代表充分发挥作用，及时把人民群众最关心、最直接、最现实的问题通过适当的渠道反映给党委和有关国家机关，努力推动问题的解决，就能够更好地发展全过程人民民主，更好地保证人民依法行使国家权力，展示中国特色社会主义民主政治特别是全过程人民民主的优势。

二、人大代表在全过程人民民主中发挥哪些作用

人大代表作为国家权力机关的组成人员，在我国的经济、政治与其他方面的社会生活中发挥着重要作用。全国和地方各级人大代表，代表人民的利益和意志，依照宪法和法律赋予本级人大的各项职权，参加行使国家权力。这是《中华人民共和国全国人民代表大会和地方各级人民代表大会代表法》（以下简称《代表法》）规定的人大代表的作用，也是人大代表践行全过程人民民主的作用。在现实中，主要体现在以下几个具体方面：

一是参加决策的作用。人大依法行使职权，讨论和决定重大事项和项目，都需要通过代表积极地、集体地参加才能得以实现。人大代表对人大会议上各项议案、报告的审议、表决，直接关系到这些议案、报告的通过与否，关系到决策的后果。人大决策的民主化、科学化、依法化水平，反映着人大代表代表和反映人民的利益和意志参加决策的能力和水平。

二是督促推动的作用。人大通过的法律、法规或者决议、决定能否得到有效的实施，与人大的监督是分不开的，与人大代表的共同努力分不开的。代表在自己参加的生产、工作和社会活动中，有义务协助宪法法律的实施，督促"一府一委两院"有效地开展工作。"一府一委两院"依法行政、依法监察、公正司法的状况，反映着人大代表代表和反映人民的利益和意志督促推动的力度和效果。

三是模范带头的作用。人大代表模范地遵守宪法和法律，努力搞好代表履职和本职工作，并自觉接受原选区选民或者原选举单位和人民群众的监督。这样才能执行好代表职务，真正发挥好代表的作用，也才能真正成为人民群众的代言人，得到人民群众的信服和拥护。

四是桥梁纽带的作用。人民选我当代表、我当代表为人民，人大代表与人民群众有着天然的、紧密的联系。代表在本级人大会议期间和闭会期间，认真履行代表的职责，一方面体察民情、反映民意；另一方面宣传动员、组织发动，做到下情上送、上情下达，努力为人民群众、为党和国家排忧解难，可以起到党和国家联系人民群众的桥梁纽带作用。党的十八大以来，党

和国家的有关文件特别强调发挥人大代表的这种桥梁纽带作用，现在又突出强调充分发挥其在发展全过程人民民主中的作用，使发挥人大代表作用成为人民当家作主的重要体现，成为提高人大工作质量和水平的重要抓手。

应当说，人大代表在全过程人民民主中发挥的上述作用，是其他任何人不可替代的。人民代表大会在国家政权体系中处于主导、核心和基础的地位，其重大作用的发挥，依赖于人大代表积极作用的发挥。2021 年 11 月，党中央印发的《关于新时代坚持和完善人民代表大会制度、加强和改进人大工作的意见》指出，新时代提升人大工作质量和水平，很重要的就是充分发挥人大代表作用。这个文件从把好人大代表"入口关"、密切国家机关同人大代表的联系、密切人大代表同人民群众的联系、推进人大代表议案建议内容高质量和办理高质量、强化人大代表履职服务保障和管理监督等 5 个方面提出了要求，对于在新时代新的发展阶段发挥代表在全过程人民民主中的作用意义重大。

三、在"密切"上发力，发挥人大代表在全过程人民民主中的作用

关键是要"密切"，通过各种方式方法拉近同人民群众的联系，使人大代表努力为人民服务，忠诚为党分忧、忠实为民代言。

（一）在人大代表密切同人民群众联系上发力

人大代表是由人民选举产生的，代表人民参加国家权力的行使。如果人民群众都不知道人大代表是谁、在哪里、在做什么，就不可能从心底里认同和拥护人民代表大会制度这个国家根本政治制度。人大代表密切联系人民群众天经地义、名正言顺，是人大代表的法定职责和光荣使命。我国五级人大代表，生产、工作和生活在人民群众之中，熟悉和了解各方面的实际情况，特别是人民群众的所思所想所盼，这是我们的制度优势。我国人大代表实行兼职制，大都不脱离各自的生产和工作，这在客观上也为代表联系群众创造了条件。需要不断丰富联系人民群众的内容和形式，把紧紧依靠人民、不断造福人民、牢牢植根人民的要求，贯彻到代表履职全过程、各方面。

《代表法》规定，代表应当与原选区选民或者原选举单位和人民群众保持密切联系，通过多种方式听取和反映他们的意见和要求，努力为人民服务。当人大代表是很严肃的政治责任，是党和人民的重托，代表一定要以人民群众是否满意作为人大代表是否称职的重要标准，通过多种方式畅通社情民意表达和反映渠道，发挥在践行全过程人民民主中的重要作用。关键是要把"根"深深扎在人民群众之中，真正深入下去、取得实际效果，既要用好法定的形式和一些机制和平台，又要注重从所见所闻中掌握和反映社情民意。人大代表特别是基层代表在履职过程中，经常会遇到涉及老百姓切身利益的"急难愁盼"问题，要及时反映给党委和有关国家机关并推动解决，但要注意人大方式方法、代表个人不直接处理问题、模范守法守纪等。

（二）在人大常委会密切"双联"即联系代表、联系群众上发力

人大常委会作为人大的常设机关，同人大代表和人民群众保持密切联系，是人民代表大会的制度性安排，使制定出的法律法规和作出的决议、决定，符合改革开放和社会主义现代化建设的实际，符合人民群众的意愿和要求；通过人大代表的宣传和带头作用，促进法律法规和人大决议、决定的贯彻落实。代表工作是人大工作的基础和依托，人大常委会必须把密切"双联"作为做好新时代人大代表工作的重要依托，保证人大及其常委会依法行使职权，坚持和完善人民代表大会制度。

根据宪法和有关法律的规定，各级人大组织好代表在本级人大会议期间的工作，确保代表依法参与重大问题的讨论决策。县级以上的各级人大常委会或者乡镇人大主席、副主席根据主席团的安排，组织好本级人大代表开展闭会期间的活动，采取多种方式做好"双联"工作，为代表执行代表职务提供必要的条件，人大常委会办事机构和工作机构还要提供服务和保障。人大常委会要不断加强和创新"双联"的方式方法，形成了解和反映人民群众意见和诉求处理反馈机制，发挥代表在解决民生难题中的积极作用。根据新修改的《全国人大组织法》《地方组织法》的规定，人大常委会和各专门委员会、工作委员会应当同代表保持密切联系，听取代表的意见和建议，支持和保障代表依法履职，扩大代表对各项工作的参与，充分发挥代表作用。

近年来，全国和地方各级人大常委会加强对人大代表工作包括"双联"的统筹和领导，放在与人大立法、监督工作同等重要的地位安排和考虑，常委会党组、委员长会议或者主任会议专题研究，推动这项工作融入党和国家工作大局，纳入人大常委会整体工作。按照人大"四个机关"的定位和要求，遵循和把握代表工作规律，健全完善代表工作机制，自觉接受代表监督，依靠人大代表做好人大及其常委会各项工作。在制定代表工作计划、精心组织代表在闭会期间的活动中，贯穿和落实"双联"这条主线。根据代表的意见组织并指导开展代表集中视察和专题调研等有组织活动以及代表小组活动，推动代表深度参与人大常委会的立法、监督等工作及代表议案建议的办理。建立健全直接联系代表"直通车"制度、常委会主要负责同志召开列席常委会会议的代表座谈会制度、代表联络机构和代表联络机制，加强代表工作平台和网络平台建设，建立和完善基层立法、监督联系点等，并以此扩大公民对人大工作和活动的有序参与等，使人大及其常委会的工作更富有活力。

（三）在全党和全社会为代表履职保障上共同发力

《代表法》规定，一切组织和个人都必须尊重代表的权利，支持代表执行代表职务。这些年来，尊重代表主体地位和权利，密切党和国家机关同人大代表和人民群众的联系等方面的工作，取得了很大的成效。各级党委更加注意充分发挥人大代表作为国家权力机关组成人员的作用，通过他们密切联系人民群众，宣传、贯彻党的主张，并及时帮助解决代表执行代表职务中遇到的困难和问题。"一府一委两院"和社会其他各方面也注意支持代表执行代表职务，努力营造一个有利于人大依法履职的良好社会环境。要站在坚持、完善和发展人民代表大会制度的高度，来正确地看待、明确地认识、自觉地维护代表的法律地位，注重发挥代表在全过程人民民主中的作用。

要特别注意"一府一委两院"通过密切同人大代表的联系来密切同人民群众的联系，包括在人代会上认真听取并注意采纳代表的审议意见，在人大闭会期间积极协助代表开展活动，认真办理代表提出的议案建议，对代表在联系群众过程中了解、反映的困难和问题积极予以回应，通过多种方式经常就有关问题征求代表的意见和建议，为代表依法履职提供保障等。这有利于通过人大代表了解民情、反映民意、集中民智、凝聚民力，促进"一府一委两院"改进工作，提高国家治理体系和治理能力现代化水平。需要进一步加强"一府一委两院"同人大代表联系的组织领导和制度建设，注意做好与人大常委会联系人大代表的配合等。

根据栗战书委员长 2022 年 4 月 18 日与列席全国人大常委会会议的全国人大代表座谈交流时的说法，人大代表在履职工作特别是践行全过程人民民主中，有下面几条基本准则需要把握好。一是坚持正确政治方向是代表依法履职的前提和根本，必须深刻理解"两个确立"的决定性意义，转化为思想自觉、政治自觉、行动自觉。二是充分发挥代表作用是坚持和完善人民代表大会制度的必然要求，是人大工作保持生机和活力的重要基础，必须全面、准确、有效地贯彻体现到工作中。三是支持和保障代表依法履职是各国家机关的法定职责，是保证人民当家作主的重要体现。各国家机关要自觉接受代表和人民监督。各级人大的办事机构和工作机构要支持和保障代表履职。四是人大代表肩负着党和人民赋予的光荣使命，肩负着宪法法律赋予的重要职责，要忠实代表人民利益和意志，依法参加行使国家权力。五是充分发挥代表来自人民、扎根人民的特点优势，密切同人民群众的联系，当好党和国家联系人民群众的桥梁。六是严格依法履职，加强思想、作风建设，模范遵守宪法法律，在全面依法治国实践中发挥带头作用。

应当说，支持、规范和服务、保障人大代表依法履职，充分发挥人大代表在全过程人民民主中的作用，是做好新时代人大工作的重大课题。习近平总书记在中央人大工作会议上指出："各级人大常委会要加强代表工作能力建设，支持和保障代表更好依法履职，使发挥各级人大代表作用成为人民当家作主的重要体现。"认真学习贯彻落实这一精神，人大代表在发展全过程人民民主中的作用一定会进一步充分发挥和展现，为推动经济与社会高质量发展贡献人大代表的智慧和力量。

谁的代表与为谁说话：人大代表的代表性研究

虞崇胜*

【摘　要】人大代表的代表性，是人大代表的本质属性。人大代表是谁的代表，在履职中代表谁的利益，或者说人大代表是谁的代表和为谁说话，这是人大代表的代表性的核心问题。理解和把握人大代表的代表性，主要从法律规定和实际履职两个方面展开。依据相关法律规定，人大代表既是全体人民的代表，也是原选区或原选举单位的代表，更是国家权力机关组成人员。从人大代表实际履职情况看，人大代表既要为人民利益说话，也要为选民利益说话，更要为公共利益说话。发挥人大代表的代表性作用，需要提高人大代表的角色意识、提高人大代表的履职能力、加强选民对人大代表的监督、完善人大代表的行为规范。

【关键词】人大代表；代表性；谁的代表；为谁说话

一、问题的缘起

2022 年 7 月 30 日，广东人大代表刘世兴提出建议，对未履行疫情防控个人责任如核酸应检未检人员、疫苗未全程接种人员的健康码赋予蓝码管理。广东卫健委接到他的建议后明确表态称，对于这个建议暂时不予采纳。但是，这件事在网上引起热议。有人特意对刘世兴进行了搜索，发现他是广州市珠海区龙凤街道社区卫生服务中心又叫广州市珠海区龙凤街道疾病预防

---

* 虞崇胜，华中科技大学国家治理研究院特聘研究员，武汉大学教授、博士生导师。

控制中心的法人代表。由此，引发了一场关于人大代表为谁说话的讨论。

大多数人认为，所谓人大代表，应该处处站在他所在社区居民的立场，提出对社区民众有利的建议，而不是专门提对自己有利、对自己单位或者自己所处行业有利的建议。那些只为本单位本行业说话的代表，显然不是人大代表，实在要说他们是代表，他们代表的也只是自己以及某个利益团体的利益，不是普通群众的利益。

过去，有人围观人大代表在人大会议上提出的建议，发现普遍存在一个现象，生产家电的为家电行业要政策，生产燃油车的为燃油车要政策，生产电动车的为电动车要政策，搞房地产的为房地产要政策，搞金融的为金融要政策……总之，几乎所有代表都在为本单位、本行业要政策、提"建议"、造舆论。

每年"两会"之际，伴随着一些富有争议性的代表提出的议案和建议曝光，引发舆论关于"人大代表到底代表谁？""人大代表的代表性如何？"等问题的诘问，同时也吸引了越来越多学者从不同的角度对这些问题进行学术性探讨和研究。正是基于上述情况，本文试图对法律规定和实际履职中人大代表的代表性问题作出初步研究，以为人大代表角色、人大组织和人大制度性质的精准定位提供某些参考。

大家知道，我国是人民当家作主的社会主义国家。由于我国地域广阔、人口众多且是多民族国家，人民当家作主是通过人民代表大会来实现的。人民代表大会是代议制的一种形式。所谓代议制，是选民通过选举代表行使人民权力的一种制度。代议制是社会分工的产物，也是现代民主政治的基本实现形式，没有代议制就没有现代民主政治。以前总有人以为直接民主比代议民主的程度高，但实际上，在存在社会分工和民主技术条件不高的条件下，只有代议民主才是最有效的。代议机构是代议制的组织载体，没有代议机构就没有代议制。社会主义民主是民主发展的高级形态，社会主义民主同样也需要一定的实现形式，如果没有代议机构作为组织载体，社会主义民主就是空话。正如列宁所言："如果没有代议机构，那我们不可能想象什么民主，即使是无产阶级民主。"①

代议机构是通过在其中活动的代表而运作的，没有代表（西方是议员）就没有代议机构。在我国政治体系中，代议机构就是全国人民代表大会和地方各级人民代表大会。各级人民代表大会是我国的权力机关，而在各级人民代表大会中代表人民行使国家权力的就是各级人大代表。人大代表来自人民，由人民选举产生，代表人民在人大机构中为人民说话，发挥着人大代表的代表性作用。

人大代表的代表性，是人大代表的本质属性。人大代表是谁的代表，在实际工作中代表谁的利益，或者说人大代表是谁的代表和为谁说话，这就是人大代表的代表性的核心问题。是谁的代表和为谁说话是相互联系又有所区别的两个问题，人大代表的代表性就是通过这两个问题及其相互关系体现出来，抓住了这两个问题及其关系，就抓住了人大代表的代表性的关键。从一定意义上讲，人大代表的代表性是人大制度的根本特性，也是人大制度的合法性来源。如果不搞清楚人大代表的代表性问题，就不可能充分发挥人大制度的作用。理解人大代表的代表性，主要从法律规定和实际履职两个方面去把握。

二、谁的代表：法律规定中的代表性

有人认为，从我国法律现有的规定看，我国人大代表的代表性主要体现在独立性、服务性和榜样性三个方面。独立性是指人大代表独立地判断本级人大行政区域内人民的意志和利益，服务性和榜样性则是为原选区选民服务并树立守法的榜样。但是，在具体的法律实践中，人大代表的独立性受到极大的制约，同时，服务性和榜样性仅仅具有宣示效应。由于缺乏具体的制度保障，选民对人大代表完全失去制约，使人大代表与选民的关系进一步疏远。②

---

① 《列宁选集》第二卷，人民出版社 1995 年版，第 152 页。
② 杨小虎：《人大代表的代表性研究》，《海南大学学报（人文社会科学版）》2008 年第 3 期。

坦率地说，以上说法并没有抓住人大代表的代表性根本。人大代表的独立性、服务性和榜样性只是人大代表的某些特征，并没有抓住谁的代表和代表谁的根本性问题，因此并不能精准体现人大代表的代表性。人大代表的代表性不能师出无名。从根本上来说，人大代表的代表性不是自为的，而是法律赋予的。

为了给人大代表身份定位，我国《中华人民共和国宪法》（以下简称《宪法》）、《中华人民共和国全国人民代表大会组织法》（以下简称《全国人大组织法》），以及《中华人民共和国全国人民代表大会和地方各级人民代表大会代表法》（以下简称《代表法》）都有所规定。《宪法》规定，全国人民代表大会由省、自治区、直辖市、特别行政区和军队选出的代表组成。这也就是说，全国人大代表是全国人大的组成人员，赋予了人大代表的国家权力机关成员身份和地位。《全国人大组织法》也规定，全国人民代表大会由民主选举产生，对人民负责，受人民监督。

改革开放后，鉴于人大代表在国家政治生活中的重要作用，全国人大制定了《代表法》。这个法律于 1992 年 4 月 3 日第七届全国人民代表大会第五次会议通过，后经 2009 年 8 月 27 日第十一届全国人民代表大会常务委员会第十次会议、2010 年 10 月 28 日第十一届全国人民代表大会常务委员会第十七次会议、2015 年 8 月 29 日第十二届全国人民代表大会常务委员会第十六次会议三次修订。

依据上述法律规定，人大代表的代表性主要体现为：

（一）人大代表是全体人民的代表

根据以上法律规定，人民代表代表人民，这里所说的"人民"，既包括全国人民，也包括本级和下级人民，即代表全体人民。人大代表作为一个总称，是一种政治身份，代表全体人民的利益和意志。《代表法》第 2 条规定，全国人民代表大会和地方各级人民代表大会代表依照法律规定选举产生。全国人民代表大会和地方各级人民代表大会代表，代表人民的利益和意志，依照宪法和法律赋予本级人民代表大会的各项职权，参加行使国家权力。这里所说的"代表人民的利益和意志"，显然是指全体人民的利益和意志。因此，首先必须确定人大代表是全体人民的代表。

（二）人大代表是各自选区或选举单位的代表

但是，人大代表是个总称，是由各级各界各行各业的代表组成的，包括全国人大代表和地方各级人大代表。从人大代表的产生过程来看，他们是由不同的选区和选举单位选举出来的，并且受各自选区或选举单位的约束。因此，他们又是各自选区或选举单位的代表。

宪法要求，全国人民代表大会代表应当同原选举单位和人民保持密切的联系，听取和反映人民的意见和要求，努力为人民服务。《代表法》第21条规定，县级以上的各级人民代表大会代表，在本级或者下级人民代表大会常务委员会协助下，可以按照便于组织和开展活动的原则组成代表小组。县级以上的各级人民代表大会代表，可以参加下级人民代表大会代表的代表小组活动。《代表法》第22条规定，县级以上的各级人民代表大会代表根据本级人民代表大会常务委员会的安排，对本级或者下级国家机关和有关单位的工作进行视察。乡、民族乡、镇的人民代表大会代表根据本级人民代表大会主席团的安排，对本级人民政府和有关单位的工作进行视察。代表在进行视察期间，可以提出约见本级或者下级有关国家机关负责人。被约见的有关国家机关负责人或者由他委托的负责人员应当听取代表的建议、批评和意见。《代表法》第49条规定，地方各级人民代表大会代表迁出或者调离本行政区域的，即终止其代表资格。

以上这些规定说明，人大代表不仅有各自活动区域，而且也要受到区域的选举单位的限制，一旦离开本行政区域，就不再是本区域的人大代表。

（三）人大代表是国家权力机关组成人员

这一点十分重要。根据《代表法》的规定，人大代表是国家权力机关组成人员。全国人民代表大会代表是最高国家权力机关组成人员，地方各级人民代表大会代表是地方各级国家权力机关组成人员。这种高度的政治概括，确定了人大代表的崇高政治身份和政治职务。

把人大代表界定为国家权力机关的组成人员，也是有《宪法》作根据的。《宪法》规定，全国人民代表大会由各省、自治区、直辖市和解放军代表组成；全国人民代表大会是最高国家权力机关；地方各级人民代表大会是地方国家权力机关。因此，把人大代表定义为国家权力机关的组成人员，既有理论的依据，还有《宪法》的根据。

我国是社会主义国家，国家的一切权力属于人民。人民是如何来行使属于自己的权力的呢？这就需要借助一定的权力机关。宪法规定，人民通过选举自己的代表，并由人民选出来的人大代表组成权力机关来集体行使国家权力。也就是说，人民把自己的权力委托给了人大代表，这些受人民委托的人大代表集合在一起组成了权力机关，并集体行使国家权力。因此，人大代表当然就是国家权力机关的组成人员。

国家权力机关的重要责任是把人民的意志转变为国家的意志，把党的主张转变为国家的主张；而人大代表作为反映人民利益和意志的载体，有责任通过执行代表职务，履行代表职责，把人民的意志变为国家的意志，把党的主张变为国家的主张。也就是说，国家权力机关行使权力是要通过人大代表执行代表职务和履行代表职责来实现的。

《宪法》和《代表法》的规定，不仅大大提高了人大代表在国家政治生活中的地位，同时也有助于进一步激发人大代表的责任感和工作积极性。

（四）人大代表不是什么"独立候选人"

早些年，网络上传出有人欲以"独立候选人"身份参选基层人大代表。当时全国人大有关人士明确表示，我国没有"独立候选人"的说法，所谓"独立候选人"既没有现实必要，也没有法律依据。

根据我国《宪法》和《中华人民共和国全国人民代表大会和地方各级人民代表大会选举法》（以下简称《选举法》）规定，中华人民共和国年满十八周岁的公民，不分民族、种族、性别、职业、家庭出身、宗教信仰、教育程度、财产状况、居住期限，都有选举权和被选举权；但是依照法律被剥夺政治权利的人除外。我国《选举法》对人大代表的选举程序作出了明确规定。公民参选人大代表以及一切选举活动，都必须在法律规定的范围内，严格依法按程序进行。

根据《选举法》，任何公民参选县乡人大代表，第一，要在选区进行选民登记，由选举委员会对选民资格进行审查和确认；第二，要依法被推荐为代表候选人，按照《选举法》规定，代表候选人由各政党、各人民团体联合或者单独提出，或者由各选区选民十人以上联名提出；第三，代表候选人由选举委员会汇总后交各该选区选民讨论、协商，根据较多数选民意见确定正式代表候选人名单，必要时可以通过预选确定正式代表候选人名单；第四，由选举委员会统一组织开展对代表候选人的介绍活动。

基于上述规定，我国的县乡人大代表候选人，只有由各政党、各人民团体和选民依法按程序提名推荐的"代表候选人"，经讨论、协商或经预选确定的"正式代表候选人"，没有所谓的"独立候选人"，"独立候选人"的说法没有法律依据。

由上可知，从法律的角度看，人大代表的代表性是相当明确的，他们既是全国人民的代表，也是各选区和选举单位的代表，但更为重要的是，他们是国家权力机关的组织人员，代表人民行使国家权力。在中国，没有西方国家所谓"独立候选人"之说，人大代表是以要人大组织为依托发挥作用的。

三、为谁说话：在实际履职中的代表性

关于人大代表在履职中为谁说话的问题，或者说人大代表以什么身份说话的问题，在政治学界一直有一个经典的争论，即"作为一个政治行动者，代表究竟应该成为选民指令的执行者呢，还是具有独立判断和自主性的人?"[1] 前者以委托说为基础，认为代表应当代表选民的利益；后者以独立代表说为基

---

[1] 景跃进：《代表理论与中国政治》，《社会科学研究》2007 年第 3 期。

础，认为代表对国家和公共利益的责任高于对选民利益的责任，应当根据自己的知识和经验对公共利益作出独立判断。

人大代表能否为人民说话和如何为人民说话，是人大代表的代表性的根本性问题，也是中国全过程人民民主的重要环节。我们知道，民主具有形式和实质的区分，科恩曾指出："选举、法院与宪法作为民主的手段可以起无法估量的作用，但它们还不是民主。如果把它们当作民主，就是太注重形式，而忽略了它们为之服务的那一过程的实质。""民主的实质比它的形式要重要得多。"① 通过选举而产生不同的选民"代表"以治理社会的过程，属于形式和程序的方面，这种形式之所以需要，是由于一般的民众因知识、视域、利益、信息等限定，无法把握社会运行的整体态势和真实状况，也难以确认自身在社会利益关系中的地位并由此真正代表他们自己。这样，由选民选出的政治人物来"代表"自身，就构成了基于选举的民主社会的运行机制。麦迪逊已注意到这一点，并认为在代议制下，"人民代表发出的公众呼声，要比人民自己为此集会，和亲自提出意见更能符合公共利益"②。

从实际政治运作的角度看，人大代表为谁说话，包括三个方面的内涵：一是代表谁说话；二是以什么方式说话；三是说的话产生了什么样影响。这三个方面集中体现了人大代表的代表性问题。如果依据上述人大代表代表谁的逻辑和要求，人大代表为谁说话包括三个层次。

（一）为人民利益说话

人大代表，顾名思义，他既然是人民的代表，当然要为人民说话。但在实际工作中，有的人大代表由于对人大代表的代表性认识不足，在思想上和行动上并没有为人民说话。

2012 年 1 月，广东省佛山市"两会"南海区代表团进行分组讨论时，人大代表方明在发言时说道："百姓是教好的，不是养好的，就像溺爱的孩子不可能是孝子，溺爱的百姓也可能比较刁民。"她的这种言论表明，她根本

---

① ［美］科恩：《论民主》，聂崇信、朱秀贤译，商务印书馆 1988 年版，第 40—41 页。
② ［美］汉密尔顿等：《联邦党人文集》，程逢如等译，商务印书馆 1995 年版，第 49 页。

不是人民的代表，而是人民的父母。因此，在网络上引起了轩然大波，并遭到广大网民的质疑。

2014 年 1 月，在广东省"两会"上，人大代表、政协委员呼吁给公务员涨工资。比如，在广东省人代会深圳代表团的讨论中，多位代表呼吁给公务员加薪。广东省人大代表林慧认为，在国外，法官的工资相当高，所以很积极地承担社会责任，而"我们的法官按行政级别，副处、处级，基本工资也就一万元左右"。她甚至认为，"公检法的人才是弱势群体"。

上述这些呼吁固然有其针对性，反映了公务员待遇较低的现实问题。但是，作为代表人民利益的人大代表，更多的则应该关注人民群众的切身利益、社会普遍关注的重大问题，即使提出部分社会成员的利益问题，比如公务员加薪问题，也应从人民整体利益的角度提出，而不能单纯地为个人或某部分人利益说话。

为了避免人大代表利用代表地位为个人和小集团捞取利益，《代表法》第 23 条规定，代表根据安排，围绕经济社会发展和关系人民群众切身利益、社会普遍关注的重大问题，开展专题调研。《代表法》第 46 条更是明确规定，代表应当正确处理从事个人职业活动与执行代表职务的关系，不得利用执行代表职务干涉具体司法案件或者招标投标等经济活动牟取个人利益。这些规定明确限定了人大代表所代表的利益范围——为人民利益说话。

（二）为选民利益说话

关于人大代表要不要为选民利益说话，目前理论界有几种不同意见。有人认为，应从人大代表与选民的关系出发，通过对人大代表究竟代表谁以及代表什么这两个问题的辨识来合理定位人大代表的角色，厘清代表性内涵。也有人认为，人大代表所代表的是选民的利益，而非选民本身，并且他们既然是特定选民选举产生的，就应当对相应的选民负责，只有充分代表好了各自选民和选区的利益才能升华为代表全体人民的普遍利益。还有人提出，人大代表的代表性不只是体现在静态方面，应当从结构与职责两个维度来把握，从结构的维度看，人大代表是国家权力机关组成人员，他的作用是通过国家权力机关的作用体现出来的，如人大机关通过的法律和文件都凝聚着人大代表们的意见和建议；从职责的维度看，人大代表只有表达和反映了选民的利益和意志，履行作为人大代表的职责，才能得到选民的支持和肯定。

人大代表是由选举单位的选民选出的，理应也必须为选民负责，为选民利益说话，这是人大代表的代表性的合法性基础。但是，人大代表为选民利益说话，与为人民利益说话并不冲突，反而是一致的。因为人民利益不是笼统的，而是由诸多选民利益构成的。而选民的利益也不是与人民利益相冲突的，而是人民利益的具体体现。所以，人大代表既要为人民说话，也要为选民说话，并且将两方面统一起来，成为人民利益的代表者和选民利益的代表者。

（三）为公共利益说话

人大代表要为人民利益说话，但是，人民是一个总体概念，只有将人民利益内化为社会公共利益，人民代表为人民利益说话才能落到实处。

在社会主义制度下，人民利益与公共利益在总体上是可以相互替代的。因为社会主义制度是将人民利益置于最高位置的，而最高位置的利益如同普照的光，是不同社会群体都可以享受的，因而也就是公共利益。

然而，我国基层人大代表在履职过程中，由于角色意识模糊，加之选举制度的问题，造成我国基层人大代表中荣誉型代表占据很大的比重，而能够代表公共利益说话的责任型代表明显不足。

学者魏姝通过对 Q 区人大代表的分析发现，基层人大代表的代表性呈现出两种趋向：在消极代表性方面，基层人大代表表现出高度的精英化特征；在积极代表性方面，有超过 60% 的代表属于荣誉型代表，真正责任型代表不足 40%。通过对责任型代表提出的建议文本内容予以分析进一步发现，这些建议中绝大多数代表了选区利益或者公共利益，符合相关法律和现代代议制理论的角色期待，并且呈现出良性的发展趋势，但也有近 10% 的建议代表了利益集团利益，值得警惕和关注。①

从理论上说，不管是哪一级的人大代表，都应该是代表公共利益的，否则就不能称之为"公家人"或"人民代表"。科恩在《论民主》中指出，"代表制的原则可简要地归纳为：一小部分人管理政府，这部分人对选举他们的选民负责，他们的权力都来自选民。所有被选出的官员，不论在政府哪一部门任职，他们在管理政府的全部事务时，最终都是依据这一原则"。② 学者杨国荣也指出："从价值方向看，政治人物所'代表'的，不应是特殊的利益集团，而应当是最广大的人民：唯有真正'代表'最广大人民的根本利益，社会的治理过程才具有正当性。"③

四、如何发挥人民代表的代表性作用

学者魏姝通过对我国基层人大代表代表性的实然分析发现，基层人大代表中普遍存在代表性不足问题，具体表现为代表中"中共党员多、非中共党员少，干部多、群众少，男的多、女的少"，"经营管理者多、普通职工少，个体私业主多、社会弱势群体少"，代表素质偏低履职不力，批评建议不痛不痒，参会履职"走过场"，调研监督"走马观花"，与选民交流渠道匮乏，等等。应该说，这些现象是我国基层人大代表中的普遍现象，是加强和完善人民代表大会制度必须着重解决的问题。

如上所述，人大代表的代表性，是指各级人大代表代表着全国各族人民的根本利益的一种属性，即人大代表代表谁的利益，替谁说话。这种代表性主要体现在三个层次：一是人大代表首先与选民或选举单位保持密切联系，代表本选区人民的利益；二是代表在履行职务时，不仅要代表本选区利益，还要将本选区和本辖区利益有机联系起来，实现两者的最佳结合；三是不论哪一级人大代表，都要代表全国各族人民的利益和意志，依照宪法和法律赋

① 魏姝：《我国基层人大代表的代表性分析》，《江苏行政学院学报》2014 年第 6 期。
② ［美］科恩：《论民主》，聂崇信、朱秀贤译，商务印书馆 1988 年版，第 80 页。
③ 杨国荣：《政治中的代表性与正当性》，《哲学研究》2022 年第 6 期。

予本级人民代表大会的各项职权，参加行使国家权力。要以人民的意志和意愿为活动准则，以人民的利益为己任，成为人民群众真正的政治代言人。

那么，如何才能充分发挥人大代表的代表性作用呢？

在全国人大代表中，有一位从第一届全国人大到第十三届全国人大，从25岁直到去世，连续当了60多年全国人大代表的老人申纪兰。每次去北京参会，申纪兰都很激动，深感"参加这个大会责任非常重大"！

作为全国人大代表，申纪兰60多年来初心不改，始终保持人大代表的本色。但是，从人大代表角色的角度分析发现，她与许多人大代表一样都存在着角色意识模糊的问题，也即代表性困惑问题。一方面，她十分清楚，人大代表来自人民，"人大代表就是要代表人民利益，为人民说话"；另一方面，她也多次表示，在人大会议上"从未投过反对票"。她说，自己是一个平平凡凡的农民，能当一届人大代表就不得了了，没想到连续当了很多届。作为人民代表大会的见证人，内心拥护的事，她就赞成，不拥护的，她就不投票。

应该说，人大代表在人大会议上，投赞成票或投反对票都是人大代表的权利，也是履职的形式之一，问题不在于投不投反对票，而在于是不是代表人民的利益与意志。理性而不是感性的、依据于人民的利益和意志而不是依据个人的好恶去投票，既是人大代表的职责，也是作为人大代表的义务。

发挥人大代表的代表性作用，需要从以下四个方面去改进。

其一，提高人大代表的角色意识。

如前所述，人大代表是人民的代表，代表着人民的利益和意志；人大代表更是国家权力机关组成人员，代表人民行使国家权力。因此，各级人大代表首先都要明确人大代表的政治角色，承担起应该承担的责任，而不能仅仅将人大代表视为一种政治荣誉，忽略了人大代表的代表性这个专属属性。

这里需要提到的是，要提高人大代表的角色意识，需要将人大代表与人民代表区别开来。在给人大代表角色定位时，不要把人大代表直接叫作人民代表。在日常生活中，许多人没有将人大代表与人民代表区别开来，从而导致人大代表角色意识模糊，不能充分发挥代表性作用。

人大代表的全称是人民代表大会代表，比如全国人大代表是全国人民代表大会代表；省、自治区、直辖市人大代表是省、自治区、直辖市人民代表大会代表；设区的市或自治州的人大代表是设区的市或自治州的人民代表大会代表；县、自治县、不设区的市人大代表是县、自治县、不设区的市的人民代表大会代表；乡、民族乡、镇人大代表是乡、民族乡、镇人民代表大会代表。

人大代表是人民代表大会代表的简称，是一个特定的概念，是对一种专门职务的特称，是一种政治身份，或者是一种政治角色。尤为重要的是，人大代表是国家权力机关的组成人员，人大代表的产生是要经过严格的法律程序的，并肩负着相应的法定职责。而人民代表则是一个内涵宽泛的概念。"人民"总体上是一个政治概念，泛指拥护宪法的各阶级、各阶层和各人民群众团体、组织中的人。因此，凡是能代表一方面的人民群众的个人，都可以被称为"人民代表"，而不需要按国家法律程序选举产生，也没有相应的法定职责。比如，出国访问的工会代表、共青团代表、妇联代表都可以被视为中国人民的代表。所以，人大代表理应是人民的代表，但他们是以人民代表大会为依托的，不宜简单地直接称为人民代表。

其二，提高人大代表的履职能力。

随着政治体制改革以及民主法治建设日益深入，人民代表大会制度改革和发展成为理论界及实务界关注的焦点。其中，人大代表专职化问题成为热烈讨论的话题之一，学术界似乎在某种程度上达成人大代表专职化是人代会制度发展方向的共识，但是，人大代表专职化是一项复杂的系统工程，涉及我国根本政治制度建构的重大调整，在目前全面实现条件并不成熟。人大制度的健全和完善也是个循序渐进的过程，现阶段我们可以借鉴和汲取代表专职化的优势，在人民代表大会制度的现行整体框架下先行探索更具可行性和操作性的改革措施，积极稳妥地推进人代会制度建设。

总体上看，我国目前人大代表专职化的条件还不成熟，但人大代表专业化倒是改革发展的方向。人大代表来自不同地区、不同领域，如何最大程度地发挥他们各自所长，让代表工作更加科学、高效和务实？这是近年来从中央到地方各级人大都在探索和思考的问题。2022 年 5 月 30 日，湖南省茶陵县人大常委会第十一次会议审议通过了《茶陵县第十七届人大代表专业小组工作方案》，在原有按区域组建代表小组的基础上，依据代表专业背景、工作特长、所从事的行业领域，组建五个代表专业小组，凝聚人大代表的集体智慧，以专业的精神、专业的形式，调研专业问题，开展专业监督，让人大代表履职走向"专业之路"，更好地发挥人大代表的主体作用，推动全县经济社会发展。这种提高人大代表专业化的做法，应该普遍推广和完善。

其三，加强选民对人大代表的监督。

《代表法》中对代表的权利和义务作出了明确规定，并且规定"选民或者选举单位有权依法罢免自己选出的代表"，但是现实中由选民或选举单位罢免代表的情况极少发生。这在一定程度上说明选民对代表的监督制约严重不足。造成这种情况的原因是多方面的：首先，代表履职情况的公开性较差，例如选民很难了解代表们都提出了哪些建议和意见，其具体内容是什么，更不用说在会议上的发言情况了；其次，选民缺乏与代表联系的直接渠道，大部分地区人大代表的个人信息和联系方式都是不公开的，这与人大代表的代表身份严重不符；最后，组织控制式的候选人提名方式也影响了选民关注、监督代表的意识和积极性。现实中，人大代表的责任机制是以主观责任为主的，客观责任的成分相当稀薄。虽然说主观责任和客观责任都是确保公职人员责任的重要途径，但是没有将客观责任作为基础的。

根据《代表法》的要求，将从以下四个方面加强对人大代表的监督：第一，接受选民监督。代表应当接受原选区选民或者原选举单位的监督，包括采取多种方式听取人民群众对代表履职的意见，回答原选区选民或者原选举单位对代表工作和代表活动的询问，以多种方式向原选区选民报告履职情况。第二，执行代表职务的要求。代表应当正确处理从事个人职业活动与执行代表职务的关系，不得利用执行代表职务干涉具体司法案件或者招标投标等经济活动，牟取个人利益。第三，选民或选举单位罢免。选民或者选举单位有权依法罢免自己选出的代表，被提出罢免的代表有权出席罢免该代表的会议提出申辩意见，或者书面提出申辩意见。第四，暂时停止执行代表职务。因刑事案件被羁押正在受侦查、起诉、审判的，被依法判处管制、拘役或者有期徒刑而没有附加剥夺政治权利，正在服刑的，就要暂时停止执行代表职务或终止该人大代表的代表资格。

其四，完善人大代表的行为规范。

人大代表作为国家权力机关组成人员，要参与本级国家权力的行使，负有重大的管理责任，享有崇高的政治荣誉。为了使他们不脱离群众，能够忠实地代表人民群众的意志和利益，使他们不滥用"人大代表"的职权，积极地为人民群众谋利，有的地方人大在《代表法》基础上又制定了《人民代表大会代表守则》，具体规定了人大代表在会议期间的行为规范。目前这些守则多从政治上、职业上，以及如何开好人大会议等方面作了一些规定，以后还应更多地从人大代表的代表性角度和人大代表人格道德上加以完善，加强对人大代表在闭会期间的行为管理，使人大代表真正成为遵守宪法法律，遵守公序良俗，遵守社会公德、职业道德、家庭美德的模范，进一步提高人大代表素质，发挥人大代表作用，展现人大代表风采。

任期制的"闭环性"
是全过程人民民主的核心价值诉求

莫纪宏[*]

【摘　要】人大代表和各级人大任期制的"闭环性"是当下发展"全过程"人民民主必须解决的制度设计难题，也是"全过程"作为科学管理理念对人民民主提出的最低限度的价值诉求。"全过程"人民民主理念是人民民主理论的新发展，是人民代表大会制度不断健全和完善的法理基础，必须在法理上高度予以关注，在制度实践中采取切实有效的措施来加以完善和推进。

【关键词】任期制的"闭环性"；全过程人民民主；核心价值诉求

"全过程民主"理念是习近平总书记2019年11月2日在上海市长宁区虹桥街道古北市民中心考察社区治理和服务情况时首次提出的，主要的政策要求是提倡在基层治理的不同环节都要贯彻民主的要求，要以人民为中心，通过加大基层治理过程中公民参与的力度，保证人民当家作主的民主权利。[①]习近平总书记在庆祝中国共产党成立100周年大会上的重要讲话中指出要"践行以人民为中心的发展思想，发展全过程人民民主"[②]。显而易见，习近平总书记"七一"重要讲话把"发展全过程人民民主"视为当前和今后一段时间中国特色社会主义民主政治建设的一项重要任务。

---

*　莫纪宏，中国社会科学院法学研究所所长、教授、博士生导师。

①　《习近平在上海考察时强调，深入学习贯彻党的十九届四中全会精神，提高社会主义现代化国际大都市治理能力和水平》，《人民日报》2019年11月4日。

②　习近平：《在庆祝中国共产党成立100周年大会上的讲话》（2021年7月1日），《人民日报》2021年7月2日。

为什么要在"人民民主"之前突出强调"全过程"的价值？"全过程人民民主"和"人民民主"在民主价值形态上到底存在着什么样的分别？"人民民主"前面加不加"全过程"，是否对中国特色社会主义民主政治的发展产生实质性影响？这个问题是当下理论界面临的重大理论和实践问题，可以说，对"全过程"在"人民民主"中的重要意义的界定是"全过程人民民主"理论是否具有科学性的关键所在。

一、民主是一种公共决策方式

民主作为一种人文价值，始于古希腊的城邦治理理念。[①] 其基本的价值追求就是在公共事务决策中，由参与决策的多数人来形成具有约束力的决定。所以，从价值形态上来看，民主本身并非公共决策的最理想方式。如果涉及公共事务，能够通过公共事务利害关系人进行充分协商，形成"合意"，就不需要采取"多数人决定"的极端方式。所以，从公共行为正当性的角度来看，"合意"高于"民主"。此外，在不能通过充分协商产生"合意"的情形下，到底有哪些人可以计入参与公共决策的所有合法决策参与者的范围，"多数人"如何保证自身的"道德"水准？也就是说，作出公共决策的"多数人"本身是不是具有最低道德品行要求的人？这些问题，在以"多数人决定"作为公共决策方式的民主机制中，都无法得到有效解决。当代德国哲学家哈贝马斯提出了政治合法性应当建立在主体的充分"对话""协商"基础之上，这一正当性的分析思路实质上是对传统民主理论的修正。[②]

不管民主决策机制本身存在什么问题，包括在古希腊城邦国家早期的民主决策活动中缺少外邦人和妇女、奴隶参与民主程序，[③] 导致了民主的群众

---

① "民主"一词来自古希腊语"demokratia"。"demokratia"一词中，由"demos"和"kratos"两部分构成，"demos"相当于英语的"citizen"，意即"地区"、"公民"，"kratos"相当于英语的"power"，含义是"权力"、"强力"，因此，古希腊语中的"demokratia"最初的含义言指"多数人统治"或"人民的统治"。

② 刘斐斐：《论哈贝马斯商谈理论论域下法律与道德的关系》，《文化学刊》2020 年第 6 期。

③ 沈逸舟：《浅谈古希腊城邦时代民主政治的局限性——基于雅典妇女地位的考察》，《今古文创》2021 年第 18 期。

基础存在巨大价值缺陷，但相对于专制来说，民主决策机制确实有其独特的治理优势。特别是在全体社会成员围绕着公共事务议而不决、难以达成"合意"的情形下，民主提供的是一种比较有权威的决策机制，故以"多数人决定""多数人统治"为基本价值诉求的民主治理方式，自古希腊以来，一直受到了人类社会不同时期国家治理和社会治理实践的青睐。①

二、人民民主强调的是民主主体的"人民性"

马克思主义坚持历史唯物史观，把阶级斗争的因素引入历史发展进程中，故不是简单地看待民主的"多数人"的数量和表现形式，更重要的是关注由"多数人"形成的民主决策机制是否为多数人服务或者是为全体社会成员服务。也就是说，马克思主义经典作家在论述民主时特别关注民主的形式与民主的实质之间的有机统一。因此，关于无产阶级民主的制度构造，马克思主义经典作家更重视民主的"人民性"。也就是说，只有在人民当家作主的政治制度下，由民主价值所形成的"多数人决定"机制才具有实质性的民主价值。② 在一切剥削阶级社会中，由于社会主体之间的占有生产资料和生活资料的不平等，以及在国家政权中的地位的差异，导致了资产阶级的民主制度实质上是维护少数人剥削阶级利益的工具。

列宁领导的社会主义革命，以废除私有制为特征，并建立了以工农兵为主体的苏维埃政权，在这种背景下，社会主义民主的主体主要是由工农兵为主体的劳动人民构成的，③ 也就是说，在人民当家作主的政治体制下，才能保证作为形成民主价值的"多数人"真正来自人民、服务于人民。中国共产

---

① 【美】布鲁斯·阿克曼：《我们人民：奠基》，汪庆华译，中国政法大学出版社 2013年版。

② 李文晓、林美卿：《刍议马克思主义民主观的当代价值》，《南方论刊》2019 年第 1 期。

③ 真正在政治理论上对人民民主中的"人民"的内涵给出比较清晰的群体界定的是 1918年列宁起草并成为第一个社会主义性质宪法性文件的《被剥削劳动人民权利宣言》。该宣言首次将"人民"与"劳动"的基本价值特性结合起来，从否定私有制的合法性入手，把苏维埃政权的合法性基础建立在工人、农民等劳动群众这一广泛的社会群体基础之上。

党自从登上历史舞台，就以追求民主为己任，故把社会主义民主的"人民性"作为社会主义民主政治的核心价值。早在1945年7月，民主人士黄炎培在延安和毛泽东有过一段著名的谈论历史周期率的"窑洞对"。[①]针对如何克服"人亡政息、政怠宦成"的历史周期率问题，毛泽东说，我们已经找到了一条新路，这就是民主。只有让人民来监督政府，政府才不敢松懈；只有人人起来负责，才不会人亡政息。1949年6月，毛泽东发表《论人民民主专政》一文指出，总结我们的经验，集中到一点就是"工人阶级（经过共产党）领导的以工农联盟为基础的人民民主专政"。[②]《中国人民政治协商会议共同纲领》采纳中国共产党的主张，确定人民民主专政为新中国国体，人民代表大会制度为新中国政体。

总的来说，只有在人民当家作主的社会主义制度下，民主的决策机制才能坚持形式公正与实质公正之间的有机统一。在剥削阶级政治制度下，即便是标榜"一人一票""多党轮流执政"，但民主机制运行的结果根本无法摆脱为社会上少数人服务的历史宿命。所以说，在民主作为公共决策的正当性机制上，民主的主体的构成结构非常重要。社会主义民主相对于资本主义民主来说，最大的价值优势就是社会主义民主是一种真正人民主体意义上的民主，是民主形式与民主实质高度统一的民主。

三、民主价值必须关注公平与效率之间的关系

在社会主义国家，建立了人民民主制度之后，如何在制度机制上最大限度地发挥人民作为民主主体在公共决策中的决定性作用，这是社会主义民主制度建设的重要任务和重要工程。我国自1954年宪法确立了人民代表大会制度之后，人民当家作主的民主权利就有了可靠的制度载体和制度保障。但值得注意的是，从国家治理和社会治理的科学性角度来看，民主的主体的正当性和合法性并不意味人民民主就能够自动发挥自身的治理功能、体现自身的

---

① 杜金根：《延安时期不忘初心的奋斗历程及启示》，《学习时报》2019年8月9日。
② 《毛泽东选集》第4卷，人民出版社1991年版。

治理优势。民主的主体人民如何驾驭民主这种形式也存在制度上的科学设计问题，同时，人民作为民主的主体能否自始至终地在民主决策机制中发挥主体性功能、起到主人翁应有的作用，这些也必须通过科学和严谨的制度与程序的设计才能实现。所以，从国家治理和社会治理角度来看，人民民主是民主正当性最充足的民主，但并不一定是民主效率发挥得最好的民主形式。人民民主制度设计必须保证民主的主体人民能够充分有效地利用民主这种公共决策形式，来体现人民意愿、反映人民的愿望和要求。所以，人民民主也存在民主运行效率方面的价值诉求，不讲效率的民主也不是好民主。"文化大革命"十年提倡大民主，1975 年宪法还充分肯定"大鸣、大放、大辩论、大字报"，结果，人民民主的人民性得到最大程度的释放，但是，由于制度和程序化的保障欠缺，导致了大民主在实际运行中容易失序，导致了公民基本权利受到了不受限制的人民民主的侵害。

习近平总书记在中央人大工作会议上强调指出，全过程人民民主的一个重要特征就是，在我国，人民代表大会制度是全过程人民民主的"制度载体"。既然是"制度载体"，人民代表大会制度就必须把民主的人民性与民主运行的科学性和高效率有机地结合在一起。所以说，当下，我国全过程人民民主的实践重点还是要围绕人民代表大会制度的健全和完善，也就是说，如何在制度上使得人民通过人民代表大会制度来更好地行使自己的民主权利，让人民真正地参与到与自己切身利益相关的公共事务决策中。

四、"全过程"是对人民民主运行效率的基本价值要求

习近平总书记首先提出的"全过程民主"概念，是在总结基层民主实践经验基础上产生的，有着非常深刻的实践逻辑基础。"全过程"表达的是一个"时间轴"的价值要求，问题的关键是在人民民主制度中，"全过程"应当如何测度？既然是时间性的要求，那么，就应当在作为全过程人民民主的制度载体，即人民代表大会制度的制度程序中来寻找。我国的人民代表大会制度是由任期制加以构建的，也就是说，任何国家机关和公共职务的存在都

是有任期要求的。每届人大，从乡镇基层人大到全国人大，都是一届任期五年。根据《中华人民共和国宪法》（以下简称《宪法》）、《中华人民共和国全国人民代表大会组织法》（以下简称《组织法》）、《中华人民共和国全国人民代表大会和地方各级人民代表大会代表法》（以下简称《代表法》）等法律规定，既然是代表人民行使国家权力的国家权力机关或者是人大代表，就要服从任期制度所产生"全周期"活动的法律限制。对于各级人大来说，必须有每届人大的开始工作之时，也要有明确的结束时间；对于组成各级人大的人大代表来说，担任一届人大代表的起止时间也必须非常清晰，不能含含糊糊。因为人大代表是由选民和选举单位通过法定选举程序选举产生的，各级人大也是由人大代表组成的，并且由各级人大代表来选举产生各级人大的常设机关和专门机构。在选举程序中获得选民"多数票"当选的人大代表，应当说在选举程序中具有充分的"民主价值"，是"多数人决定"的产物。但"多数人决定"不能只适用投票的一刹那，而是在一个任期时间轴上，人大代表都应当替选举其担任代表的"多数选民"说话和负责。由人大代表组成的各级人民代表大会及其常设机关和专门机构也遵循着相同的选举逻辑。因此，如果人大代表及由人大代表组成的各级国家权力机关在运行程序上出现了制度性的"缺位"，代表任职期限不清晰，上下届人大之间的职权交接程序缺少严谨程序的对接，就无法在价值形态上保证受"一届选民"或者是"一届人民"信任的人大代表和由人大代表组成的各级人大及常设机关，准确和有效地履行好一个任期内的法定职责。由此就可能导致在人大代表职务和各级人大作为各级国家权力机关履行"民主"职能方面无法实现"全过程"的价值要求，人民民主就可能在实际运作中出现"断断续续"或者是"间歇性"。所以，"全过程"对"人民民主"的价值要求是一个最低限度的制度化和程序性要求。习近平总书记在中央人大工作会议上也明确指出：民主不是装饰品，不是用来做摆设的，而是要用来解决人民需要解决的问题的。一个国家民主不民主，关键在于是不是真正做到了人民当家作主，要看人民有没有投票权，更要看人民有没有广泛参与权；要看人民在选举过程中得到了什么口头承诺，更要看选举后这些承诺实现了多少；要看制度和法律规定了什么样的政治程序和政治规则，更要看这些制度和法律是不是真正得到了执行；要看权力运行规则和程序是否民主，更要看权力是否真正受到人民监督和制约。如果人民只有在投票时被唤醒、投票后就进入休眠期，只有竞选时聆听天花乱坠的口号、竞选后就毫无发言权，只有拉票时受宠、选举后就被冷落，这样的民主不是真正的民主。①

所以说，"多数人决定"构成的民主价值必须有一个"时间轴"的量度，也就是说，"多数人决定"是制度上的一个术语，而不是简单的瞬间即逝的"事实"；要保证"多数人决定"不只是停留于形式，就必须强化制度设计，要通过"全过程"来为"多数人决定"这种民主形式设定时空范围和时空效力，从而更好地保证人民民主运行过程的高质高效。

五、任期制的"闭环性"是"全过程人民民主"的最低价值诉求

当前，对人民民主提出"全过程"的价值要求可以说是恰逢其时。尽管我国的人民代表大会制度从新中国成立前夕就已经出现端倪，早在 1940 年 1 月，毛泽东在《新民主主义论》中就明确提出，中国可以采取"全国""省""县""区"直到"乡"人民代表大会的系统，并由各级代表大会选举政府。② 1945 年 4 月，毛泽东在《论联合政府》中进一步指出："新民主主义的政权组织，应该采取民主集中制，由各级人民代表大会决定大政方针，选举政府。"并且，只有这个制度"才既能表现广泛的民主，使各级人民代表大会有高度的权力；又能集中处理国事，使各级政府能集中地处理被各级人民代表大会所委托的一切事务，并保障人民的一切必要的民主活动"。③ 但直到 2022 年《中华人民共和国地方各级人民代表大会和地方各级人民政府组织法》修改时为止，作为人民民主的制度载体，我国的人民代表大会制度

---

① 《习近平在中央人大工作会议上发表重要讲话强调坚持和完善人民代表大会制度 不断发展全过程人民民主》，《人民日报》2021 年 10 月 15 日。
② 《毛泽东选集》第 2 卷，人民出版社 1991 年版。
③ 《毛泽东选集》第 3 卷，人民出版社 1991 年版。

中的人大代表和各级人大及其常设机关的任期制的制度设计中，仍然存在着"闭环性"不够的问题。也就是说，不论是各级人大的五年任期，还是各级人大代表的五年任期，这里的"五年"在时间轴上存在着不封闭的问题，导致了人大代表以及各级人大及其常设机关履行法定职责存在时间上的不衔接，主要存在着新一届人大与老一届人大之间的履职制度衔接机制不够流畅等问题。例如，根据《宪法》、《组织法》和《代表法》，目前如果本届人大代表没有继续当选下一届人大代表的，新一届人大开会时就无法参会，但上届人大常委会在新一届人大常委会选举产生之前仍然存在并发挥作用。如果在新一届人大常委会依法选举产生之前出现了重大突发事件，导致新一届人大无法继续开会，那么，再次开会之前到底由谁来履行人大作为国家权力机关的职责，就会凸显为制度设计上的"宪法危机"。在"危机"期间，到底由新一届人大代表履职还是上一届人大代表履职或者新旧人大代表共同履职，这些"时间轴"上的问题在目前制度下基本无解。尽管在政治实践中不会因为上述制度设计导致政权运转失灵的问题，因为执政党的领导体制可以仍然有效运转，但是，作为一级国家权力机关以及组成一级国家权力机关的人大代表确实履职陷入了制度设计上的"危机"。所以说，根据目前的《中华人民共和国全国人民代表大会和地方各级人民代表大会选举法》、《组织法》和《代表法》，各级人大代表和各级人大履职的任职期间并没有明确和精准的"起点"和"终点"，因此可能会给人民代表大会制度的"全过程"运转带来制度和实践上的障碍和麻烦。

因此，关注人大代表和各级人大任期制的"闭环性"是当下发展"全过程人民民主"必须解决的制度设计难题，也是"全过程"作为科学管理理念对人民民主提出的最低限度的价值诉求。因此，"全过程人民民主"理念是人民民主理论的新发展，是人民代表大会制度不断健全和完善的法理基础，必须在法理上高度予以关注，在制度实践中采取切实有效的措施来加以完善和推进。

全过程人民民主视域下的代表议案工作研究

任佩文[*]

【摘　要】习近平总书记提出了践行全过程人民民主的新时代新命题，如何围绕这一命题推进新时代社会主义民主发展，仁者见仁智者见智。本文以代表议案工作为切入点，以习近平总书记重要讲话为指引，探索性地提出将"尊重人民首创精神，践行以人民为中心的发展思想，发展全过程人民民主"，作为践行全过程人民民主新命题的价值理念、功能作用和制度规则，由此建立分析框架和实践框架，尝试对北京市人大及其常委会代表议案工作进行了粗浅规范研究和实证研究，分析了代表议案工作的历史演变，对新时代改进和加强代表议案工作提出了对策建议。

【关键词】代表议案工作；以人民为中心的发展思想；尊重人民首创精神；发展全过程人民民主

议案是在特定会议中由合法提案主体提出的讨论、解决某一问题的办法、措施、意见和方案。各级人大及其常委会的议案由具备提议案法定资格的机构或符合法定联名人数的人大代表提出。也就是说，人大代表议案是在各级人大举行会议时，由法定的代表人数在规定的期限内提出的属于本级人大职权范围内的议事原案。人民代表大会是通过会议的方式行使职权的，因此议案的质量影响着人民代表大会会议的质量，进而也影响着人民代表大会制度运行的质量和成效。

---

*　任佩文，北京市人大常委会民宗侨外办公室副主任。

一、新时代提出新命题和新框架

2019 年 11 月 2 日，习近平总书记视察上海市长宁区虹桥街道基层立法联系点，明确提出"人民民主是一种全过程的民主"，标志着提出了发展社会主义民主的新命题。2021 年 7 月 1 日，习近平总书记在庆祝中国共产党成立 100 周年大会上的重要讲话中强调："新的征程上，我们必须紧紧依靠人民创造历史，坚持全心全意为人民服务的根本宗旨，站稳人民立场，贯彻党的群众路线，尊重人民首创精神，践行以人民为中心的发展思想，发展全过程人民民主，维护社会公平正义，着力解决发展不平衡不充分问题和人民群众急难愁盼问题，推动人的全面发展、全体人民共同富裕取得更为明显的实质性进展！"这段话围绕发展全过程民主主要是"尊重人民首创精神，践行以人民为中心的发展思想，发展全过程人民民主"。这是对我国发展全过程人民民主的新概括、新论断、新要求。这实际上科学地指出了实现全过程人民民主的价值理念、功能作用和制度规则，提出了新时代发展社会主义民主的分析框架，具有重要的理论指导意义。

第一，揭示了相对于西方民主的优越性密码。这是与以"先验理性""绝对权力""程序万能"为特征的西式民主发生根本分野的地方。因为我国的人民代表大会制度和全过程人民民主的价值理念是坚持以人民为中心，功能作用和制度规则都要服从于价值理念的统领；而西方民主制恰恰相反，认为先验理性的个人，通过万能的程序产生了绝对权力，形成了以"程序万能"为核心的西式民主体系，只要具有了"程序正义"，所有结果就都绝对合法。显然这是服务于资本获取绝对权力、维护资产阶级超级利益的一整套说辞。

第二，指明了新时代发展社会主义民主的关键。认真贯彻习近平总书记关于发展全过程人民民主的重要论述，应主要从以下几个方面进一步推进新时代社会主义民主发展：一是坚持以人民为中心的价值理念；二是用足用好尊重人民首创精神的改革动力；三是完善全链条全方位全覆盖的制度保障。

第三，提供了新时代加强和改进人大工作的标尺。如作为人民代表大会制度的重要组成部分，代表议案工作完全是按照人民代表大会制度的价值理念、功能作用和制度规则来运行的。在实践工作中，人大代表提出议案是执行代表职务，参加地方国家权力机关运行的一项重要工作，体现了广大人民群众的愿望和要求；代表正是在提出议案的过程中，密切联系群众，倾听群众呼声，深入了解民情，充分反映民意，广泛集中民智，通过人民代表大会把人民群众的意志和愿望转达到国家机关的决策和工作中，从而为全面深化改革提供源源不断的动力；认真负责地处理好代表议案，既是保障人大代表依法履职、充分发挥代表作用的重要工作，也是人大常委会贯彻全过程人民民主理念、加强人大工作、不断提升工作规范化制度化和工作效能的重要途径。

二、代表议案工作的历史演变

（一）从坚持和践行以人民为中心的发展理念来看

2022 年是"代表议案"这一概念正式写入法律 40 周年。现行的"代表议案"和"建议、批评和意见"在 1982 年之前，被统称为"代表提案"。1982 年，随着新修改的地方组织法颁布实施，代表议案被正式剥离出来，成为人大及其常委会履职的重要来源。由此开始，对代表议案的认识和实践经历了一个不断探索演进的过程。

一是强调"主权在民、监督政府"的时期。从北京市的情况来看，从 1979 年市人大设立常委会以来，代表议案主要是作为市人大及其常委会的一类"监督工作"，出现在这一时期的市人大常委会工作报告中，内容多为一些投资建设类的工作，因此在实践中主要是推动政府整合资金加快建设。

二是强调"保障代表、依法履职"的时期。2005 年 5 月 26 日，中共中央转发《中共全国人大常委会党组关于进一步发挥全国人大代表作用，加强全国人大常委会制度建设的若干意见》，即中央 9 号文件。中央 9 号文件是新形势下人大代表工作的纲领性文件。之后北京市委出台 23 号文件进行了贯彻落实，由此市人大常委会将代表议案处理工作作为代表工作的重要组成部分，在常委会工作报告中自然就放入"代表工作"的部分进行总结和报告。

三是强调"坚持法治，规范运行"的时期。2014年，党的十八届四中全会作出了《中共中央关于全面推进依法治国若干重大问题的决定》，各级人大的各方面工作都进一步法治化、规范化。人大代表议案工作面临进一步法治化规范化的任务。

（二）从用足用好尊重人民首创精神的改革动力来看

地方人大设立常委会40年来，人大代表认真履行宪法和法律赋予的职权，提出了大量高质量的议案。从八届至十五届，代表提出议案的数量总的趋势是逐届逐年增加，数量从八届的377件上升至十二届的1843件，之后逐步回落，十五届期间降至759件。代表议案内容关系到本市经济发展、社会进步、民生改善、城市建设等方方面面。

改革开放初期，代表议案内容主要集中在解决具体问题层面。近年来，代表更关注制度建设、公共服务、基本权利保障等内容。比如，交通方面，从修桥、建路，向加强规划、发展轨道交通、改善静态交通等转变；医疗卫生方面，从解决群众看病难、看病贵，向加强公共卫生服务体系和医疗保障体系建设转变；教育方面，从办学条件差，教育经费短缺，教师流动大、待遇低，向促进教育均衡高质量发展、学前教育、托幼服务等新的需求转变；社会保障方面，从解决就业难、扩大就业，向加快养老服务体系建设、完善社会保障体系转变等。

总的来看，代表议案由表面、具体问题，向深层次、综合性、法治化问题转化；由一个地区一个部门的问题，向关系到整个社会发展的、具有前瞻性的问题转化；议案处理也从解决具体问题向研究政策、创新机制、完善制度转变；需要两个以上单位处理的议案和建议数量逐渐增多。

近年来，随着北京市"接诉即办"和12345政务服务便民热线公共服务体制改革的深入推进，代表议案对于具体事项的推动作用逐渐消退。2019年，北京市人大常委会适应这一形势发展，结合代表履职活动，组织专项培训，制定"代表提出法规案工作指引"，逐步引导代表议案内容转向推动法治、提出法规案等人大职权范围内事项。

（三）从完善全链条全方位全覆盖的制度保障来看

1982 年，五届全国人大五次会议通过修改的《中华人民共和国地方各级人民代表大会和地方各级人民政府组织法》，分别在第 10 条和第 21 条规定：全国人大代表可以提出属于全国人民代表大会职权范围内的议案，由主席团决定是否列入大会议程；可以提出对各方面的建议、批评和意见，由全国人大常委会办事机构交有关机关、组织处理。因此，区分议案与建议、批评和意见，既便于代表大会集中力量审议属于自己职权范围内的重要问题，也便于代表及时向有关方面反映人民群众关心的热点难点问题。按照这一规定，1983 年，北京市八届人大一次会议审议通过了《关于议案的若干暂行规定》。

2005 年以来，随着中央下发 9 号文件，市委出台了 23 号文件，市人大常委会接着对 2006 年对代表建议、批评和意见办理条例和实施代表法办法等地方性法规进行了一致性、贯彻性修订。

2022 年初的市人民代表大会会议对市人民代表大会议事规则进行了修订，对标全国人大常委会做法对代表议案处理方式作出了调整规定，法规性议案、监督事项议案均由代表大会主席团交相应专门委员会研究处理，法规性议案由专委会提出审议结果报告供常委会审议，监督事项议案按照监督工作程序依法听取审议。理顺了代表建议与代表议案的界限，完全打通了代表议案提出处理机制，既确保国家法治统一，又有效维护了代表权利。

三、新时代改进和加强代表议案工作的对策建议

（一）进一步坚持和践行以人民为中心的发展理念

1. 要坚持发展为了人民，更好地调动各方面积极因素。新时代推进社会主义现代化建设、实现中华民族伟大复兴是全体中国人民的最根本利益，需要充分发挥人民代表大会制度的根本政治制度优势，团结一切可以团结的力量，调动一切可以调动的积极因素。人大代表议案就是其中一项促进形成共

识、达成统一意志、凝聚改革力量的有效制度和机制。因此，需要人大代表有更加清醒的认识，要紧紧围绕国家和地方改革发展稳定大局，紧紧围绕前进道路上的突出矛盾和问题，依法行使议案权。这不仅是健全民主制度、保证人民当家作主的重要形式，更是推进经济发展和社会和谐、更好地改善民生的便捷通道。

2. 要坚持发展依靠人民，更好地发挥代表议案的选题优势。当前，我国社会经济成分、利益关系、社会阶层日益多元化多样化，人民群众的利益要求和愿望也日益多样化，许多深层次的矛盾和问题通过代表议案反映出来。既有历史遗留问题，也有现实工作不到位的问题；既有现行法规、政策跟不上形势发展的问题，也有政府多个部门职能统筹的综合性问题，这就给发挥代表议案的选题优势提供了空间，给代表议案工作处理提出了新的更高要求。这是因为，面对日益复杂的经济社会发展和治理任务，必须抓住最关键最核心的问题，从主要矛盾和矛盾的主要方面抽丝剥茧，才能稳妥地处理好改革的力度和人民群众的可承受程度，有序地解决好"发展不平衡不充分问题和人民群众急难愁盼问题"，为应对未来的风险挑战和统筹解决更加艰巨的复杂任务赢得有利的时机和条件。同时只有选好议题，才能更好地落实全过程人民民主，全过程人民民主也才能发挥出更大的优势和磅礴的力量。

3. 要坚持发展成果由人民共享，更好地推进法治建设。经过改革开放40多年的发展，当前面临的很多问题已经不是简单通过增量发展就可以解决的，而是更多地需要通过法治手段对现行体制机制进行突破和改革，努力构建更高质量、更有效率、更加公平、更可持续、更为安全、更加良好的法治空间，发挥法治固根本、稳预期、利长远的保障作用；代表议案本身具有依法提出、依法审查、依法处理等天然的法治思维、法治方式、法治路径和法治效果，因此针对代表议案反映的突出问题着力加强法治建设，有利于完善以机会公平、规则公平、权利公平为主体的社会公平法律制度；在法治框架内合理调整收入分配关系，促进形成更加科学理性的收入分配秩序；构建和谐社会、建设平安中国、促进生态文明，创造充满活力、安定有序、人与自然和谐共生的良好法治环境。

（二）进一步用足用好尊重人民首创精神的改革动力

1. 要尊重人民追求中华民族伟大复兴的首创精神，有利于加快社会主义现代化建设步伐。推进社会主义现代化建设、建设社会主义现代化国家是近代以来中国人民最根本最迫切的利益所在。当今世界正经历百年未有之大变局，国际力量对比深刻调整，和平与发展仍然是时代主题，同时国际环境日趋复杂，不稳定性不确定性明显增加。我国已转向高质量发展阶段，继续发展具有多方面优势和条件，同时发展不平衡不充分问题仍然突出。代表议案工作必须围绕首都北京面临的突出问题，围绕如何推进"四个中心"建设、切实发挥好日益走进世界舞台中央大国首都的重要作用，着力全面把握新发展阶段，深入贯彻新发展理念，不断融入新发展格局，为创新发展、协调发展、绿色发展、开放发展、共享发展保驾护航，在高质量发展中促进国际一流和谐宜居之都建设。

2. 要尊重人民维护国家发展与安全的首创精神，有利于发挥"五个战略性有利条件"。习近平总书记在2022年全国"两会"期间看望参加全国政协十三届五次会议的农业界、社会福利界和社会保障界委员时，从中国共产党的坚强领导、中国特色社会主义制度的显著优势、持续快速发展积累的坚实基础、长期稳定的社会环境、自信自强的精神力量等五个方面，深刻阐明了我国发展具有的"五个战略性有利条件"。这是以习近平同志为核心的党中央把党和人民的事业放到历史长河与全球视野中谋划，从统筹中华民族伟大复兴战略全局和世界百年未有之大变局中把握重大战略机遇的高度，坚持辩证唯物主义和历史唯物主义方法论，统筹发展与安全作出的重大战略论断，既解释了我们过往为何攻无不克、战无不胜，又指引我们凝神聚力、披荆斩棘，迈向更大的成功。当前做好代表议案处理的服务和保障工作，就要对标对表这"五个战略性有利条件"，要做支持者、添秤者、推动者，而不能做落后者、添乱者。

3. 要尊重人民向往美好生活的首创精神，有利于推进共同富裕。我国进入新发展阶段，开启了全面建设社会主义现代化国家新征程，必须把促进全体人民共同富裕摆在更加重要的位置。我国经济规模已经突破114万亿元，经济实力、科技实力和综合国力迈上了一个新的大台阶，为在新的发展起点上推动共同富裕提供了更加坚实的物质基础。当前做好代表议案处理工作，就要统筹考虑需要和可能，按照经济社会发展规律循序渐进，自觉主动解决地区差距、城乡差距、收入差距等问题，不断增强人民群众获得感、幸福感、安全感。不断解放和发展生产力，充分调动人民群众的积极性、主动性、创造性，不断把"蛋糕"做大，为实现共同富裕奠定更坚实的基础。作出更有效的制度安排，完善收入分配制度，把不断做大的"蛋糕"分好，让社会主义制度的优越性得到更充分体现，在幼有所育、学有所教、劳有所得、病有所医、老有所养、住有所居、弱有所扶上持续取得新进展，让人民群众共享改革发展成果。

4. 要尊重人民崇尚民主法治和公平正义的首创精神，有利于发展全过程人民民主。全过程人民民主体现了社会主义民主政治的鲜明特点。全过程人民民主有利于充分调动人民积极性，不断增强党和国家活力，推动政党关系、民族关系、宗教关系、阶层关系和海内外同胞关系更加和谐，增强民族凝聚力。因此代表议案处理工作要着力从源头上更好地使全过程人民民主深深植根于人民之中，更好体现人民意志、保障人民权益、激发人民创造活力，确保人民依法通过代表议案更好地管理国家事务、管理经济文化事业、管理社会事务。通过代表议案处理工作既能更好找到全社会意愿和要求的最大公约数，集中力量办大事，促进现代化建设各项事业发展，有效推动物质文明、政治文明、精神文明、社会文明、生态文明协调发展；又能更好协调增进人民经济、政治、文化、社会、生态等各方面权利，真正把人民当家作主具体地、现实地体现到人民对自身利益的实现和发展上来。

（三）进一步完善全链条全方位全覆盖的制度保障

1. 要着眼代表议案工作的全链条完善代表议案选题的引导机制。代表议案选题处于代表议案工作链条的起点，是代表议案工作的龙头，决定着整个议案工作的意义和成效。因此，完善代表议案形成及处理的相关制度和机制，既要进一步细化代表议案提出、审查、处理和督办的各环节的程序，更要特别关注代表议案选题和提出的制度安排与机制完善，以便更好地发挥代表议案工作在科学决策、民主决策、依法决策中的作用。从当前实际情况来看，代表提出的议案草案主要存在两方面比较突出的问题：一是许多议案涉及的事项不属于本级人民代表大会的职权范围，因此实际上不能构成代表议案，而是应当作为建议、批评和意见或者申诉、控告等交有关机关和组织处理；二是在符合实质要件的代表议案中，很多议案调研不够深入、掌握的信息不够全面、提出的对策建议不够精准，导致对于同一个问题的意见很不一致，甚至截然相反，影响了整个议案工作的治理和实效，需要完善相关的引导制度和机制，加强同一问题的整合沟通，切实提高代表议案本身的质量，为后续处理代表议案提供坚实的基础。

2. 要着眼代表议案工作的全方位加强代表提出议案的智力支持。过去的很多工作是针对提案的代表，而且这些工作也多属于议案提出的技术要求、程序规范、时间把控等方面。实际上从提高代表议案质量的角度来看，还需要加强常委会相关工作机构、政府相关部门、议案涉及的社会群体，以及提供第三方智力支持的咨询机构等各方对代表提出议案的支撑和帮助作用。这是因为代表作为法定主体，代表相关机构和群体提出议案和建议，服务于社会治理和公共利益，所以相关的机构和人群都应该作为参与者和受益者，积极参与、共同支持，整合共商、共建工作合力，形成共治、共享的良好局面。

3. 要着眼代表议案工作的全覆盖进一步健全代表议案的处理程序。要积极适应人民对美好生活的向往的变化，不仅要关注人民对物质文化生活方面的需要，更要关注人民对民主、法治等方面要求的日益提高。要认真总结代表议案处理和督办的工作经验，进一步细化和明确代表议案提出、审查、处理、落实的程序，加大代表议案工作透明度和参与度，不断提高议案工作的质量和水平，使代表议案工作成为政府联系代表、代表联系选民的连心桥、法治桥。

全过程人民民主视野下的人民代表大会制度建设

王东勤*

【摘　要】以全过程人民民主理论为参照，分析人民代表大会制度框架中已有制度的特点和应有制度之建设，从中可获得若干启发：全过程人民民主所追求的价值理念与人民代表大会制度建设的理念相契合；全过程人民民主所期望的实践成果在人民代表大会制度建设中有具体体现；全过程人民民主所引发的广泛讨论为人民代表大会制度建设改革提供了民意基础。

【关键词】全过程人民民主；人民代表大会制度；时代内涵

"全过程人民民主"这个概念的提出有一个过程。2019年11月2日，习近平总书记考察上海市长宁区虹桥街道基层立法联系点时，第一次提出"人民民主是一种全过程的民主"。2021年3月，十三届全国人大四次会议表决通过的关于修改《中华人民共和国全国人民代表大会组织法》《中华人民共和国全国人民代表大会议事规划》（以下简称"一法一规则"）的决定，"全过程民主"被明确写入"一法一规则"。2021年7月1日，在庆祝中国共产党成立100周年大会上的重要讲话中，习近平总书记又特别提出要"践行以人民为中心的发展思想，发展全过程人民民主"，在其中加入了"人民"二字。全过程人民民主，实现了过程民主和成果民主、程序民主和实质民主、直接民主和间接民主、人民民主和国家意志相统一，是全链条、全方位、全

---

*　王东勤，北京社会主义学院教授，教研一部副主任，中央社会主义学院高端智库特约研究员。

覆盖的民主，是最广泛、最真实、最管用的社会主义民主。人民代表大会制度是按照民主集中的原则，由人民选举代表组成人民代表大会作为国家的权力机关，统一领导国家事务的政治制度。人民代表大会制度是我国的根本政治制度，是符合我国国情和实际、体现社会主义国家性质、保证人民当家作主、保障实现中华民族伟大复兴的制度。以全过程人民民主的理论框架为参照点，分析人民代表大会制度框架中已有特点和优势，对人民代表大会制度建设的改革与发展进行深入思考，这样的研究在当下具有重要意义。

一、全过程人民民主的基本内涵和实践形式

（一）全过程人民民主的基本内涵

习近平总书记首次提出全过程人民民主时就明确指出，我们走的是一条中国特色社会主义政治发展道路，人民民主是一种全过程的民主，所有的重大立法决策都是依照程序、经过民主酝酿，通过科学决策、民主决策产生的。不同于西方将选举执政党作为一个国家是否民主的评判标准，中国的人民民主在于人民的全过程参与，在于人民是不是能真正说话算数、当家作主。与西方民主理论主要通过一次性选举来确定执政党和政府合法性不同，我国的全过程人民民主实现了党的领导、人民当家作主和依法治国的有机统一。归纳起来，全过程人民民主的内涵主要体现在以下几个方面。

1. 必须坚持党的领导、人民当家作主、依法治国有机统一。党的领导是人民当家作主和依法治国的根本保证，人民当家作主是社会主义民主政治的本质特征，依法治国是党领导人民治理国家的基本方式，三者统一于我国社会主义民主政治伟大实践。在我国政治生活中，党是领导一切的，坚持党的领导、人民当家作主、依法治国有机统一，最根本的是坚持党的领导。

2. 必须积极稳妥推进政治体制改革。中国特色社会主义民主是个新事物，也是个好事物。但这并不是说，中国政治制度就完美无缺了，就不需要完善和发展了。改革开放以来，我们在坚持根本政治制度、基本政治制度的基础上，不断深化政治体制改革，推进制度体系完善和发展。仅党中央部门

就集中进行了五次改革，国务院机构集中进行了八次改革，为坚持和发展中国特色社会主义提供了重要体制机制保障。要持续推进社会主义民主政治制度化、规范化、程序化，保证人民依法通过各种途径和形式管理国家事务，管理经济文化事业，管理社会事务，巩固和发展生动活泼、安定团结的政治局面。

3. 要推动协商民主广泛、多层、制度化发展。协商民主是中国社会主义民主政治中独特的、独有的、独到的民主形式，是中国共产党领导人民在长期革命、建设、改革实践中对民主进行不懈探索而逐渐形成和发展的。[①] 习近平总书记指出，社会主义协商民主在我国有根、有源、有生命力，是中国共产党人和中国人民的伟大创造，是中国社会主义民主政治的特有形式和独特优势，是党的群众路线在政治领域的重要体现。党的十九大报告强调，推动协商民主广泛、多层、制度化发展，统筹推进政党协商、人大协商、政府协商、政协协商、人民团体协商、基层协商以及社会组织协商。加强协商民主制度建设，形成完整的制度程序和参与实践，保证人民在日常政治生活中有广泛持续深入参与的权利。人民内部各方面在重大决策之前进行充分协商，尽可能就共同性问题取得一致意见，是中国社会主义民主政治的重要形式。

（二）全过程人民民主的实践形式

习近平总书记强调："人民通过选举、投票行使权利和人民内部各方面在重大决策之前进行充分协商，尽可能就共同性问题取得一致意见，是中国社会主义民主的两种重要形式。"[②] 每年召开全国"两会"、协商民主，以及基层自治实践这一系列重要制度安排，是在我国社会主义民主政治实践中形成的。这一系列重要制度安排已成为中国共产党领导人民实现全过程人民民主的生动实践，体现了全过程人民民主把选举民主与协商民主结合起来，把

[①] 王伟：《中国特色基层协商民主制度化研究》，九州出版社 2021 年版。

[②] 习近平：《推进协商民主广泛多层制度化发展》（2014 年 9 月 21 日），《习近平谈治国理政》第 2 卷，外文出版社 2017 年版。

民主选举、民主协商、民主决策、民主管理、民主监督贯通起来的特点和优势，充分证明全过程人民民主是最广泛、最真实、最管用的社会主义民主。

1. 人民代表大会

我国人民通过人民代表大会有效行使国家权力，人民代表大会制度最大限度保障了人民当家作主。全国人民代表大会是最高国家权力机关，全国人民代表大会及其常务委员会行使国家立法权，全国人民代表大会对事关国家发展、人民利益的重大问题，包括国民经济和社会发展计划执行情况的报告、国家的预算和预算执行情况的报告行使审查和批准权等，全国人民代表大会及其常务委员会行使对宪法实施、"一府一委两院"工作等的监督权。人大代表来自人民，具有广泛代表性。在每年的全国人大会议上，近3000名全国人大代表共商国家发展大计、共议民生热点问题，党和国家领导人当面倾听意见建议，推动人民的所思所盼融入国家发展顶层设计。

2. 人民政协

人民政协是人民民主的重要实现形式，是具有中国特色的制度安排，能够有效保障人民参与国家生活和社会生活的管理。在人民政协，各党派团体、各族各界人士发挥在界别群众中的代表作用，通过提案、委员视察考察、专题调研、反映社情民意等经常性工作有效参与国家治理，最大限度集思广益、凝聚共识。在每年的全国政协会议上，全国政协委员代表各界群众参与国是、履行职责，广泛反映民意，为改革发展建言献策。全国政协委员还要列席全国人大会议，参加对有关法律修改、"一府两院"工作报告等的讨论。全国"两会"生动展现了我国全过程人民民主的广泛性和真实性，充分说明我国人民当家作主的权利真正落到了实处。

3. 协商民主

民主协商就是要充分听取各方意见、凝结各方智慧，找到社会意愿和要求的最大公约数。政策法规是对权利义务关系的调整，其能否回应人民的实际诉求是立法质量的直接表现。因此，在立法前应充分了解各方的利益诉求、实际情况与法律背后的科学原理，而这些离不开各方利益主体表达权的实现。要避免只有社会精英才能够参与立法过程、表达立法意见，基层民众只能成为沉默的大多数现象。为破解民意传送被隔断的难题，特别是基层协商在我国进行了广泛的实践，并取得良好的效果。

4. 基层自治实践

基层政府要组织创建各类民众的自治组织。民众自治组织是人民群众能够实现自治的前提条件，有了组织才能够有稳定的人员、权利、责任与议事规则，人民也才能够通过各种类型的征询会、评议会、合议会表达意见，进行决策。自治一定是在基层党委领导下的自治，只有得到有效的组织，民主才能够在自治过程中予以充分实现。除了推动建立各类组织外，还要对各类组织的决策与管理过程进行必要的监督。党员干部一定要在政策执行过程中充分了解和听取民意，观察政策执行是否真正体现民意、解决民困、反映最广大群众的利益诉求。

二、人民代表大会制度的历史发展和现实运行

（一）人民代表大会制度的历史发展

在中国建立什么样的政治制度，是近代以后中国人民面临的一个历史性课题。为解决这一历史性课题，中国人民进行了艰辛探索。1840 年鸦片战争后，中国逐步沦为半殖民地半封建社会，到底该向何处去？在那个风云变幻、苦难深重的乱世，各派政治人物纷纷登场，都没能找到正确答案；君主立宪制、议会制、多党制、总统制等各种西式"药方"，都未能医治疾病缠身的旧中国。正如习近平总书记深刻指出的，不触动旧的社会根基的自强运动，各种名目的改良主义、旧式农民战争、资产阶级革命派领导的民主主义革命，照搬西方政治制度模式的各种方案，都不能完成中华民族救亡图存和反帝反封建的历史任务，都不能让中国的政局和社会稳定下来，也都谈不上为中国实现国家富强、人民幸福提供制度保障。

1921 年中国共产党的成立，使中国向何处去的问题有了正确答案。中国共产党高高擎起马克思主义大旗，从一开始就肩负起为中国人民谋幸福、为中华民族谋复兴的历史使命；从一开始就探索适合中国国情、保证人民当家

作主的新型政治制度。

大革命时期，我们党领导工农运动，在城市建立罢工工人代表大会和市民代表会议，在农村组建农民协会，进行了政权建设的最初探索。土地革命战争时期，我们党领导人民建立苏维埃政权，实行工农兵代表大会制度。1931 年 11 月 7 日，中华苏维埃第一次全国代表大会在江西瑞金召开，大会通过《中华苏维埃共和国宪法大纲》，选举产生了中华苏维埃共和国中央执行委员会，宣告了中华苏维埃共和国成立。这是中国历史上第一个全国性的工农民主政权，是中国共产党在局部地区执政的重要尝试。

抗日战争时期，我们党领导建立了抗日民族统一战线性质的政权，陕甘宁边区实行了以"三三制"为原则的参议会制度。毛泽东在《新民主主义论》《论联合政府》中提出了建立人民代表大会制度的构想，但由于历史条件所限，这一构想未能在抗战时期实行。

解放战争时期，我们党在各解放区相继召开人民代表会议。1948 年 8 月，华北临时人民代表大会在河北省石家庄市召开，大会选举产生了华北人民政府，为夺取全国政权、建立中央人民政府进行了探索性试验。

新中国成立前夕，1949 年 9 月，中国人民政治协商会议第一届全体会议召开，通过具有临时宪法地位的《中国人民政治协商会议共同纲领》，宣告新中国实行人民代表大会制度。

新中国成立后，1954 年 9 月 15 日，第一届全国人民代表大会第一次会议在北京中南海怀仁堂隆重开幕。这次会议标志着人民代表大会制度作为新中国的根本政治制度，在全国范围内建立起来。

回顾这段历史，我们就能更加深刻领会习近平总书记的重要论断："在中国实行人民代表大会制度，是中国人民在人类政治制度史上的伟大创造，是深刻总结近代以后中国政治生活惨痛教训得出的基本结论，是中国社会 100 多年激越变革、激荡发展的历史结果，是中国人民翻身作主、掌握自己命运的必然选择。"

（二）人民代表大会制度的现实运作

党的十八大以来，以习近平同志为核心的党中央从坚持和完善中国特色社会主义制度、推进国家治理体系和治理能力现代化的战略高度，推进人民代表大会制度理论和实践创新，形成习近平总书记关于坚持和完善人民代表大会制度的重要思想，推动人大工作取得历史性成就，人民代表大会制度更加成熟、更加定型。

1. 加强党对人大工作的全面领导

党中央加强对人大制度建设和人大工作的集中统一领导，支持全国人大及其常委会依法行使职权，召开中央人大工作会议，完善党领导人大工作的制度机制，相继出台关于人大工作的重要指导性文件约30件。通过人民代表大会制度，保证党的路线方针政策和决策部署在国家工作中得到全面贯彻和有效执行。

2. 把宪法实施提高到一个新的水平

党中央把宪法实施摆在治国理政的突出位置，推动宪法与时俱进、全面实施。2018年，全国人大通过了第五个宪法修正案，把党和人民在实践中取得的重大理论创新、实践创新、制度创新成果以国家根本法确认下来，为实现中华民族伟大复兴的中国梦夯实法治保障、汇聚磅礴力量。

3. 中国特色社会主义法律体系日臻完善

党的十八大以来，立法工作呈现任务重、覆盖广、节奏快、质量高的特点。全国人大及其常委会新制定法律69件、修改法律237件，通过有关法律问题和重大问题的决定99件，作出立法解释9件。迄今现行有效的法律有292件。

4. 实行正确监督、有效监督、依法监督

聚焦党中央大政方针和决策部署、聚焦人民群众所思所盼所愿，推动解决制约经济社会发展的突出矛盾和问题，这是人大监督工作的突出特点。10年来，全国人大常委会听取审议150多个关于监督工作的报告，检查50余部法律的实施情况，开展25次专题询问和45项专题调研，助力经济社会发展和改革攻坚任务。

5. 更好发挥人大代表作用

近3000名全国人大代表牢记重托，忠实代表人民利益和意志，依法执行代表职务，展现了新时代人大代表的责任担当和良好风采。出台关于加强和改进全国人大代表工作的 35 条具体措施等一系列制度规范，推进代表工作制度化、规范化、常态化。认真办理代表议案和建议，推动解决了一批事关改革发展稳定和群众切身利益的突出问题。

三、全过程人民民主视野下的人民代表大会制度建设

改革开放以来，党坚定不移地推进社会主义民主法治建设，人民代表大会制度焕发出新的生机活力。实践证明，全过程人民民主愈发展，人民代表大会制度就愈完善。积极发展全过程人民民主是坚持和完善人民代表大会制度的必由之路。

（一）全过程人民民主有利于以新视角思考问题

1. 全过程人民民主符合中国国情

习近平总书记在致 2021·南南人权论坛的贺信中强调，"中国共产党始终是尊重和保障人权的政党"。中国坚持以人民为中心，把人民利益放在首位，以发展促进人权，推进全过程人民民主，促进人的自由全面发展，成功走出一条符合时代潮流的人民民主发展道路，推动中国人民民主事业取得了显著成就。我们实现的人民民主是全链条、全方位、全覆盖的全过程民主，能够确保党和国家在决策执行、监督落实等环节都能听到人民的声音。中国共产党积极探索民主政治发展规律，不断推进全过程人民民主。全过程人民民主这一重大政治理念对深化人民代表大会制度理论研究具有重大指导意义。

2. 全过程人民民主保障人民权益

中国人民享有的政治权利，是在民主选举、民主协商、民主决策、民主管理、民主监督过程中实现的权利。全过程人民民主不仅体现在政治权利上，更涵盖了经济、文化、社会、生态文明等各个方面的权利。这使得人民能够广泛参与管理国家社会事务和经济文化事业，并可以在日常生活中充分

行使民主权利。通过推进全过程人民民主，每个人都具有多重民主角色，可以关注国家发展大事、社会治理难事、日常生活琐事，从而实现了实践上的连续性、理论上的整体性、运用上的协同性、人民参与的广泛性和实际性。

3. 健全人民代表大会制度

只有积极发展全过程人民民主，才能不断推进人民代表大会及其常委会的选举制度、组织制度、议事制度、立法制度、监督制度、代表联系人民群众制度、会议制度、工作制度等不断完善，确保人民通过人民代表大会制度牢牢把国家权力掌握在自己手中，把国家和民族的前途命运掌握在自己手中，为最大多数人民谋利益、谋幸福，让人民代表大会制度的优越性和显著的制度优势更加充分地发挥出来。

（二）全过程人民民主对建设人民代表大会制度的启示性

习近平总书记系统论述了全过程人民民主这一重大理念，指出人民代表大会制度是实现我国全过程人民民主的重要制度载体。全过程人民民主是人民代表大会制度设计和安排的一条主线。全过程人民民主是社会主义民主的本质属性，彰显了国家一切权力属于人民的宪法理念；体现了我们党全心全意为人民服务的根本宗旨；突出了"全过程"是社会主义民主的鲜明特征。

1. 全过程人民民主所追求的价值理念与人民代表大会制度建设的理念相契合

习近平总书记指出，人民民主是社会主义的生命，没有民主就没有社会主义，就没有社会主义的现代化，就没有中华民族伟大复兴；人民当家作主是社会主义民主政治的本质和核心；我国全过程人民民主是全链条、全方位、全覆盖的民主，是最广泛、最真实、最管用的社会主义民主。我们要继续推进全过程人民民主建设，把人民当家作主具体地、现实地体现到党治国理政的政策措施上来，具体地、现实地体现到党和国家机关各个方面各个层级工作上来，具体地、现实地体现到实现人民对于美好生活向往的工作上来。①

① 习近平：《在中央人大工作会议上的讲话》，《求是》2022 年第 5 期。

这些新思想新观点新论断深刻表明，全过程人民民主是中国特色社会主义的生命，也是我国人民代表大会制度的生命。发展全过程人民民主，是新时代坚定人民代表大会制度的基础工程，只有发展全过程人民民主，把选举民主与协商民主有机统一起来，把民主参与、民主管理、民主决策、民主监督贯通起来，把人民当家作主的精神、人民代表大会制度的人民性和先进性、人民民主的广泛性和全面性、民主参与的有序性和完整性、民主功能的管用性和实效性充分体现出来，增强民主自信，才能坚定人民代表大会制度自信。

2. 全过程人民民主所期望的实践成果在人民代表大会制度建设中有具体体现

人民代表大会是我国最高权力机关，统一行使国家权力。国家行政机关、审判机关和检察机关都由人大产生，对人大负责，受人大监督，体现了一切权力属于人民的政治实质，是人民行使国家权力的根本途径和有效形式。人民代表大会制度是议行合一的制度，人民代表大会及其常委会实行民主集中制原则，充分发扬民主，集体行使职权。正如毛泽东所指出的："它是民主的，又是集中的，就是说，在民主基础上的集中，在集中指导下的民主。只有这个制度，才既能表现广泛的民主，使各级人民代表大会有高度的权力；又能集中处理国事，使各级政府能集中地处理被各级人民代表大会所委托的一切事务，并保障人民的一切必要的民主活动。"

只有积极发展全过程人民民主，才能在这个制度载体上不断扩大人民有序政治参与的途径、渠道、方式、程序，确保人民依法享有广泛权利和自由，确保党和国家在决策、执行、监督、落实各个环节都能听到人民的声音，广泛吸纳民意、汇集民智，确保把人民的知情权、参与权、表达权、监督权落到实处。只有积极发展全过程人民民主，才能推进人民代表大会及其常委会的选举制度、组织制度、议事制度、立法制度、监督制度、代表联系人民群众制度、会议制度、工作制度等不断完善，确保人民通过人民代表大会制度牢牢把国家权力掌握在自己手中，把国家和民族的前途命运掌握在自己手中，为最大多数人民谋利益、谋幸福，让人民代表大会制度的优越性和显著的制度优势更加充分地发挥出来。

3. 全过程人民民主不断丰富人民代表大会制度的时代内涵

党的十八大以来，中国特色社会主义进入新时代，我国社会的主要矛盾已经由人民日益增长的物质文化需要同落后的社会生产之间的矛盾，转化为人民日益增长的美好生活需要和不平衡不充分的发展之间的矛盾。随着全面建成小康社会目标的实现，人民对民主、法治、公平、正义、安全、环境等方面的需求日益增长，适应发展变化的新形势新任务，必须毫不动摇坚持、与时俱进完善人民代表大会制度。在全面建设社会主义现代化国家新征程中，坚持和完善人民代表大会制度，必须积极发展全过程人民民主，不断丰富人民代表大会制度的时代内涵和实践内涵。要围绕百年未有之大变局、新发展理念和新发展格局，围绕重点领域的重大改革和人民群众对美好生活的向往，抓住高质量立法这个关键，发挥好人大及其常委会在立法工作中的主导作用，深入推进科学立法、民主立法、依法立法。要坚持正确监督、有效监督、依法监督相统一，不断拓宽人民监督的渠道，增强人大监督的刚性和实效，让法律成为人大监督的"利剑"，让权力在阳光下运行，用制度的笼子管住权力，用法治的缰绳驾驭权力。要充分认识把握人大代表法定职责定位，完善人大代表联系人民群众、联系各级国家机关的体制机制，进一步畅通拓宽听取人民群众意见建议、反映社情民意、积极回应社会关切的体制机制，使发挥各级人大代表作用成为人民当家作主的重要体现，确保人民代表人民选、人民代表为人民，确保人民代表大会制度不变质、不变色、不变味。

总之，通过对全过程人民民主的分析梳理，以其独特的视角来反观人民代表大会制度建设和改革发展，有助于我们坚信，新时代只有积极发展全过程人民民主，才能推动人民代表大会制度不断巩固发展和完善，为全面建设社会主义现代化国家、实现中华民族伟大复兴的中国梦提供根本政治制度保障。

坚持和完善人民代表大会制度

张　勇[*]

【摘　要】中国共产党把马克思主义基本原理与中国具体实际相结合，在长期奋斗和实践探索中建立了全新的人民代表大会制度。伴随着中国特色社会主义的伟大历史实践，人民代表大会制度不断得到巩固、完善和发展，为改革开放和社会主义现代化建设提供了有力的根本政治制度保障。新时代，我们应当深入学习贯彻习近平总书记关于坚持和完善人民代表大会制度的重要思想，坚定制度自信，坚持问题导向，不断推进人大制度在理论研究和实践发展上取得新成就。

【关键词】人民代表大会制度；政治制度；政治发展

习近平总书记指出，"人民代表大会制度是中国特色社会主义制度的重要组成部分，也是支撑中国国家治理体系和治理能力的根本政治制度"[①]；"人民代表大会制度是坚持党的领导、人民当家作主、依法治国有机统一的根本政治制度安排，必须长期坚持、不断完善"[②]。人民代表大会制度建立以来，特别是改革开放40多年来，在党中央坚强领导下，人民代表大会制度与时俱进、完善发展，焕发出蓬勃生机和活力，在中国特色社会主义的伟大实

---

[*] 张勇，中共中央党校（国家行政学院）政治和法律教研部副教授。

[①] 习近平：《在庆祝全国人民代表大会成立六十周年大会上的讲话》，《求是》2019 年第18 期。

[②] 习近平：《决胜全面建成小康社会 夺取新时代中国特色社会主义伟大胜利——在中国共产党第十九次全国代表大会上的报告》，人民出版社 2017 年版。

践中展现出巨大优势和功效，成为国家经济社会发展的坚强制度基础。

一、人民代表大会制度的创立、发展及其伟大作用

习近平总书记指出："以什么样的思路来谋划和推进中国社会主义民主政治建设，在国家政治生活中具有管根本、管全局、管长远的作用。古今中外，由于政治发展道路选择错误而导致社会动荡、国家分裂、人亡政息的例子比比皆是。"① "设计和发展国家政治制度，必须注重历史和现实、理论和实践、形式和内容有机统一。要坚持从国情出发、从实际出发，既要把握长期形成的历史传承，又要把握走过的发展道路、积累的政治经验、形成的政治原则，还要把握现实要求、着眼解决现实问题，不能割断历史，不能想象突然就搬来一座政治制度上的'飞来峰'。"② 这一论述，讲清楚了一个国家怎样才能建立好的政治制度，也是对我们党领导人民探索建立发展人民代表大会制度的规律性总结。

1840 年鸦片战争后，中国逐渐沦为半殖民地半封建国家。围绕建立什么样的政治制度，中国人民进行了艰辛探索。中国尝试过君主立宪制、议会制、多党制、总统制等各种形式，都没有改变国家一盘散沙、人民苦难深重的局面。1921 年中国共产党成立，从一开始就肩负起为中国人民谋幸福、为中华民族谋复兴的历史重任。经过浴血奋战和不断探索，中国共产党人找到了适合中国国情的根本政治制度，这就是共产党领导的、人民当家作主的、民主集中制的人民代表大会制度。

中国共产党第一次全国代表大会通过党的第一个纲领，明确提出"本党承认苏维埃管理制度，把工人、农民和士兵组织起来"。在第一次国内革命战争时期，我们党领导工农运动，在城市建立罢工工人代表大会和市民代表

---

① 习近平：《在庆祝全国人民代表大会成立六十周年大会上的讲话》，《求是》2019 年第 18 期。
② 习近平：《在庆祝全国人民代表大会成立六十周年大会上的讲话》，《求是》2019 年第 18 期。

会议，在农村组建农民协会，进行了政权建设的最初探索。

在土地革命战争时期，我们党领导人民建立苏维埃政权，实行工农兵代表大会制度。1931 年 11 月 7 日，中华苏维埃第一次全国代表大会在江西瑞金召开，通过《中华苏维埃共和国宪法大纲》，选举产生中华苏维埃共和国临时中央政府，选举毛泽东为中央执行委员会主席和人民委员会主席。除中央苏区外，其他革命根据地也建立起苏维埃政权。党领导的苏维埃政权是工农民主专政的新型政权，工农兵代表大会制度具有了人民代表大会制度的基本形态。

抗日战争时期，我们党领导建立了抗日民族统一战线性质的政权，陕甘宁边区实行了以"三三制"为原则的参议会制度。1939 年 1 月，陕甘宁边区召开第一届参议会第一次会议，正式成立陕甘宁边区政府。经过这些探索，1940 年 1 月，毛泽东在《新民主主义论》中指出："中国现在可以采取全国人民代表大会、省人民代表大会、县人民代表大会、区人民代表大会直到乡人民代表大会的系统，并由各级代表大会选举政府。"[1] 1945 年 4 月，毛泽东在《论联合政府》中进一步指出："新民主主义的政权组织，应该采取民主集中制，由各级人民代表大会决定大政方针，选举政府。"[2] 这表明我们党在总结实践经验的基础上，提出了建立人民代表大会制度的构想。由于历史条件的限制，这一构想没有在抗战时期实行起来。

解放战争时期，我们党在各解放区相继召开人民代表会议，向正式建立人民代表大会制度过渡。1948 年 8 月，华北临时人民代表大会在石家庄召开，这是新中国成立前第一次冠以"人民代表大会"的权力机构，大会选举产生了华北人民政府，为夺取全国政权、建立中央人民政府进行了探索性试验。董必武在开幕词中说："我们华北临时人民代表大会已经宣布开幕了，它是一个临时性的，而且也是华北一个地区的。但是，它将成为全国人民代

---

① 《毛泽东选集》第 2 卷，人民出版社 1991 年版，第 677 页。
② 《毛泽东选集》第 3 卷，人民出版社 1991 年版，第 1057 页。

表大会的前奏和雏形。"① 1949 年 7 月，石家庄市第一次人民代表大会召开，选举产生市人民政府委员会。石家庄成为全国第一个召开人民代表大会的城市。

1949 年 9 月，中国人民政治协商会议第一届全体会议召开，通过具有临时宪法地位的《中国人民政治协商会议共同纲领》，宣告新中国实行人民代表大会制度。

1954 年 9 月，第一届全国人民代表大会第一次会议在北京召开，通过新中国第一部宪法，标志着人民代表大会制度在全国范围内建立起来，开辟了中国人民当家作主的历史新纪元。

历史充分说明，人民代表大会制度作为我国的根本政治制度，不是凭空设想出来的，也不是从外国照搬过来的，是我们党把马克思主义基本原理同中国具体实际相结合、领导人民经过长期奋斗和探索得来的。只有熟悉这段历史，我们才能更加深刻地、充分地领会习近平总书记指出的："在中国实行人民代表大会制度，是中国人民在人类政治制度史上的伟大创造，是深刻总结近代以后中国政治生活惨痛教训得出的基本结论，是中国社会 100 多年激越变革、激荡发展的历史结果，是中国人民翻身作主、掌握自己命运的必然选择。"② 对我们党领导人民历尽千辛万苦、付出各种代价建立的国家根本政治制度，必须倍加珍惜，切实坚持好、完善好、实践好。

1978 年 12 月，党的十一届三中全会作出以经济建设为中心、实行改革开放的历史性决策，明确提出"发扬社会主义民主，健全社会主义法制"，人民代表大会制度进入新的历史发展阶段。我们党把社会主义民主法治建设摆在极其重要的位置，推动人民代表大会制度不断得到巩固、完善和发展，为改革开放和社会主义现代化建设提供了有力的根本政治制度保障。

第一，保证了党领导人民有效治理国家。人民代表大会制度是我们党实

---

① 董必武：《人民的世纪，人民的会议》（1948 年 8 月 7 日），《董必武选集》，人民出版社 1985 年版。

② 习近平：《在庆祝全国人民代表大会成立六十周年大会上的讲话》，《求是》2019 年第 18 期。

施对国家和社会领导的重要制度载体。党发挥总揽全局、协调各方的领导核心作用，通过人民代表大会制度，保证党的主张通过法定程序成为国家意志；保证党组织推荐的人选通过法定程序成为国家政权机关的领导人员；保证党的路线方针政策和决策部署在国家工作中得到全面贯彻和有效执行。40多年来，党通过人民代表大会制度，倾听人民呼声，集中人民智慧，维护人民利益，广泛调动、充分发挥人民群众积极性、主动性、创造性，团结和动员全体人民以国家主人翁的地位投身改革开放和社会主义现代化建设。在党的领导下特别是党中央集中统一领导下，各国家机关依法行使职权，形成工作合力，国家统一有效地组织各项事业、开展各项工作。改革开放以来，根据党中央的部署要求，全国人大批准了 9 个国民经济和社会发展五年规划（计划），各国家机关和各方面认真执行规划（计划），推动经济社会持续快速发展，取得了辉煌成就。实践充分证明，人民代表大会制度是一套有效保证能干事、干好事、干成事的政治制度，能够保证党领导人民有效治理国家，能够集中力量办大事，能够保证党和国家事业的连续性和稳定性，能够保证国家工作的制度化法律化，能够凝聚各方面力量为实现国家发展目标不懈奋斗。

第二，夯实了中国特色社会主义制度的根基。改革开放是一场深刻革命，必须坚持正确方向，沿着正确道路前进。改革开放的创新成果，党的领导和社会主义制度的根本，都需要通过宪法、通过人民代表大会制度予以确认和保障。1982 年 12 月 4 日，五届全国人大五次会议通过并公布施行现行宪法。之后，全国人大先后通过 5 个《中华人民共和国宪法修正案》，把党和人民在实践中取得的重大理论创新、实践创新、制度创新成果写入《中华人民共和国宪法》（以下简称《宪法》）。我国《宪法》以国家根本法的形式，确认了中国共产党领导中国人民进行革命、建设、改革的伟大斗争和根本成就，确立了工人阶级领导的、以工农联盟为基础的人民民主专政的社会主义国家的国体和人民代表大会制度的政体，确认了中国共产党的领导地位，确定了国家的根本任务、指导思想、发展道路、奋斗目标，规定了国家基本政治制度、基本经济制度和一系列大政方针等，是党和人民意志的集中体现，是党和国家各方面工作的根本准则。人民代表大会制度作为国家根本政治制度，集中体现了国家政权性质和国家活动的基本原则，集中体现了坚持党的领导、人民当家作主、依法治国有机统一的社会主义民主政治的优势和特点。40 多年来，党领导人民全面贯彻实施《宪法》确立的一系列制度、原则和规则，保证了改革开放和社会主义现代化建设在中国特色社会主义道路上稳步前进、不断取得新成就。党领导人民坚持和完善人民代表大会制度，坚定不移走中国特色社会主义政治发展道路，始终保持清醒头脑和政治定力，不搞所谓"西方宪政""三权分立""多党制"，绝不照搬西方政治制度模式，绝不放弃我国社会主义政治制度的根本。

第三，支持和保证了人民当家作主。党的十九大报告强调，要坚持人民主体地位，健全人民当家作主制度体系，加强人民当家作主制度保障。坚持人民主体地位，就是要坚持国家一切权力属于人民，支持和保证人民通过人民代表大会行使国家权力。加强人民当家作主制度保障，最根本的就是坚持和完善人民代表大会制度。40 多年来，我国选举制度不断健全完善，人大代表直接选举的范围扩大到县，实行普遍的差额选举，实现城乡按照相同人口比例选举人大代表，先后进行了 11 次乡级人大代表直接选举、10 次县级人大代表直接选举，充分保障了人民的选举权和被选举权。维护社会公平正义、保障公民权利的法律制度不断完善，《宪法》明确规定，国家尊重和保障人权，全国人大及其常委会制定民事、刑事、经济、社会等方面的一系列法律，切实保证人民依法享有广泛的权利和自由。公民有序政治参与逐步扩大，人大审议的法律法规草案都公开征求社会公众的意见，各国家机关都建立起联系群众、听取意见、接受监督、回应社会关切的机制，畅通社情民意的反映和表达渠道。260 多万名各级人大代表发挥来自人民、植根人民的特点和优势，听取和反映群众的愿望心声，提出议案和建议。各国家机关认真办理代表议案和建议，推动解决人民群众的实际困难和问题。通过人民代表大会制度这一套完整的制度设计和有效的运行实践，人民当家作主具体地、现实地体现到了国家政治生活和社会生活之中。

第四，推动法治中国建设取得巨大成就。人民代表大会制度是推进全面依法治国的重要制度平台，全国人大和地方各级人大在社会主义法治国家建设中责任重大、作用重要。通过人民代表大会制度，大力弘扬社会主义法治精神，推进科学立法、严格执法、公正司法、全民守法，依照人大及其常委会制定的法律法规来展开和推进国家各项事业和各项工作，实现国家各项工作法治化。40 多年来，全国人大及其常委会不断加强对宪法的实施和监督，特别是党的十八大以来，全国人大常委会作出设立国家宪法日、建立宪法宣誓制度的决定，健全宪法解释程序机制，加强合宪性审查工作，大力弘扬宪法精神，树立宪法权威，维护宪法尊严。以宪法为核心的中国特色社会主义法律体系如期形成并不断完善，科学立法、民主立法、依法立法深入推进，立法工作取得了举世瞩目的重大成就。截至 2022 年 6 月底，我国现行有效的法律 292 件；截至 2021 年 9 月 8 日，我国现行有效的行政法规 611 件；我国目前有效的地方性法规 12000 多件；国家和社会生活各方面已经实现了有法可依。加强和改进人大监督工作，形成执法检查、听取审议工作报告、专题询问等一套行之有效的监督制度和机制。40 多年来，全国人大常委会累计检查百余部法律实施情况，听取审议"一府两院"专项工作报告 300 多个，保证了宪法法律有效实施，促进了依法行政、公正司法。自1985 年以来，全国人大常委会深入贯彻党中央决策部署，在每个五年普法规划实施之际，都作出有关开展法治宣传教育的决议，同时听取和审议有关普法决议实施情况的专项工作报告，推动全社会法治观念明显增强，社会治理法治化水平明显提高。

回顾改革开放 40 多年来人民代表大会制度发展历程和取得的成就，我们可以看到，人民代表大会制度是符合中国国情和实际、体现社会主义国家性质、保证人民当家作主、保障实现中华民族伟大复兴的好制度。在政治制度模式上，我们应当有咬定青山不放松、任尔东西南北风的政治定力，坚定对中国特色社会主义政治制度的自信，增强走中国特色社会主义政治发展道路的信心和决心，毫不动摇坚持、与时俱进完善人民代表大会制度。

二、新时代坚持和完善人民代表大会制度的指导思想①

党的十八大以来，以习近平同志为核心的党中央高度重视、全面加强党对人大工作的领导，推动人大工作取得历史性成就。习近平总书记就坚持和完善人民代表大会制度、发展社会主义民主政治发表一系列重要论述，科学阐述了国家根本政治制度的历史必然、特点优势、实践要求，明确提出了做好新时代人大工作的重大原则、思路举措、重点任务。

第一，坚持中国共产党的领导。党政军民学，东西南北中，党是领导一切的，是最高政治领导力量。必须坚持党总揽全局、协调各方的领导核心作用，维护党中央权威和集中统一领导，通过人民代表大会制度，保证党的路线方针政策和决策部署在国家工作中得到全面贯彻和有效执行，使党的主张通过法定程序成为国家意志，使党组织推荐的人选通过法定程序成为国家政权机关的领导人员，保证党领导人民有效治理国家。

第二，坚持走中国特色社会主义政治发展道路。这条道路是近代以来中国人民长期奋斗历史逻辑、理论逻辑、实践逻辑的必然结果，是坚持党的本质属性、践行党的根本宗旨的必然要求。坚持正确的政治发展道路是关系根本、关系全局的重大问题。我们需要借鉴人类政治文明的有益成果，但绝不照搬西方政治制度模式，绝不放弃我国社会主义政治制度的根本。

第三，坚持和完善人民代表大会制度。人民代表大会制度是坚持党的领导、人民当家作主、依法治国有机统一的根本政治制度安排，支撑中国国家治理体系和治理能力，集中体现社会主义民主政治的特点和优势。必须长期坚持、全面贯彻、不断发展人民代表大会制度，充分发挥国家根本政治制度作用，通过人民代表大会制度牢牢把国家和民族前途命运掌握在人民手中。

---

① 栗战书：《加强理论武装，增强"四个意识"，推动新时代人大制度和人大工作完善发展——在深入学习贯彻习近平总书记关于坚持和完善人民代表大会制度的重要思想交流会上的讲话》（2018 年 9 月 26 日），http://www.npc.gov.cn/npc/c34197/201810/b073983168b647a3a8f4879a54a02a62.shtml。

第四，坚持人民当家作主。人民当家作主是我们党矢志不渝的奋斗目标。发展社会主义民主政治就是要体现人民意志、保障人民权益、激发人民创造活力，用制度体系保证人民当家作主。必须坚持国家一切权力属于人民，坚持人民主体地位，支持和保证人民通过人民代表大会行使国家权力，发展更加广泛、更加充分、更加健全的人民民主，不断解决好人民最关心最直接最现实的利益问题。

第五，坚持全面依法治国。坚定不移走中国特色社会主义法治道路，建设中国特色社会主义法治体系，建设社会主义法治国家。通过人民代表大会制度，弘扬社会主义法治精神，依照人民代表大会及其常务委员会制定的法律法规来展开和推进国家各项事业和各项工作，保证人民平等参与、平等发展权利，维护社会公平正义，尊重和保障人权，实现国家各项工作法治化。

第六，坚持民主集中制。民主集中制是中国国家组织形式和活动方式的基本原则。坚持人民代表大会统一行使国家权力，实行决策权、执行权、监督权既有合理分工又有相互协调，保证国家机关依照法定权限和程序行使职权、履行职责，坚持在党中央统一领导下，充分发挥地方主动性和积极性，保证国家统一高效组织推进各项事业。

第七，坚持全面贯彻实施宪法。坚持依法治国首先要坚持依宪治国，坚持依法执政首先要坚持依宪执政。全面贯彻实施宪法是建设社会主义法治国家的首要任务和基础性工作。必须把宣传和树立宪法权威作为全面推进依法治国的重大事项抓紧抓好，健全宪法实施监督机制和程序，把全面贯彻实施宪法提高到一个新水平。

第八，坚持以良法促进发展、保障善治。完善以宪法为核心的中国特色社会主义法律体系，把发展改革决策同立法决策更好结合起来，加强重要领域立法，确保国家发展、重大改革于法有据。抓住提高立法质量这个关键，推进科学立法、民主立法、依法立法，遵循和把握立法规律，使每一项立法都符合宪法精神、反映人民意志、得到人民拥护。

第九，坚持正确监督、有效监督。人民代表大会制度的重要原则和制度设计的基本要求，就是任何国家机关及其工作人员的权力都要受到制约和监督。在我们的政治体制中，人大就是要对"一府两院"起监督作用。人大要把宪法法律赋予的监督权用起来，坚持监督和支持相结合，确保法律法规得到有效实施，确保党中央重大决策部署贯彻落实。

第十，坚持民有所呼、我有所应。各级国家机关加强同人大代表的联系、加强同人民群众的联系，是实行人民代表大会制度的内在要求，是人民对自己选举和委派代表的基本要求。要紧紧抓住人民代表大会这一主要民主渠道，把加强同人大代表和人民群众的联系作为对人民负责、受人民监督的重要内容，虚心听取人大代表、人民群众意见和建议，积极回应社会关切，自觉接受人民监督。

习近平总书记关于人大制度和人大工作的重要论述还有很多，并且在不断丰富发展、与时俱进。习近平总书记关于坚持和完善人民代表大会制度的重要思想在理论上和实践中都产生了深刻影响，有力推动了人民代表大会制度的理论研究工作和实践创新发展。

三、进一步坚持和完善人民代表大会制度

改革开放 40 多年来，我们党带领人民坚持从国情和实际出发，走自己的路，在人民代表大会制度完善发展的实践中，不断总结、继承、完善、提高，逐渐积累和形成了许多宝贵经验。这些经验也是今后坚持和完善人民代表大会制度、做好人大工作需要牢牢把握的重要原则。①

一是始终坚持党的领导特别是党中央集中统一领导。中国共产党领导是中国特色社会主义最本质的特征。坚持党的领导是人民代表大会制度的本质要求和最大优势，是做好人大工作的根本保证和关键所在。必须旗帜鲜明讲政治，牢固树立政治意识、大局意识、核心意识、看齐意识，坚持党对人大工作的全面领导，坚决维护习近平总书记的核心地位，坚决维护党中央权威和集中统一领导，自觉在思想上政治上行动上同党中央保持高度一致，严格

---

① 全国人大常委会机关党组：《长期坚持、不断完善人民代表大会制度——改革开放 40 年坚持和完善人民代表大会制度的成就和经验》，《求是》2018 年第 22 期。

执行向党中央请示报告制度，坚决贯彻落实党的路线方针政策和党中央重大决策部署，通过人民代表大会制度，把坚持党的领导、人民当家作主、依法治国三者真正打通、有机统一起来。

二是始终坚持人民当家作主。人民当家作主是社会主义民主政治的本质和核心。人民代表大会制度是人民当家作主的重要途径和最高实现形式。必须坚定不移走中国特色社会主义政治发展道路，发展更加广泛、更加充分、更加健全的人民民主，保证人民依照法律规定，通过各种途径和形式，管理国家事务，管理经济文化事业，管理社会事务。各国家机关及其工作人员必须保持同人民的密切联系，自觉接受人民监督，努力为人民服务。国家制定实施的法律法规和方针政策必须体现人民意志、尊重人民意愿、得到人民拥护，维护最广大人民根本利益。国家各方面事业和各方面工作必须坚持以人民为中心的发展思想，不断满足人民日益增长的美好生活需要，促进人的全面发展。

三是始终坚持全面依法治国。全面依法治国是中国特色社会主义的本质要求和重要保障。必须坚持走中国特色社会主义法治道路，坚持党对全面依法治国的领导，加快建设中国特色社会主义法治体系，建设社会主义法治国家。要以宪法为根本活动准则，加强宪法宣传教育和全面贯彻实施工作，维护宪法尊严和权威。要坚持立法先行，抓住提高立法质量这个关键，不断完善中国特色社会主义法律体系，以良法促进发展、保障善治。要加强对宪法法律实施的监督，坚决纠正违宪违法行为，促进各国家机关严格依法行使权力、履行职责。要深入开展法治宣传教育，建设社会主义法治文化，在全社会形成尊法学法守法用法的氛围。

四是始终坚持民主集中制。民主集中制是我国国家组织形式和活动方式的基本原则。必须坚持人民通过民主选举产生自己的代表，通过代表反映人民的意见和要求，通过人民代表大会代表人民决定国家和地方的大事。坚持人民代表大会统一行使国家权力，实行决策权、执行权、监督权，既有合理分工又有相互协调，保证各国家机关在党的领导下依法协调高效开展工作。坚持在中央统一领导下，充分发挥地方主动性和积极性。人大及其常委会要按照民主集中制原则，充分发扬民主，严格依法按程序办事，集体行使职权，确保制定的法律法规和作出的决议决定符合实际，具有权威性和合法性。

五是始终坚持与时俱进、开拓创新。实践发展永无止境，探索创新也永无止境。人民代表大会制度是党领导人民探索建立、巩固完善的，也必然在党和人民的创新实践中不断实现新的发展。必须紧紧围绕完善和发展中国特色社会主义制度、推进国家治理体系和治理能力现代化的全面深化改革总目标，把坚定制度自信和不断改革创新统一起来，不断推进人民代表大会制度理论和实践创新。人大行使职权、开展工作，要紧紧扣住贯彻落实党中央重大决策部署，紧紧扣住回应人民群众重大关切，紧紧扣住厉行法治、推进全面依法治国，不断丰富和拓展人大工作的实践特色和时代特色。

党的十九大和十九届四中、六中全会、2021年中央人大工作会议，对健全人民当家作主制度体系、发展社会主义民主政治作出重大部署，对做好新时代人大工作、深化依法治国实践提出明确要求。在新时代坚持和完善人民代表大会制度，应当深入学习贯彻习近平总书记关于坚持和完善人民代表大会制度的重要思想，增强制度自信，坚持问题导向，做好以下几个方面工作。

第一，加强和改进立法工作。"国无常强，无常弱。奉法者强则国强，奉法者弱则国弱。"经过长期努力，中国特色社会主义法律体系已经形成，我们国家和社会生活各方面总体上实现了有法可依，这是我们取得的重大成就，也是我们继续前进的新起点。形势在发展，时代在前进，法律体系必须随着时代和实践发展而不断发展。加强重要领域立法，确保国家发展、重大改革于法有据，把发展改革决策同立法决策更好结合起来。坚持问题导向，提高立法的针对性、及时性、系统性、可操作性，发挥立法引领和推动作用。抓住提高立法质量这个关键，深入推进科学立法、民主立法，完善立法体制和程序，努力使每一项立法都符合宪法精神、反映人民意愿、得到人民拥护。

第二，加强和改进法律实施工作。法律的生命力在于实施，法律的权威也在于实施。"法令行则国治，法令弛则国乱。"各级国家行政机关、监察机关、审判机关、检察机关是法律实施的重要主体，必须担负法律实施的法定职责，坚决纠正有法不依、执法不严、违法不究现象，坚决整治以权谋私、以权压法、徇私枉法问题，严禁侵犯群众合法权益。全面落实依法治国基本方略，坚持法律面前人人平等，加快建设社会主义法治国家，不断推进科学立法、严格执法、公正司法、全民守法进程。深入推进依法行政，加快建设法治政府。各级行政机关必须依法履行职责，坚持法定职责必须为、法无授权不可为，任何组织或者个人都不能有超越法律的特权。深入推进公正司法，深化司法体制改革，加快建设公正高效权威的司法制度，完善人权司法保障制度，严肃惩治司法腐败，让人民群众在每一个司法案件中都感受到公平正义。

第三，加强和改进监督工作。人民的眼睛是雪亮的，人民是无所不在的监督力量。只有让人民来监督政府，政府才不会懈怠；只有人人起来负责，才不会人亡政息。人民代表大会制度的重要原则和制度设计的基本要求，就是任何国家机关及其工作人员的权力都要受到制约和监督。各级人大及其常委会应当担负起宪法法律赋予的监督职责，维护国家法制统一、尊严、权威，加强对"一府一委两院"行政、执法、监察、司法工作的监督，确保法律法规得到有效实施，确保行政权、监察权、审判权、检察权得到正确行使。地方人大及其常委会应当依法保证宪法法律、行政法规和上级人大及其常委会决议在本行政区域内得到遵守和执行。加强党纪监督、行政监察、审计监督、司法监督和国家机关内部各种形式的纪律监督。拓宽人民监督权力的渠道，公民对于任何国家机关和国家工作人员有提出批评和建议的权利，对于任何国家机关和国家工作人员的违法失职行为有向有关国家机关提出申诉、控告或者检举的权利。健全申诉控告检举机制，加强检察监督，切实做到有权必有责、用权受监督、侵权要赔偿、违法必追究。

第四，加强同人大代表和人民群众的联系。人民代表大会制度之所以具有强大生命力和显著优越性，关键在于它深深植根于人民之中。我们国家的名称，我们各级国家机关的名称，都冠以"人民"的称号，这是我们对中国社会主义政权的基本定位。中国 260 多万名各级人大代表，都要忠实代表人民利益和意志，依法参加行使国家权力。各级国家机关及其工作人员，不论做何种工作，说到底都是为人民服务。各级国家机关加强同人大代表的联系、加强同人民群众的联系，是实行人民代表大会制度的内在要求，是人民对自己选举和委派代表的基本要求。各级国家机关及其工作人员应当为人民用权、为人民履职、为人民服务，把加强同人大代表和人民群众的联系作为对人民负责、受人民监督的重要内容，虚心听取人大代表、人民群众意见和建议，积极回应社会关切，自觉接受人民监督，认真改正工作中的缺点和错误。

第五，加强和改进人大工作。新的形势和任务对各级人大及其常委会工作提出了更高要求。应当按照总结、继承、完善、提高的原则，推进人民代表大会制度理论和实践创新，推动人大工作提高水平。各级人大及其常委会应当坚持正确政治方向，增强代表人民行使管理国家权力的政治责任感，履行宪法法律赋予的职责。健全人大常委会组成人员联系本级人大代表机制，畅通社情民意反映和表达渠道，支持和保证人大代表依法履职，优化人大常委会、专门委员会组成人员结构，完善人大组织制度、工作制度、议事程序。各级党委应当加强和改善党对人大工作的领导，支持和保证人大及其常委会依法行使职权、开展工作。

全过程人民民主视域下人民代表大会制度的
制度优势与效能发挥[*]

郭道久^{**}

【摘　要】人民代表大会制度是全过程人民民主的重要制度载体。区别于西方国家的政治制度，人民代表大会制度保障最广泛、全过程的人民当家作主，这是其最显著的制度优势。这种制度优势在实践中主要通过履行国家职能来实现，其中以立法和监督职能最为突出。人民代表大会制度通过一系列具体措施保障立法过程中全链条、全方位、全覆盖的人民民主。从全过程人民民主的视角看，人民代表大会制度的发展既要坚持人民当家作主的政治优势，又要不断丰富和完善实践中的民主形式，实现代表性优势和治理效能相互促进。

【关键词】人民代表大会制度；全过程人民民主；制度优势；效能

一、问题的提出

2021 年 10 月 13 日，习近平总书记在中央人大工作会议上的讲话中明确指出，"人民代表大会制度是实现我国全过程人民民主的重要制度载体"，^①这是全过程人民民主重大理念提出以来，习近平总书记首次明确将人民代表大会制

---

* 本文系南开大学文科发展基金项目"国家治理现代化进程中社会治理共同体建设研究"（ZB22BZ0217）阶段性成果。

** 郭道久，法学博士，南开大学周恩来政府管理学院教授。

① 习近平：《在中央人大工作会议上的讲话》，《求是》2022 年第 5 期。

度确定为其制度载体。2021 年 3 月，十三届全国人大四次会议修正的《中华人民共和国全国人民代表大会组织法》明确规定："全国人民代表大会及其常务委员会坚持全过程民主。"显然，作为中国根本政治制度以及中国特色社会主义政治体制优势集中体现的人民代表大会制度，是全过程人民民主的重要内容。从全过程人民民主的基本特点看，"所有的重大立法决策都是依照程序、经过民主酝酿，通过科学决策、民主决策产生的"①，人民代表大会制度与全过程人民民主具有天然的契合性。作为党的领导下，人民行使当家作主民主权利的国家机关，人民代表大会强调"始终同人民保持密切联系，倾听人民的意见和建议，体现人民意志，保障人民权益"，这恰恰是在践行全过程人民民主"全体人民依法实行民主选举、民主协商、民主决策、民主管理、民主监督，依法通过各种途径和形式管理国家事务，管理经济和文化事业，管理社会事务"的要求，体现"全链条、全方位、全覆盖的民主"的特点。

鉴于人民代表大会制度与全过程人民民主的这种紧密联系，人民代表大会制度应该在中国特色的全过程人民民主的发展过程中发挥更显著的作用，同时也推动自身不断发展和完善。具体到发展的思路和改革的措施，则要充分发挥人民代表大会制度的特点，即人民代表大会制度是马克思主义关于社会主义国家"议行合一"体制构想的体现，承载着"人民管理制"的重大使命。人民代表大会作为最高国家权力机关，既要充分履行其人民管理国家事务和经济、文化、社会事务的神圣职责，又要发挥国家立法机关的职能，在立法、监督、决策、任免等方面发挥具体作用，完成国家机构的职能。本文拟从这一思路出发，探讨如何发挥人民代表大会制度在全过程人民民主中的积极作用。

二、保证人民当家作主：人民代表大会制度的制度优势

发展全过程人民民主，意在以广泛健全的制度体系，充分保证人民的

---

① 习近平：《中国的民主是一种全过程的民主》，http：//www. xinhuanet. com/2019－11/03/c_1125186412. htm。

"五个民主"权利，建设最广泛、最真实、最管用的社会主义民主。人民代表大会制度则以国家根本制度的形式，保证人民和人民代表全面行使管理国家和社会事务的权力。经典作家关于社会主义国家政治制度的理论已经赋予了人民代表大会制度这一基本规定性，老一辈革命家将马克思主义基本原理与中国实际相结合，创造人民代表大会制度时，也赋予其履行人民当家作主的神圣职责。人民代表大会制度在坚持和发展全过程人民民主的过程中，需要遵循这一基本规定性，并以此作为推动全过程人民民主的基本出发点。

（一）一切权力属于人民是马克思主义经典作家关于无产阶级政权构想的核心

经典作家在设计无产阶级政权的具体制度时，其基本的出发点就是要建立区别于资本主义国家的三权分立体制的政权形式。在他们看来，三权分立的最大弊端在于，将民选代议机关置于其他国家机关的制约和监督之下，从而使人民事实上丧失了对国家事务的最高管理权力。对于三权分立，马克思认为不要总是"以极其虔敬的心情把这种分权看做神圣不可侵犯的原则，事实上这种分权只不过是为了简化和监督国家机构而实行的日常事务上的分工罢了"，① 作为名义上的人民主权的议会形式"只是行政权用以骗人的附属物而已"②。

为了实现人民行使管理社会和国家权力，充分体现民选机关的权力和地位，马克思等人认为应该将民选机关置于其他国家机关之上，由民选机关监督行政机关等国家机关，而不应该由行政机关来制约民选机关。所以，当巴黎公社创造出"公社"这样一种新的、有别于三权分立的体制时，马克思即给予高度赞扬，并从中总结出"公社不应当是议会式的，而应当是同时兼管行政和立法的工作机关"③ 的"议行合一"思想，作为社会主义国家政治体制的基本思想原则。之后社会主义国家政权建设的实践中，虽然各国的具体

---

① 《马克思恩格斯全集》第 5 卷，人民出版社 1958 年版。
② 《马克思恩格斯选集》第 3 卷，人民出版社 1995 年版。
③ 马克思：《法兰西内战》，中央编译局译，人民出版社 1961 年版。

制度不同，但不管是苏联的苏维埃制，还是中国的人民代表大会制度，都遵循了经典作家的这一基本思想，体现着社会主义民主制度的基本精神："强调由人民选出的权力机关的神圣地位，强调这样的机关在国家权力机关体系中的不受限制；强调国家的一切权力属于人民，人民群众当家作主；强调在需要实行间接民主的地方和时候，要坚持人民群众通过自己选出的代表对国家事务拥有全权；人民代表和官员都来自于人民，为人民服务。"①

中国的人民代表大会制度，也承载着经典作家关于无产阶级政权建设的基本规定，以实现人民全面行使管理社会和国家权力为宗旨。具体而言，就是由人大这一民选机关行使立法权、监督权和决定社会、国家一切重大事务的权力；人大与"一府一委两院"是分设的，但不是一个简单的议会，没有与它平行或是可以相互牵制的机关；国家行政机关、司法机关和军事领导机关等都由它产生，受它领导，对它负责，受它监督。这就使得由人民选出的代表机构处于至高无上的地位，真正体现国家的一切权力属于人民这一根本精神。

（二）人民代表大会制度的缔造者赋予其人民当家作主的根本目的

中国老一辈无产阶级革命家是如何理解无产阶级政权建设的呢？事实上，中国共产党人从一开始就注重在马克思主义基本理论的指导下，探索中国的无产阶级政权的具体形式，人民代表大会制度是这一探索的结果。早在井冈山革命根据地时期，毛泽东就强调只有建立工农兵代表会才是名副其实的"民众政权"；工农兵代表会才是"真正的权力机关"，是作为政府的执行委员会的"依靠"。② 中华苏维埃共和国时期，16 万平方公里的红色土地上由 1000 余万劳苦大众选出代表 610 人组成中华苏维埃，临时中央政府的宪法大纲中宣布"苏维埃全部政权是属于工人、农民、红军士兵及一切劳苦民众的"。这是中国共产党人第一次创建政权的尝试，其坚持的原则就是一切权力归人民，苏维埃成为代表人民行使权力的机关。抗日战争时期，陕甘宁边区参议会作为特殊时期人民行使权力的机关，也发挥着检查和监督政府工

---

① 朱光磊：《政治学概要》，天津人民出版社 2001 年版。
② 《毛泽东选集》第 1 卷，人民出版社 1991 年版。

作，决定边区各项重要决策、法令及军事等重要事项，选举政府等重要职能。工农兵代表会、苏维埃代表大会制度和参议会制度，都是探索人民如何参与国家政权、行使管理国家和社会权力的制度形式，它们对人民代表大会制度都有积极的借鉴作用。1940年，毛泽东在《新民主主义论》中指出，"无论如何，中国无产阶级、农民、知识分子和其他小资产阶级，乃是决定国家命运的基本势力。这些阶级，或者已经觉悟，或者正在觉悟起来，他们必然要成为中华民主共和国的国家构成和政权构成的基本部分……"① 也正是在这篇著作中，首次提出了"人民代表大会"。

毛泽东等老一辈无产阶级革命家毕生所追求的就是建立人民的政权，他们"终生都是为了争取和实现中华民族和人民大众的民主权利而奋斗搏击"②。什么是人民的政权？毛泽东认为政体就是"一定的社会阶级取何种形式去组织那反对敌人保护自己的政权机关"，国体是"社会各阶级在国家中的地位"，③ 新中国的政体则是民主集中制的人民代表大会制度。显然，人民代表大会就是毛泽东等老一辈无产阶级革命家所追求的人民政权的具体形式，人民就是通过人大行使当家作主的权力。这一制度"让人民来监督政府""人人起来负责"，政府才不敢松懈，才不会人亡政息。④

（三）人民当家作主是全过程的

以马克思主义为指导创建的人民代表大会制度，承载着社会主义中国人民民主的厚望，并在实践中创造出丰富的形式。党的十八大以来，习近平总书记提出全过程人民民主的重大理念，人民代表大会制度践行人民民主、履行人民当家作主的特点和优势得到新的理论概括，即具有"全过程性"。首先是人民和人民代表亲自行使权力。立法、决定重大事项等，实际都赋予人大代表具体执行的权力。其次是通过监督行使权力。人民选举代表组成人民代表大会，人大再将权力委托给"一府一委两院"，形成"双重委托"；"一

---

① 《毛泽东选集》第2卷，人民出版社1991年版。
② 励维志主编：《毛泽东对中国社会主义建设道路的探索》，天津社会科学院出版社1993年版。
③ 《毛泽东选集》第2卷，人民出版社1991年版。
④ 黄炎培：《八十年来》，文史资料出版社1982年版。

府一委两院"要接受人大的监督，人大代表接受人民的监督，是为"双重监督"。① 因为作为具有广泛代表性的机关，一般来说应当有一定的人员规模。目前全国人大代表有 3000 人左右，不大可能经常性地直接处理那些数目众多的一般性的立法、决定、人事任免等方面的工作。它们往往是在其常设机构和行政机关、国家监察委、法院、检察院等受托做好充分准备的条件下，制定和修改《宪法》，审议或听取"一府一委两院"的工作报告，选举国家机关的领导人以及相对集中地集体研究立法工作和完成一些特别重大的决定事宜。在这种情况下，人大的人民当家作主的权力和地位，就不可避免地要求主要通过监督职能体现出来。人民当家作主的全过程性体现在从基层到全国的各个层级，从民主参与到民主监督的各个环节，从政治、经济到社会、文化各个方面，真正做到全链条、全方位、全覆盖，从而保证人民民主真实有效。

人大作为人民当家作主的国家权力机关，是明显区别于西方国家的议会的。西方国家的议会虽然也被称为权力机关，但它与人大存在质的区别。在三权分立体制下，立法机关与行政机关、司法机关处于同一水平，相互制约而不是高于其他机关；更重要的是，立法机关是资产阶级掌权的机关，不是普通大众行使国家权力的机关，"资产阶级代议制之所以阻滞劳动人民实现主权，关键在于资产阶级议会的议员与广大劳动人民是'异质'的，而非'同质'的。"② 最终导致西方国家的立法机关"不仅不是代表民意的机关，而且恰恰是资产阶级得心应手的工具"。③ 在政治实践中，立法机关事实上也很难发挥权力机关的作用，更不用说由人民全过程来行使权力。

三、履行国家职能：人民代表大会制度的效能

在实践工作中，人民代表大会制度由各级人民代表大会作为国家权力机

---

① 浦兴祖：《人民代表大会制度的"内在逻辑"与"外在方位"——为纪念人大制度建立 50 周年而作》，《人大研究》2004 年第 10 期。
② 周叶中：《代议制度比较研究》，武汉大学出版社 2005 年版。
③ 周叶中：《代议制度比较研究》，武汉大学出版社 2005 年版。

关，统一管理国家和社会事务。也就是说，全国人民代表大会及其常委会是国家机构，履行国家职能。从《宪法》赋予全国人大及其常委会的职能着眼，立法、重大决策、人事任免和监督都是国家职能；从权力分设的体制看，全国人大及其常委会主要履行的是国家立法职能。《中华人民共和国全国人民代表大会组织法》规定："全国人民代表大会及其常务委员会行使国家立法权，决定重大事项，监督宪法和法律的实施，维护社会主义法制的统一、尊严、权威，建设社会主义法治国家。"党的十九大报告明确，要"发挥人大及其常委会在立法工作中的主导作用"。习近平总书记也强调，"全国人大及其常委会是国家立法机关，要在确保质量的前提下加快立法工作步伐，增强立法的系统性、整体性、协同性，使法律体系更加科学完备、统一权威"。① 可以说，立法是全国人大及其常委会最突出的国家职能，而这一工作能充分体现全过程人民民主真实有效的特点。

（一）主要行使国家立法权的国家机构

根据马克思等人的设想，社会主义国家将不采用三权分立体制，那么，也就不存在单纯的立法机关。实践中，社会主义国家虽然没有建立三权分立体制，但在社会分工等基本规律支配下，国家机构中还是存在负责立法工作的机关。比如，中国实际上实行的是权力分设的政治体制，也即从法律上讲，最高国家权力机关是全国人大，处于最高地位，行政机关、监察机关、司法机关都由它产生，受它领导，对它负责；而在实际政治运行过程中，全国人大与国务院、国家监察委、最高人民法院、最高人民检察院还是分设的，并且对权力进行分工，其中全国人大主要负责立法方面的工作。

人大的这一特点在改革以后因为其立法职能的充分发挥而越来越清晰。从人大的现阶段职能看，它主要发挥立法和监督作用，其中立法最引人注目。自 1982 年以来，人大受到越来越多的关注，人大地位和影响力的增强突出体现在其在立法方面的角色越来越重要。1979 年召开的五届全国人大二次

---

① 习近平：《在中央人大工作会议上的讲话》，《求是》2022 年第 5 期。

会议上，《中华人民共和国刑法》等 7 部法律破茧而出，标志着新时期的人大工作从立法方面打开了新的局面。2021 年，全国人大常委会制定法律 17件，修改法律 22 件，作出有关法律问题和重大问题的决定 10 件，正在审议的法律案 19 件。[①] 1982 年以来，人大常委会的立法权限扩大，集中从事经常性的立法工作；省级和设区的市的人大及其常委会被赋予制定地方法规的权力等；人大常委会和地方人大立法职能的扩大和强化，导致它更像一个真正的"立法机关"。实践中，立法工作的复杂性和专业性、立法权力的分散化、立法过程的长周期等因素也需要有国家机构专门负责立法工作，作为其制度性后果，全国人大的立法职能得到进一步强化。人大也正是以履行立法职能为基础，逐步获得并确立其在实际政治系统中的地位，并展示它作为社会主义国家权力机关的重要作用。

人大作为国家机关的特征更加突出，还体现在其组织模式上。在人代会制度建立的初期，虽然有常委会这一设置，但其职权范围有限。自 1982 年开始，通过强化人大常委会的地位，全国人大逐步建成了人大和常委会两个层次的模式，即"复合—院制"[②]。这种组织模式有利于人大展开日常工作，有利于保持立法工作的连续性和经常性。另外，人大常委会组成人员与行政、监察机关、审判、检察之间不再相互任职。这使得人大与行政机关、监察机关、司法机关从人员构成上，逐步走向了职责分立，这有助于提高工作效率，提升人大作为国家机关的实际地位。

在权力分设的体制中，人大的独立性越来越强，立法和监督的权威也逐步增强。这使得人大在实际工作中越来越具备与行政、监察审判、检察等机关相独立的地位，越来越遵循"官僚机构"的逻辑和正式的制度规则运作，其作为国家机关的特征也随之愈加明显。

从理论上讲，人民当家作主的最高国家权力机关属性与主要履行立法职

---

① 《全国人民代表大会常务委员会工作报告》（摘要），《人民日报》2022 年 3 月 9 日。

② 贾义猛、刚威：《试论"复合—院制"：现代代议机构院制理论与中国人大院制结构的现实选择》；南开大学法政学院编：《南开大学法政学院学术论丛》（1999），天津人民出版社 1999 年版。

能的国家机关这二者是统一的，立法职能也是最高国家权力机关属性的体现，只不过人民当家作主的最高国家权力机关是一个内涵更加丰富的本质规定性，行使管理国家和社会事务的权力也不仅限于作为国家机关的身份，而是体现在社会政治生活的各个层面；主要履行立法职能则只能以国家机关的形式实现，并在立法过程中通过各种形式的民主参与来体现人民的民主权利。

（二）立法实践中的全过程人民民主

2019 年 11 月，习近平总书记在考察上海市长宁区虹桥街道基层立法联系点时提出全过程民主的概念。习近平总书记与正在参加立法意见征询的社区居民代表交流中指出，"我们走的是一条中国特色社会主义政治发展道路，人民民主是一种全过程的民主"；习近平总书记还强调，"人民代表大会制度是我国的根本政治制度，要坚持好，巩固好，发展好，畅通民意反映渠道，丰富民主形式"。[1] 这表明，立法工作是观察全过程人民民主的重要窗口，做好各级人民代表大会的立法工作，就是在大力推进全过程人民民主。

如前所述，立法工作具有专业性和神圣性，需要由专门的国家机关和人员来负责，保证其科学性；同时，法律又是人民意志和利益的根本体现，立法工作必须保证民主性。这二者的融合，一定程度上正是保障人民当家作主的根本属性和履行国家职能的要求之间的融合。人大的立法工作正是从这个角度出发，探索了具体而多样的全过程人民民主的实践形式。

一是基层立法联系点。2014 年 10 月党的十八届四中全会决定提出的新制度，迅速成为人民群众直接参与立法过程的典型形式。在几年时间内，全国人大常委会法工委建立了 22 个基层立法联系点，辐射带动全国设立了 427 个省级立法联系点、4350 个设区的市级立法联系点。[2] 以基层立法联系点为

---

① 全国人大常委会法制工作委员会：《基层立法联系点是新时代中国发展全过程人民民主的生动实践》，《求是》2022 年第 5 期。

② 全国人大常委会法制工作委员会：《基层立法联系点是新时代中国发展全过程人民民主的生动实践》，《求是》2022 年第 5 期。

纽带，法律（草案）在立项、起草、调研、审议、评估、宣传、实施等环节全过程、全链条地听取、吸收人民群众的意见。

二是法律草案征求意见。2008 年全国人大常委会委员长会议决定，全国人大常委会审议的法律草案，一般都予以公开，向社会广泛征求意见。随着新媒体的发展和数字政府建设的推进，网络成为征求意见的新途径，进一步增强了立法的民主性。仅 2021 年，就有 34 件法律草案通过中国人大网公开征求意见，共收到 108221 人次提出的 475245 条意见。[①] 传统途径加上网络媒体，法律草案征求意见基本实现了对人民群众的全覆盖，只要有意愿对法律草案发表意见和建议，都能够进入立法过程，体现了民主参与的广泛性和真实性。

三是立法调研、座谈会、听证会、论证会等。《中华人民共和国立法法》自 2000 年颁布实施，其中明确要求立法机关在制定法律时必须通过包括座谈会、听证会等在内的各种形式广泛听取有关组织和公民的意见，从法律层面为公民全面参与立法提供了保障。

此外，"两会"也是全过程人民民主的重要体现。全国人大和全国政协每年固定在 3 月上中旬开会，是全国人民代表大会和中国人民政治协商会议全国委员会会期制度化的标志；更重要的是，人大和政协都是中国社会主义民主的重要标志，人大代表和政协委员代表全国各地、各界群众，对中国政治生活中的重要事项进行充分的意见表达、讨论协商、投票表决，实现对国家事务和自身事务的管理；且政协委员还列席全国人大的全体会议，对人大的议案提出修改意见，意味着选举民主和协商民主的融合。"两会"机制在全国各层级的广泛形成，已经成为人民民主全链条、全方位、全覆盖的真实写照。

四、更好发挥人民代表大会制度实现全过程人民民主的制度载体作用

全过程人民民主可以从两个层面来理解，一是制度定性，即人民民主，

---

① 《全国人民代表大会常务委员会工作报告》（摘要），《人民日报》2022 年 3 月 9 日。

强调的是全体人民在社会主义中国当家作主，行使管理国家和社会事务的权力；二是实践操作层面，强调全链条、全方位、全覆盖，通过的具体的制度措施保证人民能够全过程参与。人民代表大会制度在这两个层面都具有显著的优势：保证人民当家作主是其制度内核，确定人民的政治地位；在立法实践中全面实行民主参与，将人民代表大会制度的效能充分展现。人民代表大会制度的发展，应以制度优势和治理效能这两个维度为基础，探讨如何充分保证制度优势、展现治理效能，最大限度彰显其全过程人民民主制度载体的特殊性。

（一）人民代表大会制度的发展思路

中国特色社会主义进入新时代以来，"健全人民当家作主制度体系，发展社会主义民主政治"成为"两个一百年"奋斗目标的重要内容。党的十九大报告提出，"要支持和保证人民通过人民代表大会行使国家权力"，人民代表大会制度的发展，要紧紧围绕党和国家的战略安排，以突出全过程人民民主的优越性为中心，结合自身的特点从保证人民当家作主的政治地位和充分发扬立法过程中的民主两个层面展开。

人大是人民行使当家作主权力的机关，这是社会主义制度和社会主义民主优越性的重要体现。中国特色社会主义要在人类政治文明发展方面作出新探索、提供新经验。在党的领导制度之外，人民代表大会制度是另一个突破口，当代中国有必要、也有可能在这方面作出自己的贡献。保证人民当家作主，既是一个政治原则，又是现实的制度安排。在发展全过程人民民主的过程中，首先要坚持的就是人民行使国家权力这一基本规定性，以彰显社会主义民主与西方民主的本质区别。这就需要人民代表大会制度探索建立各种既符合实际需求，又尊重中国特色的制度设计和实际做法。比如，当前，人大代表除了一年一度的大会外，基本都是个人或分组活动，很少以国家机关的形式发挥作用。这种行为方式为人大发挥民权组织的作用提供了条件和经验。既然人大代表大多数并不以国家机关的面目和方式出现，而他们依然还是人民的代表，是为全体人民的利益而参与政治生活的。那么，人大代表以全体人民的最广泛的社会利益团体出现并发挥作用并不违背任何正确的政治原则，就是可以接受的政治形式。至于人大代表，这种行为方式更是可以实施的。人大代表基本以地区为单位产生，主要代表了他周围或熟悉的那部分人的要求。因此，除在大会期间以国家机关为载体活动之外，多数时候是以兼职者的身份利用业余时间来开展政务活动的。

全过程人民民主又是现实的、可以观察和体验的鲜活实践。人民代表大会制度的发展，还要着重展现其在立法实践中的民主。这就意味着改革以来，人大在实际政治生活中逐步形成的履行国家职能的机关的特点需要继续保持并不断完善。这是人大在政治生活中发挥实际作用并获得相应地位的保障。改革之前的人大之所以没有获得应有的地位，除了政治运动等原因外，与过分强调人大的政治地位而忽视人大的实际政治作用也有很大的关系。改革以来，通过加强人大在立法等方面的职能，从而使人大的实际政治影响逐步增强，地位也逐步提高了。这些实际的改革措施与强化人大作为国家权力机关的政治地位是一致的。人大只有具备实际作用并获得实际的影响和地位，才可能得到普遍的认可，从而真正确立其最高国家权力机关的地位。新时代人民代表大会制度要发挥全过程人民民主制度载体的作用，也必然要求有关人大的各种改革和探索要继续下去，已经取得成就的要坚持和加强，同时还要进行多方面的探索，使这种改革更丰富、成功。

（二）坚持人民代表大会制度保证人民当家作主的根本规定性

发展全过程人民民主，根本目的还是要突出中国社会主义民主的优越性，突出人民当家作主的民主形式的全过程特点。根据前文对人民代表大会制度根本属性的分析，要达到这个目的，关键要依靠人民代表大会制度作为制度载体的作用的充分发挥。正如有学者关注到的，中国作为后发展国家，党和国家特别重视政治制度的治理绩效，这导致人大在一定程度上存在着以治理代替代表性的现象，为了追求更突出治理绩效而致使代表性不足。① 人

① 杨雪冬、闫健：《"治理"替代"代表"：对中国人大制度功能不均衡的一种解释》，《学术月刊》2020 年第 3 期。

大作为民选代表机关，基本属性就是代表人民行使国家权力；新时代人民代表大会制度的发展，也要将坚持和增强其保证人民当家作主的根本属性放在首要位置。

第一，突出人民代表大会制度保证人民主体地位的根本属性。强调这一点，是为了突出人大的政治地位和在政治实践中的作用同样重要，不能认为宪法和法律中规定了人大的政治地位就等于实现了这种地位。人大是人民当家作主的组织形式，人民代表大会制度是保证人民主体地位、保障全过程人民民主的最好制度形式，这一根本属性在任何时候都必须得到彰显。一方面，要突出人民代表大会制度在中国特色社会主义民主制度体系中的基础地位和人民当家作主的制度体系中的核心地位；另一方面，人民代表大会制度的改革和创新，都必须围绕这个根本属性展开，决不能因为改革而弱化这一属性。

第二，坚持党的领导、人民当家作主和依法治国的统一。人民代表大会制度的发展、全过程人民民主优越性的体现，都要以坚持党的领导为前提、坚持依法治国为保障。党的十九大报告指出："人民代表大会制度是坚持党的领导、人民当家作主、依法治国有机统一的根本政治制度安排，必须长期坚持、不断完善。"人民代表大会制度是三者有机统一的关键。人民代表大会制度是党的主张上升为国家意志和人民意志的合法途径，同时人民代表大会还是法的主要制定机关，对整个社会的法制建设和法治水平都有极其重要的引领作用。坚持在三者统一的前提下发展人民代表大会制度，也是保证其坚持正确的方向。

第三，坚持人民代表大会与其他国家机关之间监督与被监督的关系。按照《宪法》规定，其他国家机关由人大产生、对其负责、受它监督，它们之间是监督与被监督的关系。这是人大国家权力机关属性的体现，是人大地位的体现。要充分体现人大人民当家作主的根本属性，人大与其他国家机关之间的这种监督和被监督关系就需要坚持，并在实践中探索更为完善的监督措施。

第四，加强人大与人大代表、人大代表与人民之间的广泛联系。从人民当家作主和全过程人民民主的要求出发，人大、人大代表、人民之间建立广泛而紧密的联系是应有之意，是民选代表与人民之间关系的必然要求。正是由于人民代表大会制度在前期的发展中，这种联系存在不足，故关于人大的改革设想中，人大代表专职化、设立人大代表工作站等建议屡屡被提及。从人大的实际工作出发，这种建议有其合理性，甚至在很大程度上能够增强人大的专业性。但是，在人大的改革和发展中，首先要考虑的就是保证人民当家作主的制度规定性；在无法实现人民亲自行使管理国家和社会事务的权力的情况下，通过人大代表与人民、人大代表与人大机关之间更频繁、更紧密、更广泛的联系，以便在一定程度上弥补"代表制"的不足。正是出于这种考虑，2010 年 10 月 28 日，全国人大常委会第二次修正的《中华人民共和国全国人民代表大会和地方各级人民代表大会代表法》第 5 条第 3 款规定"代表不脱离各自的生产和工作"；第 40 条规定"县级以上的各级人民代表大会常务委员会的办事机构和工作机构是代表执行代表职务的集体服务机构，为代表执行代表职务提供服务保障"，以法律的形式为相关改革争论作出了结论——更多数量的人大代表以兼职的身份时刻处于人民群众中间，与人民进行更广泛的联系，更便于发动群众，将人民群众的积极性和创造性调动起来，更有助于实现人民当家作主的初衷。

事实上，人大的民意和代议功能的开发相比较于立法和监督功能仍然有限，[1] 在表达民意方面仍然存在很大的提升空间；部分人大代表并没有充分认识到自己作为民意代表应该承担的责任，他们只是充当着人民的"代理人"角色而不是"代议士"，[2] 甚至有人将担任人大代表视为一种政治身份；人大代表之所以要兼职化和广泛化，就是要充分发挥数量较大的代表们能够充分接触日常工作身边的群众、了解他们的利益诉求的优势，同时避免其作为常设性国家机构所不可避免具有的"机关性"和威严感而与群众拉开距离。

---

[1] Ming Xia. The People's Congress and Governance in China：Toward a Network Mode of Governance [M]．New York：Routledge，2008.

[2] 《马克思恩格斯全集》第 4 卷，人民出版社 1995 年版。

（三）丰富人大政治实践中的全过程人民民主形式

人民代表大会制度作为社会主义民主的集中体现，以保障人民民主权利为核心，但实践中还是以人民选举代表组成各级人民代表大会，以相对集中地行使国家权力。因此，以人民代表大会制度为核心的民主也被视为一种选举民主。实际上，在人民代表大会制度的运行过程中，不仅仅有人民选举人大代表代表人民行使国家权力这一民主形式，还有更为丰富的民主协商、民主监督等形式。从发展全过程人民民主的要求看，人大在立法等实践中还有更多可以充分挖掘的民主形式。

一是民主选举。在城乡同比例选举人大代表、居住地投票等改革措施能更好地保证人民平等的选举权与被选举权，人大代表民主选举的重点应该是加强候选人与选民之间的互动和了解。虽然基层人大代表选举的选区划分以居住地和单位为主，候选人居住在本地域或是本单位人员，但在仅有简单的候选人情况介绍的实际操作方式下，选民和候选人之间缺少有效的交流，一定程度上对选民建立对候选人的信任不利，进而影响选民真实意愿的表达。从民主选举的要求出发，只需要由选举委员会组织见面会、开通候选人网络宣传等就可以比较好地达到目的。

二是民主协商。协商是社会主义民主的重要特征，全过程人民民主特意将民主协商提出来，也是为了突出其对实现"全过程"的重要性。人民代表大会制度运行中的民主协商，主要从加强人大代表与选民的关系、扩大人大参与的协商两个方面来考虑。人大代表与选民之间理论上是"委托—代理"关系，但实践中代表与被代表的关系更为明显，人大代表的主导性更显著。为了更有效地反映和代表民意，人大代表需要在议案和建议形成过程中，充分与选民协商，更全面地掌握选民的诉求，综合形成更有效的意见。同时，人大代表作为人民利益和意志的代表，要在各项国家决策中与决策机构、协商机构、社会各界充分协商，不仅是为了表达民意，更要促进决策民主化。

三是民主决策。人大作为国家权力机关和立法机关，在履行立法、重大事项决策、人事任免等职能的过程中，都要充分吸纳人民群众、各方面专家的意见，从而不断提高决策民主化和科学化水平。一方面要继续完善现有民主决策渠道，使其效益最大化。比如法律草案征求意见，不仅要考虑由立法机关主动发布信息，还要充分考虑让人民群众获得信息，广泛发动群众提出意见和建议，使征求意见能取得更显著的效果。另一方面要不断开拓创新，探索更多符合新时代要求的民主决策形式。当前可以考虑的方向主要是新技术的应用，通过网络技术突破时间和空间的限制，让更多人能够充分参与讨论、发表意见。

四是探索民主管理新形式。人大代表不仅是民意的代表，更是人民行使管理国家和社会事务权力的代表，在民主管理方面也负有重要责任。人大代表要充分利用自己来自基层、来自人民，在人民群众中有较高影响力和认同感的优势，在解决群众身边的事情上发挥积极作用。比如人大代表可以以群众的身份扮演调解员、协商代表、联络员等各种角色，积极化解邻里矛盾、解决社区公共事务。

五是民主监督。监督是人大体现政治地位、履行政治职能的重要形式。除了人大与其他国家机关之间监督与被监督的关系外，人大立法工作中的民主监督也是全过程人民民主的重要形式。目前需要重点考虑的是：充分发挥人大监督和保障宪法实施的职能；发挥普通人大代表在制定法律和监督法律实施中的作用；发挥人大代表联系广泛的优势，将人大代表的监督与社会监督、媒体监督相结合，激发监督合力。

（四）充分发挥人大"一院双层"结构的优势

从设置缘由上，常委会是人大的常设机关和日常工作机关，但1982年以来的实践表明，常委会与人大之间关系并非如此简单，常委会有其法定的职能，而不仅仅从事人大委托的日常工作。人大和常委会的这种"一院双层"的设置有助于充分发挥人民代表大会制度保证人民当家作主的制度优势和作为国家立法机关的治理效能。

人大的主要职责是代表人民行使国家权力，集中人民的普遍意志，反映具有普遍性的人民呼声等，在体现人民代表大会制度的制度优势方面更为突出。这种活动是经常性和连续性的，且范围广，故人大代表数量可以多一些；人大是连接社会和政治领域的纽带，人大代表既有国家机关成员的性质，又具有社会属性，故人大代表可以兼职，与其他国家机关成员也可以兼容。人大常委会作为相对独立的工作机关，其主要职责是完成专业性和技术性较强的立法、审查预决算等工作，通过履行立法机关职能来提高治理效能。这些工作常委会一般要以会议的形式完成，这也就决定了常委会成员应该专职，每年的工作时间也要长一些，且人员不需要太多；常委会成员是国家立法机关的成员，从权力制约的角度，他们与其他国家机关成员之间是不兼职的。这种区分是相对的，但从这个角度去理解人大及其常委会的职能，不仅能够解释一些现象，还能将人民代表大会制度保证制度优势和提高治理效能的双重需要有效融合，为其不断发展提供新的思路。

坚持和完善人民代表大会制度
用制度体系保证人民当家作主*

曾庆辉**

【摘　要】人民代表大会制度是我国的根本政治制度，是人民当家作主的重要途径和最高实现形式。新时代进一步完善保证人民当家作主的根本政治制度，使之更加体现人民意志、保障人民权益、激发人民创造活力，必须明确重点，健全关键举措。要坚持党的领导、人民当家作主和依法治国有机统一；围绕新时代社会主要矛盾，发挥好人大职能作用；坚持人大制度的创新与发展，强化制度建设；保障代表依法履职，发挥好人大代表主体作用；加强人大自身建设，健全人大工作内部运行机制。

【关键词】人民代表大会制度；新时代；制度体系；人民当家作主

党的十九届四中全会通过的《中共中央关于坚持和完善中国特色社会主义制度、推进国家治理体系和治理能力现代化若干重大问题的决定》明确提出，"坚持和完善人民代表大会制度这一根本政治制度"。人民代表大会制度是新时代中国特色社会主义民主政治制度的根基，是支撑国家治理体系和治理能力的根本政治制度。①人民代表大会制度的设计和运行、人大及其常

---

* 本文系西北师范大学青年教师科研能力提升计划项目资助（项目编号：NWNU–SKQN2022–11）；西北师范大学 2022 年度研究生培养与课程改革项目（项目编号：2022KGLX005）；甘肃省民族法制文化研究所 2022 年度研究课题［课题编号：GSFYSKT（2022）05］阶段性成果。
** 曾庆辉，西北师范大学法学院教授。
① 曾庆辉：《坚持和完善人民代表大会制度》，《中国社会科学报》2019 年 3 月 14 日。

委会依法行使职权，都是为了保证和发展人民当家作主，彰显"国家一切权力属于人民"的宪法理念。① 人民代表大会制度自创立以来特别是改革开放以来，不断得到巩固、完善和发展，对"充分保障人民当家作主，保证人民依法实行民主管理、民主决策、民主选举、民主监督，发挥了极为重要的制度功效"②。

党的十八大以来，以习近平同志为核心的党中央高度重视人大制度和人大工作。习近平总书记先后在首都各界纪念现行宪法公布施行 30 周年大会、全国人民代表大会成立 60 周年大会、中国共产党成立 95 周年大会、党的十九大、庆祝改革开放 40 周年大会等多个重要场合，就坚持和完善人民代表大会制度、发展社会主义民主政治、用制度体系保证人民当家作主等方面发表了一系列重要论述，"科学阐述了国家根本政治制度的历史必然、特点优势、实践要求，标志着我们党对国家根本政治制度的规律性认识达到了一个新的高度"③。习近平总书记关于坚持和完善人民代表大会制度的重要思想，是习近平新时代中国特色社会主义思想的重要组成部分，为我们新时代推动人大制度和人大工作与时俱进完善发展、用制度体系保证人民当家作主指明了前进方向，提供了根本遵循。

习近平总书记关于坚持和完善人民代表大会制度的重要思想，既有推动人民代表大会制度完善发展的重大原则、总体方针，又有实践要求、工作方法，思想深邃、内涵深刻。比如，强调人民代表大会制度是"符合中国国情和实际、体现社会主义国家性质、保证人民当家作主、保障实现中华民族伟大复兴的好制度，必须长期坚持、全面贯彻、不断发展"，强调要做到"四个必须"，即"必须毫不动摇坚持中国共产党的领导，必须保证和发展人民当家作主，必须全面推进依法治国，必须坚持民主集中制"。

2018 年 9 月 26 日至 27 日，栗战书委员长在深入学习贯彻习近平总书记

---

① 沈春耀：《加强人民当家作主制度保障》，《人民日报》2017 年 12 月 21 日。
② 莫纪宏：《人民代表大会制度是我国的根本政治制度》，《公民与法（法学版）》2009 年第 4 期。
③ 王晨：《新时代坚持和完善人民代表大会制度的根本遵循》，《求是》2019 年第 5 期。

关于坚持和完善人民代表大会制度的重要思想交流会上，用"十个坚持"①对这一重要思想的主要内容作了概括，深刻阐述了其时代意义、理论意义和实践意义，并就学习好、研究好、宣传好、贯彻好这一重要思想提出了明确要求。

学懂弄通做实习近平总书记关于坚持和完善人民代表大会制度的重要思想，不断完善保证人民当家作主的根本政治制度，用制度体系保证人民当家作主，要围绕"十个坚持"的主要内容，深刻领会这一重要思想蕴含的坚定党性、政治自信、法治思维、民本情怀和改革精神。要通过深入系统的学习，真正弄清楚人民代表大会制度形成、发展、完善的历史渊源、历史轨迹和历史逻辑；真正弄清楚人民代表大会制度建立以后，在维护国家政局稳定、实现人民当家作主、推动改革发展过程中发挥的重大作用、产生的重大成果，深刻理解人民代表大会制度的政治优势，从内心深处认同这一制度是能干事、干好事、干成事的政治制度，进而增强对中国特色社会主义政治制度特别是对人民代表大会制度的自信。

在新的历史条件下，坚持和完善人民代表大会制度，用制度体系保证人民当家作主，使之更加体现人民意志、保障人民权益、激发人民创造活力，必须明确重点，健全关键举措，要针对改革发展中存在的制度短板和薄弱环节，做到坚持党的领导、人民当家作主和依法治国有机统一；围绕新时代社会主要矛盾发挥好人大职能作用；坚持创新与发展强化制度建设；保障代表依法履职发挥好代表主体作用；健全人大工作内部运行机制等。

一、坚持党的领导、人民当家作主和依法治国有机统一

坚持党的领导、人民当家作主、依法治国有机统一，是习近平总书记关于坚持和完善人民代表大会制度重要论述的核心内容。栗战书委员长在学习

① 栗战书：《加强理论武装 增强"四个意识"推动新时代人大制度和人大工作完善发展——在深入学习贯彻习近平总书记关于坚持和完善人民代表大会制度的重要思想交流会上的讲话》，《中国人大》2018年第19期。

贯彻习近平总书记关于坚持和完善人民代表大会制度重要思想交流会上讲话中指出："坚持三者有机统一，是新时代人大工作必须牢牢把握的基本原则。"60 多年的实践充分证明，人民代表大会制度与党的领导、人民当家作主、依法治国有着一种与生俱来的联系，是"三者有机统一"的根本制度载体。

（一）人民代表大会制度是实现党的领导的根本政治制度基础

"中国特色社会主义最本质的特征是中国共产党的领导，中国特色社会主义制度的最大优势是中国共产党的领导。"[①] 中国共产党领导、支持和保证人民当家作主，就是从制度上、法律上保障这一根本准则在国家和社会生活中得到充分的贯彻和体现。作为中国特色社会主义制度的重要组成部分，"人民代表大会制度是党领导人民当家作主的根本政治制度"，这决定了党的领导是坚持和完善人民代表大会制度的根本原则，是实现党的领导的根本政治制度基础。[②] 人大工作最大的特点是依法按程序办事，善于将集中全体人民意志的党的主张通过法定程序上升为国家意志，使国家上下一体遵循。各级人大及其常委会的工作要始终保持坚定正确的政治方向，最重要、最根本的就是要坚持和依靠党的领导。要在人大工作中牢固树立党的观念，自觉把人大工作置于党委领导之下，围绕发展大局，紧跟党委决策部署来确定和谋划人大工作，确保党委的决策部署和重要人事安排，通过人大及其常委会依法按程序推动落实，把党的领导体现在人大工作的各个方面和全过程。同时，各级党委要发挥好总揽全局、协调各方的作用，主动加强对人大工作的领导，把人大工作纳入总体工作布局，统一谋划、部署和推进，确保人大履职更好体现党委决策部署；要加强宪法和人民代表大会制度的宣传普及，筑牢宪法意识，增强宪法精神，清楚地了解人民代表大会制度的内涵，树立起

---

① 习近平：《决胜全面建成小康社会 夺取新时代中国特色社会主义伟大胜利——在中国共产党第十九次全国代表大会上的报告》，《人民日报》2017 年 10 月 28 日。

② 周成奎、刘松山、周伟：《以良法促善治，以监督护权威——人民代表大会制度三人谈》，《中国法律评论》2018 年第 1 期。

人民代表大会制度自信。要支持和保证人大依法履职，保证各级人大及其常委会能够充分行使立法、监督、决定等权力。要认真落实党中央关于加强县乡人大工作和建设的意见，着眼于切实解决当前县乡人大工作和建设中存在的突出问题，切实发挥县乡人大和人大代表的作用，完善县乡人大工作机制和组织制度。围绕充分发挥基层人大代表的主体作用，健全代表工作机制。进一步解决好县乡人大工作有人办事、有钱办事、有章理事的问题，增强基层人大工作的生机和活力，促进县乡人大工作更加规范、更有成效，在助推基层民主法治建设和地方经济社会发展中发挥更大作用。[1]

（二）人民代表大会制度是我国人民当家作主的根本途径

人民代表大会制度之所以具有强大的生命力和巨大的优势，就在于它深深植根于人民之中，始终代表和维护最广大人民的根本利益。"这也是我们党领导人民跳出历史兴亡周期律的根本制度保证"。[2] 人民代表大会制度的根基在人民，血脉也在人民。在新的历史条件下，坚持和完善人民代表大会制度，推动人大制度和人大工作与时俱进，"必须坚持人民的主体地位，不断丰富民主形式，拓宽民主渠道，从各层次各领域扩大公民有序政治参与，推进人民民主的具体化、制度化和规范化"，必须始终把最广大人民的根本利益作为人大制度、人大工作的出发点和落脚点。[3]

（三）人民代表大会制度是全面推进依法治国的重要制度基础

"法律是治国之重器，良法是善治之前提。"建设中国特色社会主义法治体系、法治国家，"关键是要形成完备的法律规范体系、高效的法治实施体系、严密的法治监督体系、有力的法治保障体系，其中每一个方面都与人民

---

[1] 曾庆辉：《全面加强县乡人大工作和建设研究——甘肃"平凉经验""定西做法"总结与思考》，《北京航空航天大学学报（社会科学版）》，2018 年第 3 期。

[2] 吴汉民：《人民代表大会制度是三者有机统一的根本制度安排》，《解放日报》2015 年 7 月 9 日。

[3] 吴汉民：《人民代表大会制度是三者有机统一的根本制度安排》，《解放日报》2015 年 7 月 9 日。

代表大会制度密切相关，都需要人民代表大会制度提供有效的法律供给和制度保障"①。全面推进依法治国，必须推动立法工作与时俱进，"从体制机制上保证科学民主依法立法、维护社会公平正义和国家法制统一"②。要切实维护宪法和法律的权威。

（四）坚持三者有机统一

"人民代表大会制度为实现党的领导、人民当家作主、依法治国提供了可靠的制度载体、实施平台和运行轨道，为实现三者有机统一创造了根本制度环境和实施条件。"③ 坚持三者有机统一，"同时也为推动人民代表大会制度与时俱进、发展完善，确立了根本政治方向和政治遵循"④，拓展了人民代表大会制度的时代内涵。

二、围绕新时代社会主要矛盾，发挥好人大职能作用

党的十九大报告作出"我国社会主要矛盾已经转化为人民日益增长的美好生活需要和不平衡不充分的发展之间的矛盾"的新论断，提出"发展是解决我国一切问题的基础和关键，发展必须是科学发展，必须坚定不移贯彻创新、协调、绿色、开放、共享的发展理念"。五大发展理念体现着党的思想路线的本质要求，贯穿着鲜明的问题导向和人民至上的价值取向。这要求各级人大及其常委会要紧紧抓住现阶段我国社会的主要矛盾和发展特征，围绕促进科学发展、实现社会全面进步这一中心，着力推动提高本地经济社会发展水平，不断满足人民群众对美好生活的需求。

---

① 虞崇胜：《人民代表大会制度是"三者有机统一"的根本政治制度安排》，《党政研究》2018 年第 5 期。
② 虞崇胜：《人民代表大会制度是"三者有机统一"的根本政治制度安排》，《党政研究》2018 年第 5 期。
③ 傅德辉：《以习近平新时代中国特色社会主义思想为指导，加强人民当家作主制度保障》，《政策》2018 年第 1 期。
④ 沈春耀：《加强人民当家作主制度保障》，《人民日报》2017 年 12 月 21 日。

（一）积极推动贯彻新发展理念

从人大工作的定位和特点出发，找准自身优势与服务科学发展的最佳结合点，扎实履行监督职能，支持政府推行工作。围绕促进经济科学发展来谋划监督工作，把监督的着眼点调整到促进科学发展上来。充分利用好听取和审议专项报告、视察调查，以及执法检查、专题询问等监督手段，重视进一步探索人大监督工作，使监督工作更具刚性和有效性，督促政府大力转变经济发展方式，走可持续发展道路，提高经济发展质量和效益，下大力气解决好发展不平衡不充分的问题。

一是加强对重点项目和生态环境建设的监督。"每年组织代表对重点建设项目进行深入视察，深刻分析困扰项目建设的制约因素，认真探求进一步改善发展环境的对策，有效促进项目建设。"① 围绕生态建设开展专题调研，听取政府专项工作报告，对审议意见跟踪落实，力求实效。还要围绕大气污染综合治理、水环境保护等工作开展调研，促进和保障生态良好。

二是助推创新驱动，不断增强经济发展新动力。党中央提出的创新驱动与全球的技术革命和产业变革形成历史交汇，实施创新驱动发展战略是时代的必然选择。人大要大力支持推动创新驱动的战略决策，围绕创新发展组织人大代表开展检查、视察和调研，推进科技、教育、文化、工业、农业等领域创新创造，驱动快速发展。要在激发创新活力，推动大众创业、万众创新、新技术新产业新业态方面提出议案和建议，发挥科技创新在创新发展中的引领作用，让崇尚科学、创新发展在全社会蔚然成风，形成创新发展的新局面，努力拓展发展的新空间。

三是加强环保执法检查，促进人与自然和谐共生。执法检查是人大履行监督职能的重要手段之一，是保障法律法规实施、实现依法治理的重要途径。各级人大及其常委会要加强环境保护相关法律的检查，要保持高压态势，严厉打击、惩处各类环境犯罪行为，推动形成绿色发展方式和生活方

① 曾庆辉：《用好重大事项决定权》，《学习时报》2016 年 4 月 28 日。

式，促进人与自然的和谐共生。

（二）为发展创造良好法治环境

各级人大及其常委会要以推进民主法治建设为己任，充分发挥人大在立法中的主导作用；要重视现有法规的清理工作，及时修改、废止与全面深化改革不相适应、不合时宜的法规，破除制约改革发展中的体制机制弊端；要重视法治政府、法治社会、法治基层的一体化建设，让法治建设深入人心，以法治推动社会矛盾与问题的解决，努力为推动经济社会科学发展营造良好法治保障。

一是要以立法高质量发展保障和促进经济持续健康发展。发展要高质量，立法也要高质量，要通过立法高质量保障促进经济社会的健康发展。

二是积极推进重点领域立法。要紧扣实践需求，坚持问题导向，将立法着力点更多放在推动深化改革和加快发展上，着力加强生态环境保护、弘扬社会主义核心价值观、保障和改善民生、深化"放管服"改革、实施乡村振兴战略、加强民主政治建设等重点领域的立法，弥补相关制度规范的短板。

三是对改革开放先行先试地区相关立法授权工作要及早作出安排。改革要建立在法律的基础上，重大改革要于法有据。这就是要为改革开放先行先试地区提供相应的法律支撑。

四是要把平等保护贯彻到立法、执法、司法、守法等各个环节，依法平等保护各类市场主体产权和合法权益。

（三）坚持在发展中保障和改善民生

发展为了人民、发展依靠人民、发展成果由人民共享。"五大发展理念"主题主旨相通、目标指向一致，说到底就是以人民为中心的发展思想，既体现党全心全意为人民服务的宗旨，也彰显了人民代表大会制度必须坚持人民主体地位的重要原则。民生问题，事关社会稳定。一方面，要监督政府增加社会公共服务供给，坚持普惠性、保基本、均等化、可持续的方向，从解决人民最关心、最直接、最现实的利益问题入手，增强政府的职责，提高公共服务共建能力和共享水平；另一方面，要了解基层群众的所需所盼，推动政府部门有效解决。同时，要督促落实各项社会保障制度，实现全体人民共同迈入全面小康社会。要把实现好、维护好、发展好最广大人民群众的根本利益作为工作重心，聚焦人民群众普遍关心的热点难点问题，充分运用法律赋予的各项职权，促进民生问题的解决和落实，让广大人民群众最大限度地分享改革发展的成果。

一是关注民生工程。要围绕每年的民生工程计划实施情况进行督导调研、视察检查，对确定的具体实事进行全面核查梳理，促进民生工程的全面完成。

二是重视"三农"工作。组织开展对农村基础设施建设、文明生态建设、农村产业化经营、农村水利建设、畜牧业生产等工作的监督，督促政府及有关部门进一步加大对农村和农业的投入，不断改善农村生产生活条件。

三、坚持创新与发展，强化人大制度建设

人民代表大会制度的不断完善，人大工作的每一个进步，都是在解放思想、不断开拓前进和坚持继承创新相统一的基础上取得的。要按照新时期、新形势、新任务的要求，在实践中积极探索，不断改革和完善那些不合时宜的思想观念、体制机制和方式方法。只有按照形势发展要求不断创新制度理论和工作实践，才能更好地坚持和完善人民代表大会制度。当前，推动人民代表大会制度创新与发展，必须强化制度建设，推动形成更加成熟更加定型的制度体系。

（一）着力完善地方立法体制机制

地方立法是中国特色社会主义法律体系的重要组成部分，也是推进改革发展稳定事业的重要保证。随着我国社会主要矛盾发生历史性变化，人民群众对安全稳定、幸福美好生活的追求更高了，大家对地方立法的要求，已经

不是有没有的问题，而是好不好、管用不管用的问题。这样的形势，对地方立法工作提出了新的更高要求，不仅需要通过立法把以往的成功经验固化下来，也需要通过立法来凝聚改革共识、推动制度创新，引领经济社会持续健康发展。同时，立法工作又是一项政治性、专业性、理论性、实践性都很强的工作。多年来，有立法权的各地方人大及其常委会紧扣经济社会发展需要，不断加强和改进立法工作，为全面深化改革和经济社会发展发挥了重要作用。但我们也要承认，地方立法体制机制不完善、立法质量不高的问题仍然存在。因此，我们要从党和国家工作全局着眼，把全面深化改革同完善立法有机结合起来，把做好顶层设计同先行先试、探索创新有机结合起来，充分发挥立法引领、推动和保障改革的重要作用。

一是要坚持以习近平新时代中国特色社会主义思想为指导，把以人民为中心的发展思想贯穿到立法的各环节，把社会主义核心价值观融入立法的全过程，既全面准确贯彻宪法精神和上位法要求，维护法制统一，又紧扣中心工作和发展需要，突出地方特色，扎实推进科学立法、民主立法、依法立法，切实发挥立法对地方经济社会发展的引领和推动作用。

二是要发挥人大及其常委会在立法中的主导作用，把好计划关、起草关和审议关等重要关口，认真落实党委确定的重点立法任务，编制落实好立法规划，增强立法的统筹性、针对性、前瞻性。在实践当中，大量法规草案都是由政府起草并提请审议的，要注意发挥政府在立法工作中的基础性作用，形成工作合力。要发挥人大在立法中的审议把关作用，扎实做好立法调研、立法论证、民意汇集等工作，提高立法质量和效率。①

三是要坚持急需先立，区分轻重缓急，加快脱贫攻坚、生态文明建设、经济高质量发展、乡村振兴等领域的立法工作，优先安排创新社会管理、完善社会保障、维护公共安全等立法项目。同时，要加强立法工作与深化改革的衔接协调，根据改革进展和要求，及时修改和废止不合时宜的法规规章，为简政放权提供法治支撑。

---

① 曾庆辉：《提高地方立法质量须切实发挥地方人大主导作用》，《中国党政干部论坛》2019 年第 3 期。

四是《中华人民共和国立法法》赋予设区的市地方立法权后，立法主体、立法和法规审查任务都明显增多，与这一形势相比，各级人大立法力量还比较薄弱、立法能力不足的问题更加凸显。各级党委、人大要主动适应地方立法工作需要，按照正规化、专业化、职业化的要求，加快建设一支高素质的立法人才队伍。

（二）增强人大监督工作的针对性和实效性

人大监督是人民代表大会制度的内在要求和制度安排，体现了一切权力属于人民的宪法原则。人大的监督工作，涉及政治、经济、文化、社会、生态文明建设各个方面。当前，各级人大及其常委会监督机制不健全、不善于监督，以及监督工作"粗、宽、松、软"等问题，还不同程度存在。要坚持问题导向，注重能力提升，改进方式方法，不断提高监督的针对性和实效性。应进一步健全和完善监督工作机制，探索监督方法，加大监督力度，着力解决监督工作中存在的突出问题，增强人大监督的刚性，树立人大监督的权威。

一是要科学选择监督项目。按照议大事、抓重点、求实效的监督工作思路，坚持围绕中心、突出重点、彰显民生的选题原则，抓住主要矛盾，分清轻重缓急，抓住事关全面深化改革、全面推进依法治国的重大事项、群众关心社会关注的重大问题等，作为监督工作项目。

二是要用足用好法定监督方式。在实践中，要把法定的监督方式用好用足用活。既要善于运用听取和审议专项工作报告、执法检查、工作视察等柔性监督手段，又要善于运用质询、特定问题调查、撤职等刚性监督手段，做到刚柔并济、综合发力，务求取得实际效果。

三是必须正确处理监督与支持的关系。各级人大及其常委会要严格按照法定职权和法定程序，围绕党委中心工作和"一府一委两院"重点工作，紧扣人民群众普遍关心的热点和难点问题，加强对脱贫攻坚、生态保护、民生改善、乡村振兴、扫黑除恶专项斗争等方面的监督，把监督寓于支持之中，将监督的压力转化为相关方面改进工作的动力，推动"一府一委两院"依法履职尽责，凝聚起深化改革、加快发展的整体合力。

（三）健全完善重大事项决定机制

人大依法讨论决定重大事项，是宪法和法律赋予的重要职权，是推进决策科学化、民主化、法治化的重要举措。在具体工作中，我们要把握重大事项的范围和重点，"把事关经济社会发展的重大政策和改革举措、人民群众高度关注的重大民生问题"①，及时列入讨论决定重大事项的清单，积极回应社会关切，提高讨论决定重大事项的水平。要建立健全重大事项"年度清单"制度，推动重大事项决定权主动行使、实质性行使。划清讨论决定重大事项"边界"，坚持"依照法律、事关全局、群众利益"原则，对现行规定中议而可决、议而必决、报告备案等三大类重大事项进行调整细化，科学界定"清单"范围。要规范讨论决定重大事项"流程"，建立党委、人大、政府协调机制。②

（四）支持和保证人大依法行使任免权

人事任免权，是宪法和法律赋予人大及其常委会的一项重要职权，它不只是程序性权力，也不只是履行手续而已，而是一项实质性权力，是各级人大作为国家权力机关的必然要求和重要体现，是人民当家作主的重要制度保证，也是人民代表大会制度的重要特点之一。要把党的组织路线、干部政策和用人标准贯穿始终，使党组织推荐的人选通过法定程序成为地方政权机关的领导人员，督促被任命人员增强宪法意识、公仆意识和自觉接受监督的意识，依法完善人事任免各项工作程序，全面加强对干部的任后监督。

四、保障代表依法履职，发挥好代表主体作用

"人大代表是人民代表大会的主体，代表人民的利益和意志参加行使国

---

① 曾庆辉：《地方人大重大事项决定权实践探索及完善路径》，《新视野》2017 年第 1 期。
② 曾庆辉：《依托"年度清单"做实重大事项决定权》，《检察日报》2016 年 5 月 23 日。

家权力。"① 人大代表由人民选举产生，大多数来自基层，和人民群众有着天然的联系，对基层情况最熟悉，对老百姓的所思所想所盼最清楚，这是人大代表的优势。因此，代表的素质、责任感、履职能力直接关系到人民群众愿望和诉求能否实现；人大代表能否依法履职，决定着我国人民代表大会制度能否真正发挥作用。尊重代表主体地位，支持和保证代表依法履职，充分发挥好代表作用，是人民当家作主的重要体现，是人大工作保持生机与活力的重要基础，也是坚持和完善人民代表大会制度的重要内容。

（一）健全代表联系群众机制，实现诉求能够传递

人大代表是由选民或者选举单位选举产生的，这使人大代表与人民群众有着天然的联系。要完善体制机制，加强代表联系人民群众工作的保障和指导。同时，代表要深入基层，全面了解情况，广泛听取并真实反映人民群众的意见。

（二）健全代表建议办理机制，做到问题能够解决

人大代表提出议案、建议，是代表履行职务、为民代言的主要形式之一。在我国，人大代表不能直接处理与选民联系中收集到的问题，必须以议案、建议的形式通过代表工作机关将这些问题转交有关机关处理。因此，健全代表议案、建议办理机制，使人民群众的利益诉求及时得到解决，是确保国家权力机关联系人民群众实效的最关键环节，也是人民有效行使国家权力的重要保证和途径。要提升代表综合素质，提高代表建议质量；要采取有效措施，彻底解决人大重交办、轻督办，承办部门重答复、轻解决的问题，真正把反映群众呼声的代表议案、建议落到实处；进一步加强代表建议办理和督办的基础性、公开性工作，对不重视、敷衍推诿甚至虚报情况的承办单位和责任人，要进行严厉问责；要从制度化、程序化、规范化方面完善推动代表议案建议办理和督办工作。通过建立健全代表议案建议办理机制，真正把

---

① 莫纪宏：《人民代表大会制度是我国的根本政治制度》，《公民与法（法学版）》2009 年第 4 期。

问题解决，力求做到代表满意，群众满意，部门满意。

（三）建立健全代表工作保障机制

完善代表履职服务和管理制度，确保人大工作机构对代表有效联络和提供优质服务，加大对代表在闭会期间履职服务保障力度，对代表活动和履职给予足够的经费保障，加强与代表的联系沟通，提高各级人大代表履行职责、服务选民群众的积极性和主动性。要为基层人大代表提供良好的履职环境和有力的制度保障。要从政治保障、时间保障、物质保障、组织保障等四个方面保障代表依法履职行权。

（四）加强代表履职能力建设

提高代表履职能力建设是发挥代表作用的基础和前提，要紧紧围绕代表履职需要，不断创新内容方式，着力提高培训质量，开展多形式、多层次、全方位的培训。一是要认真开展习近平新时代中国特色社会主义思想、党的十九大精神等专题培训，进一步提高代表的政治站位；二是要扎实开展宪法法律培训，进一步增强代表依法履职意识；三是要积极开展履职培训，进一步提高代表履职能力。要重视加强对代表学习掌握人民代表大会议事规则、常委会各项规章制度、人大工作程序，以及如何联系服务群众、如何审议工作报告、如何撰写议案建议等方面培训力度，让代表更好地掌握服务群众、处理问题的方法技能。在人代会前，为代表进行点对点、人对人的指导帮助和服务，提高代表意见建议的撰写质量，促使代表明白"我是谁、代表谁、为了谁"，真正做到让人民满意。同时，要进一步扩大基层代表参与常委会视察调研、执法检查、述职评议等活动的数量，事前围绕会议内容组织学习相关知识，扩大代表知政知情渠道。

五、加强人大自身建设，健全人大工作内部运行机制

加强自身建设，健全运行机制，是各级人大及其常委会依法履行法定职

责、发挥权力机关作用的重要保证，也是人大工作中的一项基础性工作。各级人大及其常委会要把政治建设放在首位，自觉把各项工作置于同级党委的领导之下，确保人大工作的正确政治方向。要不断改进作风，围绕党委中心工作，深入开展调研，全面掌握情况，找准问题症结，为科学民主决策提供重要参考。要弘扬"马上就办"的精神，提高工作效率，加大代表议案和建议的督办力度，让代表们的工作从"纸上"落到"地上"。要健全人大工作内部运行机制，实现协调配合、高效运转，推动工作效率提高。要构建科学管用的制度体系，提升制度的整体功效，完善适合国家权力机关特点、充满活力的组织制度和运行机制，不断促进人大及其常委会、专委会工作的制度化、规范化和程序化，彰显人大的独特优势，更好地开创新时代人大工作新局面。

（一）优化专门委员会组成人员结构，突出专业性

目前，法律对人大专门委员会的设置和人员配备只有原则规定，各地做法也不尽相同。从实践来看，优化人大各专门委员会结构，应以专业化需求为原则，"法律应对地方人大专门委员会的名称、数量以及职责范围、议事程序、履职的主要方式等作出细化规范"[1]；要"着力优化专门委员会组成人员的专业知识结构，促进专门委员会专业化；要提高专门委员会组成人员专职化的比例等"。[2]

（二）优化人大机关干部队伍结构，发挥参谋助手功能

人大机关干部是为人民代表大会、常务委员会、专门委员会服务的重要力量，是其发挥作用的服务保障团队和重要参谋助手，也会成为这些机构组成人员的重要来源，在很大程度上决定了国家权力机关的决策水平和效率。

---

① 杜睿哲、曾庆辉：《完善地方人大专门委员会设置》，《中国社会科学报》2017年11月23日。

② 杜睿哲、曾庆辉：《地方人大特定问题调查权研究》，《北京行政学院学报》2018年第2期。

人大机关应该注重从有法律和经济专业背景或工作经历的人员中招录工作人员，注重机关干部队伍的管理，注重选派优秀年轻干部到基层锻炼，增强机关干部整体素质和服务能力；要从结构上努力优化人大干部队伍配置，逐步改善和提高人大干部队伍的整体素质；要从机制上全面激活人大干部队伍活力，按照"高进、严管、优出"的要求，建立健全人大干部队伍用人、管理和交流的机制，不断提升人大干部队伍的活力；要按照选贤用能、德才兼备的选人用人要求，真正把"让想干事的有机会、肯干事的有舞台、干成事的受重用"落到实处。

（三）健全人大内部联动机制，推动工作效率提高

只有做到围绕中心、协调一致，才能提高决策效率，才能更好地保证人民当家作主。一方面，人大机关内部各专门委员会、工作机构、办事机构之间要密切协调配合，在立法、监督、讨论决定重大事项，以及代表工作等各方面，保持密切沟通，形成统一认识，做到无缝衔接。另一方面，上级人大要切实履行法律监督、业务指导和工作联系的责任，特别是要主动加强对下级人大工作的指导，形成人大工作的整体合力。上级人大要善于发挥和借助下级人大的力量开展执法检查、视察、调研等，增强工作的针对性，善于总结和推广基层人大工作经验，增强工作的实效性。

（四）认真回应社会关切

《中共中央关于全面深化改革若干重大问题的决定》明确提出，"各级人大要通过询问、质询、特定问题调查、备案审查等积极回应社会关切"。这既是党中央对人大工作提出的新要求，也是人民群众的强烈期盼。特别是在全面深化改革和全面依法治国的新形势下，社会各界对人大寄予极大期望，人民群众也更多地将人大作为利益诉求的主要表达渠道。民有所呼，我有所应，有效回应社会关切，密切党群、干群关系，消除不良影响，维护公平正义，促进民主法治建设，是人大及其常委会的必然职责。人民群众的关注点，就是人大工作的着力点，各级人大应通过有效途径积极回应社会关切，

推动相关领域立法，推动"一府一委两院"解决人民群众关心的热点难点焦点问题，把监督人大履职的过程变成落实人民当家作主的过程。（1）要健全完善回应制度，明确回应方式，保证及时、准确、有效回应社会关切，不让回应成为形式。（2）要抓住关切重点，尤其要高度重视人民群众对政府财政预算决算审查监督的知情要求①、对规范性文件和重大行政决策合法性审查的要求，推进依法行政、公正司法，保证为人民的利益使用人民赋予的权力。（3）要在法律层面就使用询问、质询、特定问题调查等刚性较强的监督手段的程序进行细化规范②，增强可操作性，使之逐步成为人大常态化监督手段。（4）要提升人大履职的回应性和灵敏度。

---

① 曾庆辉：《人大财政监督的困境及其应对》，《岭南学刊》2017 年第 5 期。
② 曾庆辉：《发挥特定问题调查权在人大监督中的作用》，《中国党政干部论坛》2017 年第 3 期。

我国人民代表大会的制度特征及职权发展逻辑*

孙　莹**

【摘　要】本文探讨我国人大制度在组织结构、功能职权和议事程序方面的制度特征。我国人大代表结构比例需遵循"均衡性"原则;"四个机关"的性质地位使得我国人大及其常委会的功能职权具有"复合型"特点;"工作型"议事模式侧重人大常委会的运作和集体职权的行使。各级人大常委会在行使宪法法律明文列举职权的同时也探索其行使"默示职权"的空间,各级人大常委会在探索人大制度创新空间的同时应遵循合宪性和合法性的原则。我国人大及其常委会结构组成和功能职权的上述特征体现我国人大制度运行的内在规律,也蕴藏着人大制度未来的发展方向。

【关键词】人民代表大会制度;代表选举;人大功能职权

2021 年 3 月 11 日,十三届全国人大四次会议表决通过《中华人民共和国全国人民代表大会组织法》和《中华人民共和国全国人民代表大会议事规则》(以下简称"一法一规则")的修改,揭开 2018 年《中华人民共和国宪法》(以下简称《宪法》)修改之后此轮人大组织机构和职权行使的相关法律修改的序幕。《中华人民共和国地方各级人民代表大会和地方各级人民政府组织法》(以下简称《地方组织法》)于 2022 年 3 月 11 日在第十三届全国

---

* 本文系研究阐释党的十九届六中全会精神国家社科基金重大项目"完善以宪法为核心的中国特色社会主义法律体系研究"(批准号:22ZDA073)的阶段性成果,部分发表于《复旦学报(社会科学版)》2022 年第 5 期。

** 孙莹,中山大学法学院副教授、博士生导师。

人民代表大会第五次会议上修改通过，《中华人民共和国全国人民代表大会常务委员会议事规则》于 2022 年 6 月 24 日修改通过。《中华人民共和国立法法》（以下简称《立法法》）、《中华人民共和国各级人民代表大会常务委员会监督法》（以下简称《监督法》）的修改也被列入了全国人大常委会立法工作计划。从法律修改的内容和人大运行实践可以看到我国人大制度呈现出稳定而独特的模式特征。

对于人民代表大会的制度特征或制度优越性，传统的习以为常的表述容易陷入固有思维的窠臼，而新兴国家机构教义学的理论尝试大多是从国家权力横向配置模式的角度分析人大在权力整体运行中的地位，对人大制度本身的特点研究尚欠缺。① 本文依据《宪法》和人大制度相关法律，结合人大制度实践的新经验新成果、新情况和新问题，从人大的结构组成、职权功能和议事程序三个方面对我国人民代表大会自身的制度特征和运行原理作一些浅显的归纳分析，并试图总结人大常委会职权演进的规律并对其进行理论阐释，以期抛砖引玉。

一、人大制度特征的多维视角阐释

人民代表大会具有独特性和优越性，是适合我国国情的根本政治制度，这是一种习以为常的表述。现有文献对人大制度特征及优越性的解读已经陷入一种思维定式。目前对于人大制度优越性的解释大致有三种视角，分别是历史国情的视角、民主选举的视角和权力关系的视角。这三种传统解释进路是介绍我国人民代表大会制度优越性的通说，分别从某个侧面揭示我国人大制度的特点，同时又有其内在限度。

（一）历史论或国情论的解释，即人民代表大会制度是在中国的具体历史条件下形成的，是历史和人民的选择。② 符合我国国情当然是我国人大制

---

① 张翔：《我国国家权力配置原则的功能主义解释》，《中外法学》2018 年第 2 期；林彦：《国家权力的横向配置结构》，《法学家》2018 年第 5 期。

② 周叶中主编：《宪法》第五版，高等教育出版社 2020 年版。

度的优越性。这种解释论的局限在于，历史论国情论是各国政治制度选择和设计的共同理论基础，不能视为人大制度优越性的个性，任何国家的政治制度都是其历史选择的结果。正如习近平总书记指出的："每个国家的政治制度都是独特的，都是由这个国家的人民决定的，都是在这个国家历史传承、文化传统、经济社会发展的基础上长期发展、渐进改进、内生性演化的结果。"①

（二）选举民主论的解释，即人民代表大会制度便于人民参加国家管理，代表由人民选出，对选民和选举单位负责。②"人大代表由人民选出"同样并非人大制度的独特优势。因为代议机关的本质就是由选举产生的机构，任何国家和地区的代议机关的组成人员都是选举产生的，理论上和制度上都是对其选区、选民负责的。况且我国的人大代表只在区县一级由直接选举产生，用选民与代表之间的选举纽带来论证制度优越性在逻辑上是难以自洽的。

（三）权力关系论的解释，这种解释又呈现出三个维度。首先是权力统一论的维度，即从横向权力关系来看，人民代表大会制度便于集中统一地行使国家权力，人大产生其他国家机关从而在国家权力行使过程中具有主导支配地位。③其次是央地关系论的维度，即从纵向权力关系来看，人民代表大会制度既能保证中央的统一领导，又能充分发挥地方的主动性和积极性。④最后是权力系统论的维度，即从系统的权力关系来看，人大制度有利于加强和改善党对国家事务的领导。⑤从权力关系的视角解释人大制度优越性，把握到我国在政治制度安排、国家机构设置方面与西方政制架构的不同，但其忽略了人大自身机构组织内部的权力运行机制。

① 习近平：《设计和发展国家政治制度 要从国情出发从实际出发——在庆祝全国人民代表大会成立60周年大会上的讲话》，《中国人大》2014年第18期。
② 殷啸虎主编：《宪法学教程》，上海人民出版社2005年版。
③ 许崇德主编：《宪法学（中国部分）》，高等教育出版社2000年版；《宪法学》编写组：《宪法学》，高等教育出版社、人民出版社2011年版。
④ 董和平、韩大元、李树忠：《宪法学》，法律出版社2000年版；《宪法学》编写组：《宪法学》，高等教育出版社、人民出版社2011年版。
⑤ 中国人大网："我国人民代表大会制度的优越性体现在哪些方面？" http://www.npc.gov.cn/zgrdw/npc/sjb/2013-02/19/content_1755120.htm。

出于对上述三种视角的补充，本文尝试从人大制度自身的组织结构、功能定位和议事程序等内部因素来寻找我国人大制度的特征。人大制度优越性的辨别前提是区分我国人大制度与西方政治制度的不同，也就是理论上先要明确我国人大制度本身的制度特征。笔者认为，人民代表大会制度与其他国家代议政治制度相比是有其自身特点的。我国人大制度在组织结构、功能职权和议事程序等方面都已形成独有的模式特征，体现于相关法律修改和人大运作实践中。代表结构比例的"均衡性"原则、"一元二体"的人大及其常委会组织机构的设置和发展是我国人大组织结构的制度特征；人大及其常委会作为"政治机关"、"权力机关"、"工作机关"和"代表机关"的性质地位使得我国人大机关的功能职权具有复合型的特点，超越了立法机关和代议机关的传统职能；我国人大及其常委会议事规则具有"工作型"议事模式的特点，其议事程序侧重常委会的运作，侧重集体职权的行使。各级人大常委会在行使宪法法律明确列举职权的同时，应遵循合宪性和合法性的原则。我国人大及其常委会结构组成和功能职权的上述特征，体现我国人大制度运行的内在规律，也蕴藏着人大制度未来的发展方向。

二、人大代表结构的"均衡性"价值取向

人民代表大会的结构组成有两层含义：一层意思是指人大代表的结构组成；另一层意思是指人大的内部组织架构。就人大代表结构组成而言，笔者曾经提出我国人民代表大会符合多元主义的代表模式，即代议机关由来自各社会阶层的代表组成。① 在此基础上，本文提出我国人大代表结构组成的"均衡性"原则。均衡参与源自政治平等和民主的本质要求。民主的纯朴本意就是，在一个社团中承认其成员具备有平等的资格，保证其参与社团决策的权利。② 如果把国家视作一个社团，各社团成员（可以理解为各地域、各

---

① 孙莹：《论我国人大代表结构比例的调整优化——以精英主义和多元主义代表模式为分析框架》，《中山大学学报（社会科学版）》2013年第4期。
② ［美］罗伯特·达尔：《论民主》，李柏光、林猛译，商务印书馆1999年版。

族群、各阶层等）均衡参与的程度越高，国家政权的合法性、正当性、认受性就越强。"均衡参与"虽未作为一种选举的普遍原则明确提出，但是各国宪法在设计其立法机关时大都考虑了这一因素，并且越来越重视该原则在立法机关议席配置中的运用。在选举权的普遍性已经成为世界主流的今天，"均衡参与"指向的不是普选权和选举过程，而是采用宪法和法律或其他制度和非制度化的安排让选举结果实现某个特定目的。各国宪法在分配国家立法机关议席时，最初考虑是地域成员单位的均衡参与。例如，《美国宪法》第 1 条第 3 款规定参议院由每州议会选举两名参议员组成；《德国基本法》第 51 条第 1 款规定参议院由各州政府指派其政府成员组成；《法国宪法》第 24 条规定参议院要保证共和国各地方公共团体的代表性；等等。随后性别、族群等因素也被纳入考虑范畴，这种选举制度的改革被称为"选举配额制"（Electoral quotas），即在宪法或法律中预留一定数量或比例的议席给特定人士，尤其是妇女和少数族裔。[1]例如，《罗马尼亚共和国宪法》第 62 条规定，每个少数民族公民只能被一个组织所代表，而每个少数民族的公民组织如果选举中未获足够选票，仍有权在众议院分得一个席位；阿根廷共和国选举配额法（The Quota Law）规定政党提出的候选人名单中必须预留 30% 的比例给女性候选人。[2]

我国人大制度将"均衡参与"原则更广泛地予以理解和适用，意指人大代表的组成尽量涵盖各身份、各行业、各阶层、各地域、各党派，以及妇女和少数民族等群体。首先，从历史维度观察，全国人大会议的雏形即 1948 年举行的华北人民临时代表大会的代表就由工人、农民、妇女、革命家、工商业者、自由职业者、新式富农、社会贤达、开明绅士、民盟盟员、少数民族、国统区人民团体组成，包含了地域代表、职业代表和团体代表，可以说涵盖了当时的社会各主要阶层。[3] 武汉市第二届人民代表大会的代表候选人

---

[1] Mona Lena Krook, Pär Zetterberg, "Electoral Quotas and Political Representation: Comparative Perspectives", *International Political Science Review*, 35. 1 (2014), pp. 3 – 11.

[2] Tricia Gray, "Electoral Gender Quotas: Lessons from Argentina and Chile", *Bulletin of Latin American Research*, 22. 1 (2003), pp. 59 – 60.

[3] 阚珂：《人民代表大会那些事》，法律出版社 2017 年版，第 22 页。

名单里，包括市提出的党员候选人 81 名和各界提出的候选人 185 名，后者又细分为工商界、民主党派、无党派、科技界、大学教授、中小学教员、医药卫生、文化戏剧演员、民族、宗教和归侨 10 类。[①]"均衡参与"不是数额上绝对的平均分配，上述各界别的代表人数并不是平等的，而且只有在各界别中出类拔萃的人士才会成为代表候选人。"均衡参与"也难以达到皮特金代表理论所称的如"镜子"一般在代表机关中映射出真实的社会阶层状况。[②]这种均衡参与是指维护各阶层、各界别在代表机关中拥有其代表"在场"的权利。

其次，从执政党对人大制度的认识角度，均衡参与是反复被提及的主题。1953 年《中华人民共和国全国人民代表大会和地方各级人民代表大会选举法》（以下简称《选举法》）曾规定城乡按不同人口比例选举代表，邓小平在对 1953 年《中华人民共和国全国人民代表大会及地方各级人民代表大会选举法（草案）》的说明中指出，"这些在选举上不同比例的规定，就某种方面来说，是不完全平等的，但是只有这一规定，才能真实地反映我国的现实生活，才能使全国各民族各阶层在各级人民代表大会中有与其地位相当的代表"。并且，随着我国政治、经济、文化的发展，选举制度会更加完备，"过渡到更为平等和完全平等的选举"[③]。彭真在说明 1982 年宪法修改草案时也提到，"各阶级、各阶层、各民族、各地方、各方面、各政党在全国人大中都需要有适当数量的代表"。[④]党的十八大报告提出，"提高基层人大代表特别是一线工人、农民、知识分子代表比例"。党的十九届四中全会决定提出"适当增加基层人大代表数量"。可见执政党对于人大代表结构比例的均衡性有着一以贯之的坚持。

再次，《选举法》历次修改体现出"均衡参与"的价值取向和趋势。

---

① 历史资料由作者采集自武汉市档案馆。

② Hanna Fenichel Pitkin, *The Concept of Representation*,（Berkeley: University of California Press, 1967）p. 61.

③ 全国人大常委会法制工作委员会国家法室编：《选举法适用问答》，中国民主法制出版社 2016 年版。

④ 彭真：《关于中华人民共和国宪法修改草案的说明——1982 年 4 月 22 日在第五届全国人民代表大会常务委员会第二十三次会议上》；于友民、乔晓阳编著：《中华人民共和国现行法律及立法文件》上卷，中国民主法制出版社 2002 年版。

1979 年通过的《选举法》没有针对代表结构比例的规定。1982 年修改《选举法》在第 6 条增加规定："全国人民代表大会和归侨人数较多地区的地方人民代表大会，应当有适当名额的归侨代表。"1995 年修改《选举法》第 6 条增加第 1 款："全国人民代表大会和地方各级人民代表大会的代表中，应当有适当数量的妇女代表，并逐步提高妇女代表的比例。"2010 年《选举法》将第 6 条第 1 款修改为："全国人民代表大会和地方各级人民代表大会的代表应当具有广泛的代表性，应当有适当数量的基层代表，特别是工人、农民和知识分子代表；应当有适当数量的妇女代表，并逐步提高妇女代表的比例。"同时，2010 年修改《选举法》第 14 条规定代表名额"按照每一代表所代表的城乡人口数相同的原则，以及保证各地区、各民族、各方面都有适当数量代表的要求进行分配"。至此，《选举法》第 6 条和第 14 条共同对代表结构比例提出了要求。① 代表名额分配的平等在我国《选举法》中有三层意义：一是体现人人平等；二是体现地区平等；三是体现民族平等。"这三个平等是我国国体、政体的内在要求，是有机统一的整体。"② "均衡""平等"原则指引《选举法》的修改完善。2020 年修改《选举法》将区县一级代表名额基数由一百二十名增加至一百四十名，这主要是贯彻落实上述十九届四中全会"适当增加基层人大代表数量"的部署要求。③

最后，执政党的意志主张和法律的规定都需要落实于选举实务操作中。代表名额的分配是指把名额分配到各个选区和选举单位，同时也指名额分配给各种身份的代表。直接选举中，代表名额的分配需要考虑"本行政区域内农村、城镇、干部、工人、妇女、少数民族、党外、归侨、知识分子等方面"。④ 工人、干部、知识分子的传统身份分类在选举实践工作中还会进一步

① 经 2020 年修改《选举法》，原第 6 条现为第 7 条，原第 14 条现为第 15 条。
② 武增主编：《〈中华人民共和国全国人民代表大会和地方各级人民代表大会选举法〉导读与释义》，中国民主法制出版社 2021 年版。
③ 沈春耀：《关于〈中华人民共和国全国人民代表大会和地方各级人民代表大会选举法（修正草案）〉的说明——2020 年 10 月 13 日在第十三届全国人民代表大会常务委员会第二十二次会议上》，中国人大网，http：//www.npc.gov.cn/npc/c30834/202010/0d0e5dca30a541d6a49c3927875afecc.shtml，访问日期 2021 年 5 月 20 日。
④ 陈斯喜主编：《县乡两级人大代表选举流程》，中国民主法制出版社 2011 年版。

细分。① 均衡参与不是绝对的平衡，难以涵盖所有的职业和身份，只能是"照顾几个大的方面，包括党外人士、妇女、少数民族、科技界、教育界、文艺界等，不能要求各行各业都照顾到"。②

需要指出的是，目前各级人大代表的结构比例尚未达至"均衡参与"的目标，舆论认为人大代表的结构组成是失衡的，存在"三多三少"③ 的现象。党一再强调"提高基层人大代表比例""增加基层人大代表数量"，既是对初心的追求，也是对代表结构实际状况和社会舆论的回应。

三、"四个机关"的"复合型"功能职权

就人大的内部组织架构而言，县级以上人大设置常务委员会的制度使得中国人大的组织形式在代议机关制度中自成一家。有学者称其为"一院双层"结构或"人大双层组织机构"。④ 也有学者称之为"阶层式议会"，即金字塔形的科层组织而非扁平式的议会组织。⑤ 笔者曾指出，中国的人大有两个身体，即"一元二体"。一个是代表人民主权的，承载中国式民主象征，为政权提供合法性正当性的全国人大会议；另一个是常态化地行使立法机关职权的，越来越具有科层制特征的，行政化的人大机关。⑥ "一院双层"或"一元二体"这种特殊的机构组织影响着人大的功能职权。我国的人大及其

---

① 根据笔者与基层人大工作者的交流，人大代表的职业（身份）分为 8 类人员，包括工人、农民、专业技术人员、党政干部（公务员）、企业单位负责人、事业单位负责人、解放军和武警、其他。代表身份以其参加选举提名时所从事的职业为准。

② 李适时主编：《地方组织法、选举法、代表法导读与释义》，中国民主法制出版社 2015 年版。

③ "三多三少"指人大代表构成中"干部多、企业老总多、男性多，群众少、普通职工少、女性少"。

④ 浦兴祖：《人大"一院双层"结构的有效拓展——纪念县级以上地方各级人大常委会设立 30 周年》，《探索与争鸣》2009 年第 12 期；邹平学：《人民代表大会的规模困境与代表性的逻辑悖论》，《人大研究》2009 年第 4 期。

⑤ 何俊志：《从苏维埃到人民代表大会制——中国共产党关于现代代议制的构想与实践》，复旦大学出版社 2011 年版。

⑥ 孙莹：《全国人大组织法与议事规则的制度空间——兼论"一法一规则"修正草案的完善》，《法学评论》2020 年第 6 期。

常委会的功能具有"复合型"的特点。习近平总书记指出，各级人大及其常委会"成为自觉坚持中国共产党领导的政治机关、保证人民当家作主的国家权力机关、全面担负宪法法律赋予的各项职责的工作机关、始终同人民群众保持密切联系的代表机关"。[①]"四个机关"的定位，使我国的人大及其常委会的功能职权比其他国家议会更为多元。通观各国宪法，立法机关功能职权都包括合法性、代表、立法、审查与监督、产生政府、政治录用、财政授权，等等（见表1）。我国的人大及其常委会的功能职权已经超越了传统的代议机关和立法机关职能，这些功能只能放在"四个机关"的理论视角下去理解。

表1　六国宪法对国会职权的规定之比较[②]

	中国	美国	法国	日本	南非	澳大利亚
人民主权和国会代表性的宣告/政体维持功能	2	—	3	—	42	—
修宪权/政体维持功能	62（1）、64	5	89	96	44、74	128
立法权/政策决定功能	62（3）、64	1（1）、(8)	24（1）	41、59	43、44、73	1、51
中央和地方机构制度的建置权/政策决定功能	62（13）、(14)	1（8）、4（3）	34	—	—	52、121、122、123
选举权/政治录用功能	62（4）、(5)、(6)、(7)、(8)、(9)	—	—	—	42、86	—
罢免权/政治录用功能	63	—	—	—	89	—

---

① 习近平：《在中央人大工作会议上的讲话》，《求是》2022年第5期。

② 表格中数字代表相关宪法条文的序号，62（2）即宪法第62条第2款。
　孙谦、韩大元主编：《立法机构与立法制度：世界各国宪法的规定》，中国检察出版社2013年版；朱福惠、王建学主编：《世界各国宪法文本汇编》，厦门大学出版社2012年版；《世界各国宪法》编辑委员会编译：《世界各国宪法》，中国检察出版社2012年版。

续表

	中国	美国	法国	日本	南非	澳大利亚
财政权/财政授权功能	62（10）、（11）	1（7）、（8）	34、47	60	73（1）、77、214、215、216	51（2）、53、54、55、56、96、105
国政调查权/审查监督功能	71	—	51	62	56	—
质询权/审查监督功能	73	—	—	—	—	—
弹劾权/审查监督功能	—	1（3）	—	64	—	—
不信任案/审查监督功能	—	—	49、50	69	—	—
宣战和缔约权/政策决定功能	62（15）	1（8）	35	61	—	51

《宪法》为各级人大及其常委会的职权行使留下了广阔的制度空间，各级人大及其常委会自身对职权行使的探索创新，使得其"四个机关"的功能含义更加丰富。

（一）权力机关职能：如表1所示，全国人大不仅拥有立法机关的修宪权、立法权、建制权、监督权、财政权和宣战权等，还拥有对其他国家机关的人事任免权，后者就是由其国家"权力机关"的地位和性质决定的。正如学者指出的，我国《宪法》对人大的规定"既有权力，又有职权"。[1]

（二）工作机关职能：《立法法》、《中华人民共和国各级人民代表大会常务委员会监督法》（以下简称《监督法》）、《中华人民共和国地方各级人民代表大会和地方各级人民委员会组织法》（以下简称《地方组织法》）等法律的制定和历次修改，细化和强化了人大及其人大常委会作为"工作机关"的职权。例如，备案审查职权发挥着保证党中央令行禁止、保障宪法法

---

[1] 刘志鑫：《为什么人民代表大会是国家权力机关?》，《环球法律评论》2021年第2期。

律实施、保护公民合法权益、维护国家法制统一和提高规范性文件制定水平的作用。①

（三）代表机关职能：地方人大常委会组织和激励代表履职从而夯实了"代表机关"的功能。近年来代表联络工作站、常委会对代表进行约谈、代表履职档案等制度是地方人大常委会代表工作机制的创新，就是为了充分发挥"代表机关"的职能。

（四）政治机关职能：我国各级人大常委会还担负在本行政区域内贯彻落实党的路线方针政策和中央决策部署的功能，这是其"政治机关"性质职能的体现。首先，在各省人大常委会的日常工作总量中，政治学习与宣示所占比例是较高甚至最高的。② 其次，全国和地方人大常委会的年度工作要点、年度工作计划、年度工作报告的开篇都会强调党的领导，以及对中央会议精神的落实。③ 最后，人大及其常委会的各项工作基本都是围绕中央决策部署和国家改革发展稳定大局。例如，立法工作重心随着国家社会发展需要而调整，从改革开放之初的市场经济立法到贯彻新发展理念的生态环保立法，再到发展现代产业体系的科技立法、数据立法等。全国和地方各级人大常委会贯彻党中央脱贫攻坚战决策部署的机关定点扶贫工作则非常具有中国特色。④ 定点扶贫发挥着安全阀的重要功能，增强了人民对政府的信心和支持，因而也发挥着合法性或政体维持的政治功能。

---

① 全国人大常委会法制工作委员会法规备案审查室：《规范性文件备案审查理论与实务》，中国民主法制出版社 2020 年版。

② 何俊志：《中国省级人大常委会的职能变迁：路径与模式》，《政治学研究》2021 年第1 期。

③ 例如，广东省人大常委会 2020 年工作报告的开篇"省人大常委会在以习近平同志为核心的党中央坚强领导下，坚持以习近平新时代中国特色社会主义思想为指导，全面贯彻党的十九大和十九届二中、三中、四中全会精神，深入学习贯彻习近平总书记对广东重要讲话和重要指示批示精神，贯彻落实'1＋1＋9'工作部署，依法履职、扎实工作……"李玉妹：《广东省人民代表大会常务委员会工作报告——2020 年 1 月 15 日在广东省第十三届人民代表大会第三次会议上》，《广东省人民代表大会常务委员会公报》2020 年第1 号。

④ "进一步深化'四个转变'发挥'四个优势'助'两旗'攻坚摘帽——全国人大机关扎实做好定点扶贫工作"，中国人大网，http：//www.npc.gov.cn/npc/c238/202003/12d6ef6c29de49649b85087243b0201b.shtml，访问日期 2021 年 5 月 20 日。

四、"工作型"而非"辩论型"的议事模式

我国县级以上人大设置常委会的独特建制，各级人大常委会的职权行使，使我国人大的议事程序与西方议会议事规则大不相同。西方议会通常是"辩论型"代议机关（talking assembly），我国人民代表大会是"工作型"代表机关（working assembly）①。对于前者全体议员的辩论是其主要活动形式，对于后者核心活动是其常设委员会的具体工作。工作式议会的核心活动不是发生在全院大会，而是"在各委员会的房间进行的。在那里，立法者形成议案、授权支出和监督行政机构"。② 两者的分野在于其依靠何种机构和何种活动推动国家事务和社会进程。

"以言论抗争的场所即是议会。"③ 由于其重要议题的提出都发生在议会辩论之中，议会议事规则的主要原则性规定都涉及发言和辩论，包括议事公开原则、议事平等原则、一事一议原则、一事不再议原则、会议发言免责原则、限时限次原则、发言完整原则、文明表达原则等。"辩论型"或称"议论式"议会需要较长的会期和复杂的议事程序。例如，英国采取年会制，全年为议会会期。④《法国宪法》第 28 条规定，议会常会自 10 月第一个工作日起至 6 月最后一个工作日止。长会期制下议会职权行使的主要场合是全院大会会议，例如，英国下院全院大会除了周五其他日子每天都保留质询时段，质询处理完毕之前不可提出全院大会休会的动议，政府排表轮值让每个部门每 5 周轮一次回答质询。⑤ 辩论型议会的议事规则通常会

---

① 此处是对"议论式议会"和"工作式议会"概念的借鉴改造。

　　[英] 罗德·黑格、马丁·哈罗普：《比较政府与政治导论（第五版）》，张小劲等译，中国人民大学出版社 2007 年版。

② [英] 罗德·黑格、马丁·哈罗普：《比较政府与政治导论（第五版）》，张小劲等译，中国人民大学出版社 2007 年版。

③ 董璠舆：《外国议会议事规则》，中国政法大学出版社 1993 年版。

④ 蒋劲松：《代议法导论》，法律出版社 2016 年版。

⑤ [英] 罗伯特·罗杰斯、罗德里·沃尔特斯：《议会如何工作》（第 7 版），谷意译，广西师范大学出版社 2017 年版。

专设"辩论"一章。① 英国议会大部分的重要议题都要交付下院大会辩论。② 辩论以动议的提出为中心,议员个体可提出动议和附议。议会议事规则一般也不具有法律的属性,而是议会自治范畴的内部守则,议院内部设议事规则委员会以研究和检讨议院的议事常规并提出修改建议。③ 由于只是内部的行为守则,故议事规则的修改是经常性的,无须经过法律制定的繁复程序。

"工作型"议事模式有两个特点:一是主要工作体现于委员会的运转而非全体大会会议;二是偏重大会的集体职权行使机制而非议员个体发言和辩论机制。我国人大及其常委会的制度运行可以说是"工作型"代表机关的极致。我国的全国人大会议会期较短,一般一年召开一次,大会的主要职责是在年初审议工作报告、通过预算和经济社会发展计划、审议通过重要的基本法律、选举和任命国家机构组成人员等。④ 地方人大的会期和议程与全国人大相似并且会期更短。人大"四个机关"的功能职权的实现,很大程度上依赖于人大常委会和人大专门委员会的运转。正如学者指出的,改革年代全国人大的制度化进展主要体现在常委会功能的强化、专门委员会系统的完善、常委会组成人员的职业化发展、常委会和专门委员会内部制度的日益完善。⑤ 对于地方人大而言,"人大专门委员会功能的发挥程度,直接影响着人大及其常委会权力的实现程度"。⑥ 地方人大专门委员会制度通过《地方组织法》分别在 1986 年、2004 年、2015 年和 2022 年的历次修改中不断地加强和完善。

---

① 例如,英国平民院议事规则第九章"辩论规制"、法国国民议会议事规则第十一章"议会辩论日程的组织安排"、美国众议院议事规则第十七章"礼仪与辩论"、意大利代表院议事规则第八章"辩论"等。《英法美德意六国议会议事规则》,尹中卿等译,中国民主法制出版社 2005 年版。尽管此书出版年份已久,笔者查证过其对六国议事规则的翻译仍然具有参考价值。

② [英]罗德·黑格、马丁·哈罗普:《比较政府与政治导论(第五版)》,张小劲等译,中国人民大学出版社 2007 年版。

③ 诸如英国下院设 Procedure Committee,上院设 Procedure and Privileges Committee;美国众议院设 Committee on Rules,参议院设 Committee on Committee on Rules & Administration Rules.

④ 孙莹:《中国人大议事规则:原理与制度》,法律出版社 2020 年版。

⑤ 张紧跟:《科层制还是民主制?——改革年代全国人大制度化的内在逻辑》,《复旦学报(社会科学版)》2013 年第 5 期。

⑥ 秦前红:《地方人大专门委员会的功能设计及其监督实践》,《国家检察官学院学报》2018 年第 1 期。

工作式议会不追求全院辩论的剧场效应，"审议通常采取在委员会的房间里进行政策辩论的形式"。① 人大全体会议议事程序的一些缺失，在人大常委会的议事规则中得到弥补。在短会期制和议程固定的前提下，我国全国人大议事规则未规定"辩论"程序。而一些地方人大常委会议事规则规定了"辩论"程序。② 并且，人大常委会由于其人数较少，会议经常召开等不同于全体大会的运行特点，可以在议案审议功能方面有更多的制度安排。一些地方人大常委会议事规则规定了"临时动议"和动议的修正案制度。③ "工作型"议事模式侧重集体职权的行使，而非代表个体的动议权。《全国人大组织法》和《地方组织法》限定了提出议案的代表的法定人数门槛，代表个体不能单独行使提案权。《代表法》规定人大常委会组织本级人大代表开展闭会期间的活动。"组织引导个体"的现象存在于人大会议期间和闭会期间的代表履职活动中。④

本文提出的"工作型"议事模式这一观点有助于理解"一法一规则"的"改与不改"。全国人大议事规则的修改与时俱进地总结、吸收了人大制度实践的新经验新成果，同时也未回应一些制度改进诉求。一方面是考虑到全国人大议事规则具备基本法律的地位性质，因而具有稳定性不能轻易修改。全国人大议事规则修法的说明指出，"充分考虑人民代表大会制度作为国家根本政治制度的根本性、全局性、稳定性和长期性，根据实践发展确有必要修改的，与时俱进加以修改完善；可改可不改的，不做修改"。⑤ 另一方面是考虑对人大

---

① ［英］罗德·黑格、马丁·哈罗普：《比较政府与政治导论（第五版）》，张小劲等译，中国人民大学出版社 2007 年版。

② 《辽宁省人民代表大会常务委员会议事规则》第 18 条第 1 款；《海南省人民代表大会常务委员会议事规则》第 13 条第 1 款；《深圳市人民代表大会常务委员会议事规则》第 30 条。

③ 《广东省人民代表大会常务委员会议事规则》第 22 条；《上海市人民代表大会常务委员会议事规则》第 21 条。

④ 孙莹：《中国人大议事规则：原理与制度》，法律出版社 2020 年版。

⑤ 王晨：《关于〈中华人民共和国全国人民代表大会议事规则（修正草案）〉的说明——2021 年 3 月 5 日在第十三届全国人民代表大会第四次会议上》，中国人大网，http://www.npc.gov.cn/npc/c30834/202103/a59961b025d4434f81b3172f280d30c9.shtml，访问日期 2021 年 5 月 20 日。

议事模式的取舍。修法前学界讨论的一些趋向"辩论型"议事程序的建议未被本次修法接受，此类建议包括：法律明文规定延长人大会议会期①、增加大会全体会议次数并且预留大会发言时间②；规定在会议议程草案中将一定数量代表议案列入议程③；建立和完善议案修正案制度④；完善"一府两院"工作报告不通过情形的处理程序⑤；建立和完善大会辩论规则⑥；等等。这些制度建议对于发挥人大全体会议的议决功能是有益的，然而"工作型"议事模式的侧重点不在于此。此类观点未被吸纳的同时，一些针对大会集体职权行使的意见则反映到了本次修法中。例如学者提出的明确全国人大常委会撤职权、明确细化委员长会议职权的建议，本次全国人大组织法修改就对此进行了明确。

五、人大常委会的"默示职权"

综上，我国人大及其常委会具有"四个机关"的复合型功能，其议事程序侧重常委会和专门委员会的运作和集体协商。这样的制度模式带来的一个不可回避的问题就是，在"一院双层"或"一元二体"的组织结构下，人大会议和人大常委会的职权存在重合和分工，人大常委会如何在宪法和法律框架内发展其职权？各级人大及其常委会在推进人大工作实践创新探索"四个机关"的职权空间的同时，应遵循合宪性和合法性的原则。本文认为，可以引入"默示职权"理论来解释人大常委会的职权演进逻辑，并适用此理论来

① 吴大英、任允正、李林：《比较立法制度》，群众出版社 1992 年版；蒋劲松：《代议法导论》，法律出版社 2016 年版。
② 万其刚、蔡春红、苏东：《全国人民代表大会会议制度研究》，《当代法学》2004 年第 6 期。
③ 万其刚、蔡春红、苏东：《全国人民代表大会会议制度研究》，《当代法学》2004 年第 6 期。
④ 陈寒枫：《人代会和人大常委会会议议程的确定程序——进一步完善人大及其常委会会议制度、工作程序和议事规则的探索之五》，《人大研究》2007 年第 10 期。
⑤ 陈寒枫：《关于完善人大及其常委会表决制度——进一步完善人大及其常委会会议制度、工作程序和议事规则的探索之十》，《人大研究》2008 年第 5 期；刘松山：《对修改全国人大及其常委会组织法及议事规则的若干建议》，《中国法律评论》2019 年第 6 期。
⑥ 王燕燕：《检视我国民主议事规则》，《人大研究》2011 年第 11 期。

推定人大常委会职权发展的合宪性。

立法机关职权的范围和内容仰赖于对宪法条款的解释。在宪法学理论中，立法机关的职权包括被列举的权力（明示权力）、目的型权力（默示权力）和结果型权力。①"默示职权"的适用条件可以根据下列三个因素界定：（一）符合宪法法律精神原则和目的；（二）有相关可援引的宪法和法律条文依据；（三）无禁止性限制性的宪法和法律条文规定。

我国各级人大常委会的职权发展演进，一个较为明显的制度化路径就是从明示权力中寻找默示权力的依据从而发展出新的职权行使方式，并且当其积累到一定程度就会作为成熟的实践经验而被法律吸收且成为明示被列举的职权。以地方人大监督权行使为例，《宪法》和《地方组织法》赋予地方人大常委会监督本级"一府两院"工作的职权，但并未具体列举这种监督以何种方式实现。从 20 世纪 80 年代中期开始，各地的地方人大常委会开始探索多种人大监督职权形式，包括代表评议、述职办法、执法责任制、个案监督等，并且制定了评议工作条例、述职评议、对司法案件监督规定等地方人大监督工作法规，② 其中一些监督方式被吸收至 2007 年《监督法》中。这种探索延续至今，近年来地方人大常委会的一些监督权行使方式已经超越了《监

---

① 国会被列举的权力即 Enumerated powers，即宪法条文明确列举出来的职权。默示权力（implied power）是为行使法定职权的目的而必须享有的权力，例如美国宪法第 1 条第 8 款中的"必要和妥当条款"规定了国会的默示权力——"为了行使上述各项权力，以及行使本宪法赋予合众国政府或其各部门或其官员的种种权力，（国会有权）制定一切必要的和妥当的法律"。典型范例是"McCulloch v. Maryland（1819）"一案中马歇尔大法官的推理：美国宪法并未明确授权国会可以成立国家银行，但是宪法明确规定国会有权征税、借债、规制贸易等权力，这些职权的行使暗含着组建国家银行的权力，并且宪法并未明文制止国会立法组建国家银行。基于上述理由和"必要和妥当条款"，马歇尔推导出"默示权力"原则。结果型权力（resulting powers）是指国会因行使明示权力的结果而产生的权力，例如国会宣战的权力产生的后果是对领土的占领权。参见 Jerome A. Barron and C. Thomas Dienes. *Constitutional Law in A Nutshell* (4th edition)，(West Publishing Co.，1999) pp. 65 – 66. 又如，美国宪法并未明文规定国会的调查权，释宪机关认为"国会调查权即为辅助国会立法作用，而授予国会调查，搜集资料之一项重要而适切的权限"，由此确立了国会调查权。郑贤君：《国会调查权：一项独立的准司法权力》，《首都师范大学学报（社会科学版）》2013 年第 3 期。

② 蔡定剑、王晨光主编：《人大监督在探索中发展》，《人民代表大会二十年发展与改革》，中国检察出版社 2001 年版。

督法》所明确列举的七种职权形式。例如，有的地方人大常委会建立"庭审监督系统"，组织人大代表观看法院庭审、抽查案件、提出整改意见；一些地方人大开展检察官、法官"两官"履职评议；多地地方人大实行的"民生实事项目票决制"结合了决定权和监督权等多种职权行使方式；由广东首创，被全国人大常委会发文向全国推行的人大预算联网监督，浙江省温岭市开创的人大预算审查民主恳谈机制等都是监督权行使机制的创新。这类监督工作机制创新的法律依据需要结合几部法律来理解，首先是《监督法》总则第2条第2款"各级人民代表大会常务委员会行使监督职权的程序，适用本法；本法没有规定的，适用有关法律的规定"，此处衔接的法条是《地方组织法》第44条第6项有关监督权的规定。未来《监督法》的修改可以从这几个方面考虑是否吸收地方人大常委会的制度创新实践。

人大及其常委会其他职权的发展也符合从"默示职权"到"列举职权"的制度化路径。例如在地方立法权的行使方面，《宪法》《立法法》都未明确规定区域协同立法这种制度，但这种立法模式符合国家区域协调发展战略因而逐渐推广，并在2022年《地方组织法》修改中得到确认。上述地方人大常委会行使职权的例子都是可以在《宪法》和法律中找到相关出处的，没有相关法律依据则无法拓展所谓默示权力。① 默示权力理论中，立法机关的职权行使不能违背《宪法》条文的禁止性规定。《宪法》对于立法机关权力的禁止性规定，一方面表现为直接规定立法机关无权制定某些领域的法律和政策②；另一方面表现为将某些权力规定为两院中某院的专属权能③。我国的

---

① 例如，《地方组织法》仅规定地方人民代表大会审查和批准本行政区域内的经济和社会发展计划、预算的权力，据此地方人大常委会应尊重和遵守这种人代会专属职权，人大会议也不能授权其人大常委会审查批准国民经济计划和预算。地方人大常委会审查批准决算则无须本级人大授权。乔晓阳、张春生主编：《〈中华人民共和国地方各级人民代表大会和地方各级人民政府组织法〉释义及问题解答》，中国民主法制出版社2006年版。

② 例如，《伊朗宪法》第81条规定，禁止向外国人授予特许权开设公司从事工商农业服务业或采矿。《美国宪法》第1条第9款是关于国会不得制定公民权利的法案或制定溯及既往的法律、不得授予贵族爵位等一系列的禁止性规定。

③ 例如，《美国宪法》第1条第7款规定，所有关于征税的法案都在众议院提出，参议院以修正案的形式表示同意或修改建议。英国议会同样是所有涉及财政法案都在下议院首先审议。

《宪法》法律也为地方各级人大及其常委会的职权划定边界，如地方立法权行使的法律保留原则、不抵触原则就是一种禁止性规定。

结语

本文所观察总结的我国人大及其常委会的制度特征也可以视为我国人大制度的优越性。"均衡性"作为我国人大代表结构组成的制度特征和原则，是我国《选举法》修改不断完善与发展的主要走向之一。人大代表所能涵盖的社会阶层和职业身份越广泛，人大就越符合代表机关的性质。人大"四个机关"的性质定位使其发展出超越传统立法机关的"复合型"功能，贴合国家与社会各方面各阶段的发展需要。"工作型"议事模式回避了辩论型议会"议而不决、决而不行"的弊端，弥补兼职代表制的缺憾。但是这并不意味着对"辩论式"议事程序的绝对排斥，我国人大代表个体的动议权和人大全体会议的审议权能仍有待加强。各级人大常委会推进人大工作实践创新是工作常态，突破现有法律明文列举职权的情况难以避免。"默示权力"的解释符合我国人大及其常委会的职权发展逻辑，人大在立法、监督、决定、代表等方面的工作机制创新，其中行之有效的成熟经验依然可以被未来法律修改所吸纳。

全过程人民民主的创新与实践
——基于浙江省温岭市人大 23 年探索的思考*

梁云波**

【摘　要】以人民为中心，是习近平新时代中国特色社会主义思想的重要内容，是新时代坚持和发展中国特色社会主义的基本方略，坚持以人民为中心更是全国各级人大及其常委会行使职权的关键所在。浙江省温岭市各级人大干部凭着"依法履职，担当尽责"的使命意识和特有情怀，将温岭人 20 世纪 90 年代原创的"民主恳谈"厚植于基层人大工作的方方面面，以"火锅加料"的渐进方式，持续推进协商民主的理论、方法与温岭市基层人大的民主选举、民主协商、民主决策、民主管理、民主监督融会贯通，不断开创基层人大工作的创新局面。温岭市把全面加强党的领导、依法治国和人民当家作主有机地统一到人大工作的全过程，获得了明显成效，为中国基层民主实践书写了一部鸿篇巨制，为基层人大工作贡献了应用体系和价值导向，值得我国学者多维度、多视野反复推敲研究，从而建立起中国特色社会主义民主制度的多重自信和实践自觉。

【关键词】全过程人民民主；温岭市人大；创新与实践

---

* 本文系国家社科基金重点项目：民主协商推进基层群众有效自治的长效机制与实现路径研究（21AZZ005）阶段性成果。

** 梁云波，温岭市第九巡察组组长、温岭市委党校兼职教师，温岭市政协委员会特邀信息员、温岭市泽国镇一级主任科员。

一、问题的提出

习近平总书记在中央人大工作会议上提出"发展全过程人民民主"的重大命题，并强调"人民代表大会制度是实现我国全过程人民民主的重要制度载体"，为坚持和完善人民代表大会制度，做好新时代人大工作指明了方向，提供了根本遵循。习近平总书记指出："我国全过程人民民主不仅有完整的制度程序，而且有完整的参与实践。""我国全过程人民民主实现了过程民主和成果民主、程序民主和实质民主、直接民主和间接民主、人民民主和国家意志相统一，是全链条、全方位、全覆盖的民主，是最广泛、最真实、最管用的社会主义民主。"

浙江省温岭市人大常委会和整个集体，几十年如一日，立足实际，孜孜以求，深耕一线。在 20 世纪 90 年代，就将温岭人原创的"民主恳谈"厚植于基层人大工作的各个层面，在践行全过程人民民主过程中，创新、探索了参与式预算、"两官"绩效评估、乡镇人大依法规范行使重大事项决定权，并积极开展代表联络站建设、人大工作理论主题"e"研讨、重大事项专题询问、交办审计等一系列极具温岭辨识度的工作，受到全国人大战线同行们的好评。

进入新时代，浙江省温岭市人大工作者仍然马不停蹄，积极谋划和推动人大数字化改革，践行全过程人民民主的基层单元建设，探索开发区人大工作有效模式，深化人大街道工作，并在代表履职中增添数字化元素。在一系列生动活泼的基层人大工作创新与实践中，诠释了人民代表大会制度的博大精深、内功非凡、大有可为。温岭市人大的实践需要我国学者长期驻足，参与实操，近距离观察，远距离分析，以实现研究的深入和理论的升华。共同在基层人大制度的实践中，建立自信、自立、自强的中国特色社会主义人大制度新优势。

二、温岭市人大干成了什么

践行全过程人民民主，基层人大起着举足轻重的作用。进入 21 世纪以来，面对城市化、市场化、信息化、新型工业化、农业现代化的深入推进，我国城乡基层的经济结构、社会结构、人口结构、需求结构、利益结构发生了重大变化，一度陷入"制度悬浮""制度空转""乡村失治"的困境。温岭市人大敏锐地认识到，基层人大工作的出发点、着力点、结合点只能是通过发挥人民代表大会制度的优势，落实广大人民群众的知情权、参与权、表达权、监督权，确保人民在党的领导下当家作主、当家理财、当家理事。正如习近平总书记提出的："民主不是装饰品，不是用来做摆设的，而是要用来解决人民需要解决的问题的。"

温岭市的一大批人大工作者凭着认真干事的韧劲，将温岭人原创的"民主恳谈"融合到人大工作的方方面面，反复运用协商民主的技术和方法，创新与实践了许多人大工作新做法，解决了人民群众日益增长的美好生活需要，满足了广大人民对民主与正义的需求，使国家的顶层设计与基层治理内在契合，产生了一批有全国影响力的温岭人大工作实例。因篇幅关系，仅仅简述五个实例。

实例一：改进与完善民生实事项目人大代表票决制度

1999 年，肇始于温岭市的"民主恳谈"活动，及时被当地人大干部融入人民代表大会制度中。在校网调整、卫生改厕、道路建设等一系列民生实事项目中，遵循"方案公示——双向对话——决策修改——人大票决"的程序，注重广大群众与当地人大代表互动，使人大决策更多地朝向倾听民意的方向发展。

经过 23 年的实操最终演化成全省层面的推广，以"民主恳谈"为基础的民生实事项目人大代表票决制，形成了格式化的做法。

第一个环节，项目征集。建议项目征集对象为"两代表一委员"、县及省、市属各单位、乡镇（街道）、基层组织和社会各界。建议项目征集原则：坚持尊重民意、突出民生公益均等、普惠共享；量力而行、尽力而为。在时间安排上，每年10月份开始启动，公开征集的时间不少于1个月。征集方式可以采取新闻媒体、书面、座谈、调研等多种方式，公开征集民生实事项目的意见和建议，并建立公众意见和建议采纳情况反馈机制。市县人大常委会、乡镇人大主席团依托代表联络站、履职平台等多种形式，组织人大代表广泛听取人民群众意见，积极提出项目的意见和建议。

第二个环节，项目初定。政府会同有关部门，按照项目征集的原则和要求，对征集到的建议项目进行分类、整理和筛选，形成初步候选项目。初步候选项目应具有可行性，做到项目的政策处理、建议资金、土地落实等要素条件得到有效保障；原则上是当年可以完成的项目，对个别跨年度分步实施的项目，要有明确的年度阶段目标；有条件的地方，可建立"民生实事项目库"，为征集候选项目储存充足的备选资源。要注意区分实事工程与重点工程，对于配合上级政府组织建设、由本级政府实施以及配套主体项目辅助建设等项目，一般不列入初步候选项目。

初步候选项目初稿由有关单位进行完善论证后，提交表决工作领导小组研究。政府要召开相关会议，征求"两代表一委员"对初步候选项目初稿的意见和建议，由表决工作领导小组形成初步候选项目。市县政府初步候选项目由市县表决工作领导小组、市县政府常务会议、市县人大常委会主任会议、市县委常委会等相关会议研究讨论，最后提交市县人大常委会审议，研究候选项目。乡镇政府初步候选项目由乡镇表决工作领导小组提交政府办公会议、党政联席会议研究，并提请乡镇人大主席团会议审议，确定候选项目。

第三个环节，项目审议。市县、乡镇人民政府在人民代表大会会议期间，要将民生实事项目的总体概况及项目的具体情况，包括项目名称、项目内容、实施主体、投资额度、完成时限、相关要求等，向本级人民代表大会全体会议作出具体说明。代表审议时，就民生实事候选项目提出询问，政府的相关负责人应进行回答和说明。大会期间，代表可以就提交表决的民生实事候选项目的具体事项，包括增加或削减投资额度、变更项目具体内容、调整建设完成时限等提出意见建议。大会主席团处理审议意见的情况由大会秘书处或者本级人民政府有关负责人向代表们进行答复和说明。

第四个环节，项目表决。民生实事候选项目表决差额比例一般在30%左右。民生实事项目的表决办法草案由市县人大常委会、乡镇人大主席团提交大会主席团审议，再提请全体会议审议，以全体代表的过半数通过。表决采取无记名投票方式，根据每个项目的累计得票，按照得票高低，最终确定民生实事项目。

第五环节，项目监督。人民代表大会会议结束1个月内，市县人民政府要形成项目建设计划书，书面报市县人大常委会，同时抄送市县政协、市县委组织部，乡镇人民政府要形成项目建设计划书报乡镇人大主席团。市县、乡镇人民政府要按照计划书要求，精心组织，认真做好项目实施工作。市县人大常委会、市县政协、市县委组织部、乡镇人大主席团在接到提交的项目建设计划书后1个月内，分别制定"两代表一委员"联系项目方案，组织开展视察、调研等各类活动，充分发挥"两代表一委员"监督、助推民生实事项目建设的作用。市县、乡镇人民政府及有关项目建设责任单位应积极配合"两代表一委员"的监督检查活动。对"两代表一委员"提出的意见和建议，应当及时办理并答复。市县乡镇人民政府定期向"两代表一委员"通报民生实事项目进展情况，市县人民政府要在年中市县人大常委会重要情况通报会上向代表进行报告。

第六个环节，项目评估。建立健全项目实施评估机制。结合市县人大常委会财政专项资金使用绩效评价工作，探索建立对民生实事项目的评估机制。乡镇建立以相关人大代表、有关专业人士或第三方参与的评估小组，对部分民生实事项目进行评估，公开评估结果。市县、乡镇人民政府应当在人民代表大会会议上作上一年度民生实事项目完成情况专项报告，并书面印发全体人大代表。人大代表在人民代表大会会议期间对民生实事项目完成情况进行满意度测评，测评结果由大会主席团向全体代表报告，并报同级党委和组织部门，与年度综合考核相结合。对因故未能按期完成的民生实事项目，政府应向同级人大代表作出解释与说明，同时提出下一步全面完成项目的计划。对已完成的民生实事项目，要组织代表开展"回头看"等活动，确保民生实事项目落到实处。

表决工作和协商民主方法的结合，使议题来自民间，主题突出民生，解决依靠民主，结果赢得民心，充分吸收了民意，集中了民智，取得了良好的政治、经济和社会效益。

实例二：规范乡镇人民代表大会会议

23 年来，温岭市各乡镇的人民代表大会逐步在全过程人民民主实践中得到规范。如在温岭市泽国镇每年都认真按照《温岭市关于规范镇人民代表大会会议的指导意见》，召开两次人代会，年初人代会上听取并审议政府工作报告、主席团报告、生态环境报告，以及上一年大会议案办理情况与民生实事项目完成情况的报告，听取上一年度预算执行情况和本年度预算报告，大会审议预算报告并提出修正议案，表决本年度民生实事项目，确定大会议案。每年年中，人代会听取和审议上一年度财政决算报告、本年度上半年预算执行情况和调整情况的报告、城市总体规划修编或调整及执行情况的报告，以及国有资产管理报告，使人代会制度不再流于表面，流于形式，维护了人民代表大会制度的严肃性和有效性，不断带进老百姓的声音，使泽国镇人代会的创新让各级领导和学者耳目一新，为之震撼。

特别是人代会分组审议和预算专题询问以及大会辩论表决。温岭市泽国镇每年人代会的精心设计和组织，确保了人代会的精彩和高品质。本文节选了温岭市泽国镇第十六届第三次人民代表大会部分场景实录：

2019 年初，人代会的代表们就 2019 年度财政预算和民生实事项目进行分组审议，61 个村（社区）的 300 多名镇人大代表和列席人员对 9.7 亿元的预算草案"挑针拣刺"，提出了自己的意见。

人代会次日下午，大会有两场"重头戏"，其中之一就是预算专题询问。在充分恳谈和审议的基础上，代表们就镇财政预算草案和民生实事项目开展互动对话。

罗胜云（镇人大代表）：根据《泽国镇 2019 年预算编制草案》第 41 页倒数第 7 行中，国有土地使用权出让征收费用安排的支出问题，第一大项的第一小项，出让地块的征用费用是 1800 万元，这个数目也是不小的。我认为只有出让地块征用的这几个字太笼统了，罗列是否可以更细化、更详细，让大家看了更加明白。比如，下庄村出让哪块地需要多少钱？泥桥村哪块地出让需要多少钱？让老百姓看了更明白，更明了。

王军德（镇分管领导）：土地出让工作，对镇里来说，是非常重要的工作。根据《泽国镇 2019 年预算编制草案》第 41 页，土地出让地块的征用，表述确实比较笼统，下面几块地，镇里面肯定是要开发的，有几块地镇里面是需要垫付的。比如，第 42 页的东村与茶屿村村留地开发报批税费，其实 250 万元是不够的，预算里只是报批费用，还应该有其他费用的。又比如，东村与茶屿村村留地里面有个自来水管，是台州水务集团的，要移这个管网需要 500 万元，那么预算 1800 万元里面，500 万元要用于这个方面，需要镇里先垫付 500 万元。

阮浩波（市、镇人大代表）：在公共预算支出项目明细表里，有很多地方支出劳务费。比如，计生人员检查劳务费 30 万元，养护人员劳务费 5 万元。我想问一下，我们镇里到底有多少自聘人员，听说我们现在自聘人员超过机关的编制人员。这个总的开支在预算里面有无分列出来？我也无法统计，问一下这个人数究竟是多少？我们历年的开支是多少？这些人招聘进来是不是有必要？

通过多轮碰撞，大会主席团共收到代表提出的预算修正议案项目 3 件，经审查最终确定将符合条件反映最为集中的 2 件预算修正议案提交大会辩论并表决。

A：上塔村至高坦村的断头路，桥已经修建了四五年了，现在路还没有修建好，作为联树代表团的话，有信心、有决心把这条路修建好。现预算资金没有安排，代表们意见很大，抓紧把路修建好，就是这个意思。

B：广场路西延，2015 年，预算安排了 300 万元，目前打通到竖石桥头，原先城建办桥梁图纸设计都做好了，因为错综复杂的原因，2018 年行政村调整完成，竖石、田洋里、西桐三个村合并后，村班子非常团结，这条路已经非造不可了，希望人大代表们能支持，谢谢大家。

C：高坦村的地不一定能征用，但（广场路西延）延伸到西桐急需提上日程，这笔预算必须先安排。

D：高坦村一直支持造桥铺路的，没有人通知高坦村民要造这条路，政府有这个规划，土地征收政策出台，高坦村民肯定配合，造桥铺路，高坦村肯定配合，这笔钱省不了。

E：特别是夏天晚上，新浚山公园休闲的人特别多，涉及道路硬化，山上设施等方方面面，所以应该加大力度做好建设工作。

F：我认为什么投入都比不上教育的投入，教育要从娃娃抓起，我们泽国镇的幼儿教育大家都说了，是一个短板。新浚山公园的这条路是一条休闲道路，感觉还不如教育重要。我支持这条路预算砍到幼儿园预算中。

代表们的声音决定了2笔280万元财政资金的投向。经票决，预算修正议案（一）赞成95票，反对10票，弃权1票，获得通过；预算修正议案（二）赞成33票，反对59票，弃权14票，未获得通过。

最终的票决结果，尽管让部分代表的心愿有所落空，但整个过程，体现了把有限财力用在"刀刃"上，把预算从"支出账"变成"效益账"的有效共识。

实例三：参与式预算在温岭市的实践创新

自2005年以来，温岭市人大进一步形塑了温岭民众的"协商气质"，创造性地把温岭土生土长的民主恳谈和人大预决算审查监督有机地融合起来，充分调动了广大人民群众当家理财的积极性，很好地体现了公共财政"取之于民、用之于民"的民生财政特点，代表了中国基层公共预算改革未来的重要发展方向。

温岭市的参与式预算，不仅注重制度建设，强调民众依法依规的有序政治参与，注重民众参与的广度和人大代表决策的深度，还多场次鼓励不同群体参与各种类型的恳谈，为人大代表表决政府预决算和参与预算的修正，提供了民意基础和合法程序保障。

温岭市泽国镇第十七届七次人代会上，代表们就2021年度财政预算和民生实事项目进行分组审议，61个村（社区）的362名镇人大代表和列席人员，对11.73亿元的预算草案进行审议，提出了107条意见和建议，直接改变了6371万元资金的使用走向。在党的领导下，这种群众自发参与的协商平台，已逐步与人大制度相结合，在完善基层治理体制中发挥了重要作用。浙江省温岭市的"破冰"举动，将党的十九大报告"有事好商量，众人的事情由众人商量，是人民民主的真谛""建立全面规范透明、标准科学、约束有力的预算制度，全面实施绩效管理"等重要论述在乡域治理能力现代化中得到了充分印证。

实例四：全过程人民民主基层单元建设的实践

人大代表联络站是群众向人大代表反映民情民意的重要平台，加强人大代表联络站建设是夯实基层人大工作、充分发挥代表作用的有效举措，代表联络站建设得规范、作用发挥得明显，群众的意见就反馈得全面，代表履职实效就体现得到位，新时代全过程人民民主、社会主义民主政治建设才能稳步推进。

一是突出体系化，在组织架构上迭代升级。在市级层面建立人大代表联络总站，在各镇街建立人大代表联络中心站，在成熟的村社及其他点位建立联络分站（室、点），形成"市总站—镇街中心站—选区站（室、点）"运行管理体系。以民主选举、民主协商、民主决策、民主管理、民主监督为指导，以公民知情权、表达权、参与权、监督权为核心，对照省人大提出将人大代表联络站建成人大代表联系群众的好桥梁、人大代表履行职责的好平台、人大代表学习交流的好阵地、国家机关听取人大代表意见的好场所的"四好"为目标，确定"省统建＋台州市统建＋温岭市自建＋127N系统架构"为主体的建设框架。其中，"1"是指联络总站（联络站）驾驶舱是我们系统的集中呈现；"2"是指代表码和联络站"二码"，通过扫码可以了解代表信息、联络站基本情况，以及向代表反映问题、提出建议意见；"7"是指包括民生实事、督政议事、民意处理、参与式预算、议案建议、工作动态和知情知政 7 个应用；"N"是指可拓展的特色工作模板。

二是突出规范化，在硬件配套上迭代升级。按照便民就近的原则，统筹布局全市代表联络站分布情况，通过减量提质，将原先的 47 个减少到 35 个，做到选址优化、布点合理。注重联络站阵地标准化建设，在原先"五个一"建设标准（即一站、一牌、一栏、一室、一制度）的基础上，新增"三个一"（即一互动屏、一显示屏、一电脑归档平台），实现制度内容可视化、数据留档电子化、动态更新实时化。温岭市人大代表联络站总站已成为温岭市人大特色的内容集成展示场所。

三是突出系列化，在工作内容上迭代升级。锚定全过程人民民主基层单元这一总的功能定位，强化代表联络站民主民意表达平台载体作用，把上情下达与下情上传结合起来，把被动听取群众呼声要求与主动征求群众意见结合起来，把推动解决群众急难愁盼的个性问题与推动解决普遍关切的共性问题结合起来，把人大进站听取对监督工作的意见建议与政府进站听取对政府工作的意见建议结合起来，把完成本级人大工作任务与承接上级人大交办的任务结合起来，把代表联络站建设成为民主协商的重要平台、民主决策的重要支撑、民主管理的重要渠道、民主监督的重要力量。

四是突出制度化，在管理运行上迭代升级。进一步优化基层单元运行管理机制，规范基层单元管理，加强对代表联络站工作的指导，不断完善代表履职评估办法、建议案处理办法、民生实事监督制度等，健全群众意见收集办理、反馈评价、综合分析、交办督办、办理反馈的工作闭环等机制，深化落实领导干部人大代表进联络站接待选民等制度，通过制度护航平台运行活力，使之保持长期生命力。同时，紧跟基层单元考核评级机制，加强运行规范化管理、代表参与率、工作显示度，以评促建、以评促改，确保为民平台务实高效。

五是突出数字化，在运作方式上迭代升级。以数字化改革推动数字赋能、业务协同、流程再造、制度重塑，建设全市互联互通的数字联络站系统。主动对接上级统建模块。注重与省市人大的沟通，了解最新政策与要求，预留省统建的"运行管理""主题活动""参与立法监督"三个功能模块端口，能与省平台、浙里人大代表平台实现数据贯通，进入省人大数字化改革框架和跑道。台州市级统筹开发"民意收集处理""督政议事""民生实事"三个通用模块，我们坚持管用实用原则，注重民生实事解决全链条，从初期项目征集、候选项目形成、票选项目产生、监督情况跟进进行全过程监督，项目内容进度可视化。督政议事内容全流程，紧贴"一府一委两院"年度重点工作、"三问一评"专项监督、大会议案落实及政策（工作）征询等内容全过程参与监督助推，加强对人大议题、政府及两院相关议题前期意见征询和处理。民意处理流程全闭环。通过建立健全社情民意收集处置体系，对接"基层治理四平台"，实现分级、流转、处置、评价，并对"不满意"件开展跟踪督办，让民声民意全过程指尖流转，内容丰富、环节细化，简单易行能复制，为大家提供一定思路。统筹开发市本级自选模块。知情知政应用，展示人大及"一府一委两院"等相关内容及代表应知应会，发挥好联系人民群众桥梁纽带作用。在参与式预算的数字化应用上，围绕预决算信息可视化、审查监督智能化、公民参与科学化等功能，谋划开发参与式预算数智在线平台，通过"选—谈—改—督—评"模式，打造具有温岭县辨识度的预算审查监督数字化典型应用场景。

实例五：人大数字化改革的实践

数字化改革是一场重塑性的制度变革，也是人大系统改革发展的主题。温岭县人大坚持问题导向、目标导向、效果导向，从思想、理论、实践层面厘清数字化改革的内涵要求、目标方向、路径方法，找准跑道往前推进。

推动人大数字化改革，关键是要厘清"数字化是什么"。数字化改革本身是改革，是重塑，不是数字赋能，不是简单把数字化应用场景叠加到传统的体制机制上，不能简单认为数字化改革只是"线下搬到线上"，要搞清楚数字化与信息化的区别。一是目标值不同。信息化是以现有的业务流程为基础，通过信息技术提高工作效率；数字化是对原有工作机制、运行路径进行系统性的数学建模、优化，再反过来指导实践、提升质效。二是涉及面不同。信息化着眼于单个系统或局部业务的开发，数字化则是全域系统和整体智治。三是数据流不同。信息化主要是技术层面的数据联通，数字化通过多跨协同打破数据壁垒，在联通的基础上更加注重研究分析。四是侧重点不同。信息化注重问题导向，体现管理要求；数字化注重目标导向，体现用户需求。由此可见，信息化是数字化的基础，数字化是技术理性向制度理性的创新跨越。

推动人大数字化改革，要回答好"数字化怎么用"的问题。人民代表大会制度是坚持党的领导、人民当家作主、依法治国有机统一的根本政治制度安排，推进人大数字化改革，就是要借助数字技术手段，为实现"三者有机统一"，真正打通找到实践路径。一是整体性。在纵向上，树立与各级人大"一盘棋"思想，通盘考虑、步调一致、高效协同；在横向上，加强与"一府一委两院"联系对接，实现相互贯通、系统融合、综合集成；在内部间，强化业务之间数据和场景的统筹规划、一体考虑，整体推进人大数字化改革。二是重塑性。把握好机制重塑这一数字化改革根本，通过技术倒逼深层次系统性制度重构，重塑人大履职行权工作机制，从根本上解决人大核心业务闭环管理、机关整体智治等难题，实现人大工作的裂变聚变蝶变。三是惠民性。要以用户体验为导向，聚焦发挥代表主体作用和扩大公众有序参与，打破物理空间限制，为民情民意收集提供便捷高效的全天候、全过程渠道，不断满足人大代表和人民群众对政治参与的个性化、动态化、协同化的需求。四是智慧性。数字化改革是推动人大工作从"事"向制度、治理、智慧转变的重要手段和路径。人大数字化改革，要打造横向到边、纵向到底、综合集成的数据资源库，实现对人大工作全过程各领域从宏观到微观、从定性到定量的精准把握，激发数据对人大工作的放大、叠加、倍增作用，以数字赋能提升人大履职行权的精准化、智慧化水平。

要准确把握人大数字化改革的核心要素。"人"是数字化改革最核心要素。立足新发展阶段，要以数字驱动为引擎，不断推动各项业务流程优化再造，推动人大干部的数字化理念和能力迭代升级，为提升人大"四个机关"建设提供新动能，从而更好实现人大工作与时俱进、创新发展。因此，培塑变革型组织，确立与人大数字化改革相适应的思维方式和能力水平尤为重要。

目前，人大干部不同程度地存在数字化改革知识空缺和能力短板，如用数字化理念打开思想、认知和发展新空间还不够；不善于用数字空间重塑物理空间和社会空间，找到人大工作发力点和努力方向；运用数字化工具和方法还不够熟练；少数人大干部存在着本领恐慌、畏难情绪，不敢走出"舒适区"、不敢闯入"无人区"等问题。人大干部要主动加强学习，积极创新思维，打破惯性思维、认知壁垒、路径依赖，以数字化重塑干部能力结构，不断提高人大干部的洞见力、先决力、整合力、耐压力、执行力、创新力、学习力和自我革新力，以更好地面向现代化、适应现代化、服务现代化。

一方面，要培塑变革思维，从"疲于应付数字化"向"主动拥抱数字化"转变。在数字化改革的时代浪潮中，勇于尝试，敢于"摸着石头过河"，在边学边干中不断凝聚改革共识。一是突破思维定式。现有的思维方式尚不足以完全支撑人大数字化转型与变革，亟须改变墨守成规的心态和抗拒创新的惯性，提升理论高度、研究深度，通过数字化实践来促进思维变革、思想解放，在改革进程中推动形成"越干越有思想，越有思想越想干"的滚雪球效应和"实践—理论—实践"的螺旋上升格局。二是打破认知壁垒。数字化改革的核心不是简单地应用数字技术，而是信息技术引发的系统性变革，从人大工作来看，重点应该打破认知壁垒、路径依赖，依托数字化改革找到提升人大行权履职质效的新途径和好方法，实现迭代升级。三是克服本领恐慌。数字化的技术和手段无法强加在尚未准备好的思维和理念上，数字化时代需要与之相匹配的知识共享理念、数据公开理念、团队合作理念、鼓励创新理念和积极进取理念。人大机关干部必须在理念上紧跟紧随、能力上与时俱进，消除本领恐慌感，主动及时跟进数字化发展的最新动态，在改革实践中倒逼自己、磨炼自己、提升自己，锻造走好人大数字化改革之路的过硬本领。

另一方面，要培塑变革能力，从"简单线下搬线上"向"推动根本性、革命性重塑"转变。数字化改革是一场重塑性的制度变革，是现代化先行的关键路径，是引领新阶段全省人大工作创新发展、螺旋上升、奋力前行的迫切需要。人大数字化改革既无先例可循，也没有现成的路径方法，具体实践中不仅应该共同面对、共同学习、共同发力，还要杜绝"数字化形式主义"，防止"伪数字化改革"，因此需要塑造全新的组织力、学习力、执行力，推动改革向更高目标、更深层次不断进阶。一是组织力。人大数字化改革既要明确总的"路线图"，强化"一把手"亲自抓的责任落实机制、分级分类的统筹管理机制，加强改革举措、进度节奏、资源力量的统筹，也要厘清具体的"施工图"。落实以"三张清单"为抓手谋划重大应用的推进机制，确保人大数字化改革在全省同一语境中往前推、齐步走。二是学习力。既包括人大干部所具备的生成性学习能力，以数字化重塑干部能力结构，加快构建完善知识支撑体系，成为"懂数字化 + 善抓改革"并重的工作能手，也包括人大系统的数字化学习与合作机制建设，形成符合数字化标准的话语体系、适应数字化需求的人才体系。三是执行力。聚焦人大数字化改革目标任务，大胆试、自主改，善于从更大场景、更深层次谋划改革，一体推动理念创新、制度创新、技术创新、应用创新、模式创新，实现功能整体优化、综合集成创新。

要积极推动"智慧人大"向"数字人大"转变，整合建成人大融媒体系统，上线预算国资监督系统，主动承接市镇人大换届选举数字化应用场景试点工作，指导镇（街道）推广应用"代表码"，推出"履职云系列"，推动温岭市法院在全省率先开发了人民陪审员信息管理系统等。通过一系列数字化探索和实践，全平台、一体化的温岭市人大数字生态已初步形成。但对照省、市委数字化改革目标要求，以及省人大"数字人大"建设标准仍有较大差距，这就要求我们在"改革中学习改革"，不断改进突破、迭代完善。

（一）坚持系统观念，推动顶层设计与基层探索相耦合。数字化改革要遵循顶层设计和基层探索双向发力的改革规律，既要加强统一领导，兼顾上下衔接，形成改革自上而下推进的整体格局，又要鼓励基层改革创新，坚持以"小切口、大场景"导向，发挥基层探索实践作用，形成自下而上推广的试点引领。如正在建设的合州市人大"大综合一体化"行政执法监督应用。

前期，温岭市探索"大综合一体化"行政执法人大监督"三查一评"应用，积极谋划事源督查、网上巡查、质量评查、绩效评价、监督成效等核心场景，形成常态化、全流程的人大监督闭环。当前已归并合州市级统筹，按照"市县联建，专班攻坚，统一设计，合理分工，共建共享"的建设原则，对应省人大监督应用"1＋N"体系架构中的法治政府建设监督跑道，谋划"大综合一体化"行政执法改革人大监督应用"1＋3"场景架构，即1个驾驶舱和智看、智督、智评3个子场景，场景开发完成后，温岭市人大将作为试点先行应用，并总结经验，提出意见。

（二）坚持高效协同，推动存量优化与增量开发相贯通。打造应用场景不是全盘否定遗弃原有业务应用系统，也不是一味追求新系统新应用，而是要做好存量优化与增量开发相结合的文章，迭代优化已有业务系统。充分利用好"温岭智慧人大"等现有平台载体，做好旧功能升级、新功能增加，全方位优化系统，围绕把基层单元打造成为人大代表联系群众的好桥梁、人大代表履行职责的好平台、人大代表听取意见的好场所、人大代表学习交流的好阵地，突出数字牵引、数据贯通、功能拓展、内容迭代，着力推进全过程人民民主全方位、全链条、全覆盖的鲜明特质体现在基层，更好实现民有所呼、我有所应。因地制宜确定以"省统建＋台州市统建＋温岭市自建＋127N系统架构"为主体的建设框架，打造基层单元建设场景，实现选民线上向代表即时反映问题、提出建议意见，人大常委会主要监督审议内容、"一府一委两院"重点工作，以及市政府重大政策制定实施。征求意见等全方位和全面贯通到基层单元，推动信息可视化、审查监督智能化、公民参与科学化。在试点1.0版本的基础上完成2.0版本的开发落地，并稳步推进，以点带面，全面实现全市35个基层单元建设全覆盖，建成温岭市数字人大代表履职综合应用系统，2022年内建成温岭市人大代表联络总站，形成具有温岭市人大特色的内容集成展示场所。另一方面增量开发新的应用场景，深化"参与式预算数智在线"场景谋划，以部门预算为切入点，对参与式预算进行流程再造和机制重塑，同步开发包括"选一选（智选部门）、谈一谈（民主协商）、改一改（民主决策）、督一督（民主监督）、评一评（民主评议）"五大场景的"参与式预算数智在线"应用场景，实现部门选择格式化、数据采集便捷化、预算信息可视化、审查监督智能化、公民参与科学化，形成参与式预算全链条、全方位、全覆盖的民主实践成果。

（三）坚持实用好用，推动改革成熟度与用户活跃度相统一。要坚持场景设计问需于民、场景开发问计于民、场景功能问效于民，场景应用服务于民，推进用户深度应用、数据共享交互，以用户活跃度推动系统数据量，以数据量变推动改革质变，以用户"活跃度"检验改革成果"成熟度"。要做好"参与式预算数智在线""代表联络总站"等场景的开发设计，坚持用户导向、需求导向，开发过程要充分听取全市各级人大代表和基层人大的意见建议，要做好代表联系选民、意见处理和反馈系统等场景试点，加快推动试点先行先试，加强宣传推广，努力实现应用场景向代表下沉、向基层下沉，更好提升人大数字化改革实际成效，为进一步发挥人大智治优势，全力助推温岭高质量发展建设共同富裕先行市提供有力支撑。

三、温岭市人大持续探索 23 年的动因思考

23 年来，浙江省温岭市人大工作为什么能闯出一条全过程人民民主的新路子？在创新实践过程中，为何越走越阔，越走越顺？很多学者专家都在探究温岭人大工作的动因，想寻找其密码和钥匙。有的归因于中国东南沿海凭借改革开放先机发育了公民素质；有的归因于领导站位高、格局大，有心想为老百姓干实事；有的归因于西方协商民主技术方法在温岭市得到及时运用；有的归因于专家学者的点拨指导；有的归因于温岭老百姓走南闯北，见多识广。

笔者以为，全过程人民民主之所以在温岭市得到如此广泛的创新与实践，其原因是，第一，把坚持党的领导、人民当家作主、依法治国真正有机统一起来。党的领导是人民代表大会制度的本质特征和最大优势，是做好人大工作的根本保证。必须坚定不移贯彻落实坚持党的领导这一最高政治原则，必须坚持以习近平新时代中国特色社会主义思想统揽人大工作，牢固树

立"四个意识"，坚定"四个自信"，做到"两个维护"，始终胸怀"人民至上"原则，把党的领导始终贯穿于各级人大工作的全过程、各方面。同时，要认识到，制度稳则国家稳，制度强则国家强。人民代表大会制度是人民当家作主的有效载体，要把人民当家作主具体地、现实地体现到实现人民对美好生活向往的工作上来，要把人民代表大会制度优势转化为社会治理效能，不断推进国家治理能力现代化。在问需于民、问计于民、问效于民的过程中，更要履行法定职责，监督政府部门依法行政，全面增强和促进法律法规的执行力，强化依法治市、依法治镇、依法治理社会的方方面面。

第二，温岭市历届人大常委会"依法履职，担当尽责"为温岭市人大全过程人民民主的创新与实践奠定了根基。他们几十年如一日，凭着吃海鲜长大的聪明劲，隐藏着山的硬气和海的灵气，温岭人大干部以一种特有的情怀和追求，一心一意在开创高质量基层人大基础工作上，不断求新、求实、求进。一大批脚踏实地的一线干部，用世界的眼光、开阔的胸怀、干事的韧劲，敢于创新，践行新时代党的群众路线，不回避，不专权，不躺平，主动通过发挥人民代表大会制度的优势，始终运用协商民主全套技术，紧紧围绕预算这一事关区域经济社会发展大局和人民群众切身利益的重大问题，有序组织人大代表及人民群众广泛参与预算协商、询问、决策和监督，特别重视向群众供给有序的诉求渠道，充分满足了广大人民群众对地方政府预算的知情权、参与权、表达权和监督权，逐渐孕育生长出了自主、竞争、公正、平等等符合现代社会规则的社会治理新理念、新方法、新技术，建立了民主协商、民主决策、民主管理、民主监督新机制，呈现了最广泛、最真实、最管用的社会主义民主和人民代表大会制度的优越性，为中国基层民主描画出了一幅幅靓丽的彩绘，闯出了一条全过程人民民主的新路子，找到了群众利益的关切点，将"共识"转化为"共为"，实现基层治理"多方共治"。

第三，关于坚持和尊重。2005年有一个细节，当时的协商民主恳谈我们是花一天时间安排参与式预算，需要用中餐，当时有上级领导和专家观摩，也有由乒乓球摇号产生的公民代表，也有机关、学校一大批工作人员。而我们实行的是：一样的盘餐、一样的食材。就是这样的用餐，让所有干部群众内心震动，干部、专家与群众如鱼和水一样亲近，老百姓感觉受到极大的尊重。很多在电视上才能看到的领导就这样平易近人地穿插在平民百姓中一起用餐。詹姆斯·菲什金、何包刚等一大批国内外专家、学者也随意与大家一起用餐。在我们党的八项规定出台之前，我们就是这样一路走过来。尊重公民、尊重技术、尊重理性，已经坚持了 23 年，我们深信这种尊重和坚持还会持续递进。

第四，关于技术的运用。如何通过有质量的询问，提升人大代表的作为水平，提升人大代表的履职能力？如：参与全，在每年的人代会决算询问时，党委、人大、政府、政协、公民代表、"新泽国人"代表参加。规模大，每场 300 多人，会场大，人员多，参与面广。内容广，综合性、系统性、预决算全口径，全方位。有三公经费、有国有资产家底、资源家底、财务（债务）家底、财政收入、基金收入、聘用人员家底、项目绩效等方方面面。规格高，镇党委全体班子、人大全体班子、政府全体班子参加，机关中层列席、部门负责人列席，离退休副科级以上列席，两代表一委员，乒乓球摇号产生的公民代表是会议的主体。

人代会询问和闭会期间询问，二者都是监督助推。都为了一个共同目标，在党委领导下，如何把政府工作做得更好。在这里要指出的是，询问者应有深度的调研、分析、提炼，需要问者有思路，答者有帮助、有压力，要答出实情，答出动力，答出成效。我们始终认为，提问是一种助推，提问是一种履职，更是一种沟通。回答是一种承诺，是一种态度，是一种能力。预算是政府自己出了全年的考卷，决算则是预算的回头看，是答卷，是绩效。主持是一种把控，是一种信任。参会是一种监督，是一种评判，是一种良性互动。

总之，询问时代表怎么问，怎么追问，被问者怎么答，如何展示态度、心态，组织者如何掌握，如何让询问问出效果，都需要仔细揣摩，真正让党委有效领导，全力推动政府有效行政。这是泽国镇实验制度注重的真正内涵。

我们在一线实践中，充分认识到我国的人民代表大会制度具有无比的优越性，真的是内功非凡，能在党的领导下，优质发展。但长期以来，在社会生活实践中，地方人大制度存在五个不够：自信不够、创新不够、刚性不够、实效不够、回应不够。地方"两会"开得很笼统，代表们无法充分表达诉求，无法完全行使权利。长远规划、重大事项、预算调整、民生实事等等，都需要在地方"两会"上带进老百姓的声音，但我们相对来说还是欠缺的。

神奇的是，根据我们一线的观察，通过长期的基层协商民主熏陶，能够培育出一大批公共理性的代表，他们的精明，他们的理性，他们的担当，形成了地方治理博弈的主战场，使地方政府行为成为"玻璃缸中的金鱼"，开创出一种全新的乡域协商治理与公共服务的决策机制，大大增强了基层政府的公信力和执行力，避免了决策失误和决策腐败，形成了基层善治中的良性闭环现象。真的是，有事好商量，参与协商有力量！

我们觉得协商民主是解决基层治理问题的一把金钥匙，协商民主真的是个好东西。我们曾经在向上级领导汇报的过程中，说过这样几句话：一个人协商（内心协商），和心；两个人协商，和气；一家人协商，和睦；一个单位、一个社区、一个乡镇协商，和解；一个国家都来协商，和谐；全世界都来协商，那才会迎来真正的和平。六个和——和心、和气、和睦、和解、和谐、和平这"六和塔"，用我们大量生动丰富的民主协商实践，用我们老百姓的幸福感，去获得我们党、我们国家的世界话语权。

让良知回归理性，让良法厘清边界，让良效造福人民，让良治推动文明！我们要在全过程人民民主的创新与实践中，把几千年来的民本文化和古往今来的民心向往有机结合起来，不断推动国家治理能力现代化，满足人民对美好生活的向往。温岭市人大经过 23 年的探索研究，将为中国基层民主和发展，为人民代表大会制度的光芒四射，为践行全过程人民民主增添新活力，必将开创出基层人大生动活泼与时俱进的新局面、新境界。

全过程人民民主
与依法治国

全过程人民民主的宪法表达[*]

范进学[**]

【摘 要】全过程人民民主的实质是实现人民当家作主的宪法权利，"全过程人民民主"在宪法文本中具有完整的确认，宪法作为国家根本法，从制度载体、理念、原则到选举权、参与权、表达权、监督权等对全过程人民民主作了系统、全面的表达。人民民主的核心是人民当家作主，其制度载体是人民代表大会；"全过程"则主要体现为民主选举权与协商民主的知情权、参与权，民主选举是全过程人民民主的实现形式，协商民主则是全过程人民民主的实质内容；同时，全过程民主亦体现为公民的表达权与对国家机关及其公职人员行使监督权。全过程人民民主在宪法中既有完整的权利制度体系，也有完整的民主参与权利的程序实施机制。因此，宪法作为全过程人民民主的基本制度载体，是实现全过程人民民主最根本、最有效、最可靠的保证。只有全面贯彻实施宪法，才能保证全过程人民民主的真正实现。

【关键词】全过程；人民民主；选举民主；协商民主；宪法权利

"全过程人民民主"是以习近平同志为核心的党中央在深化对中国特色

---

* 本文系教育部哲社重大攻关项目"加强宪法实施、教育和监督研究"（项目批准号：18JZD036）阶段性成果。

** 范进学，上海交通大学特聘教授，上海交通大学凯原法学院博士生导师，法学博士。

社会主义民主政治发展规律的认识基础上提出的重大政治理念。①"全过程人民民主"是法政学研究的重大课题。当下学术界的研究，政治学界成果居多，而法学界成果偏少，即便宪法学者的研究，也尚未从宪法权利的角度予以分析，从已公开发表的法学学者的学术论文观之，仅有信春鹰、宋发才与刘怡达三位学者基于宪法的分析视角对该主题作了初步研究，但他们的研究显然偏重于宪法基本原则与理念的制度与历史思考。② 笔者认为，全过程人民民主的实质实则是实现人民当家作主的宪法权利，全过程人民民主在我国现行宪法文本中具有完整的确认与表达，从制度载体到公民权利的形式与内容都作了系统、全面的规定："人民民主"的核心是人民当家作主，其制度载体是人民代表大会；"全过程"则体现为公民选举权与协商民主过程的知情权、参与权，民主选举是全过程人民民主的实现形式，协商民主则是全过程人民民主的实质内容；同时，全过程民主亦体现为公民的表达权与对国家机关及其公职人员行使的监督权。因此，全过程人民民主在宪法中既有完整的权利制度体系，也有完整的民主参与权利的程序实施机制。本文立足于宪法文本，以公民的宪法基本权利为视角，对全过程人民民主作出宪法文本分析与诠释，不当之处，敬请方家指正。

---

① "全过程人民民主"思想是 2019 年 11 月 2 日习近平总书记在上海市虹桥长宁区街道考察基层立法联系点时首次提出来的，他指出："我们走的是一条中国特色社会主义政治发展道路，人民民主是一种全过程的民主，所有重大立法决策都是依照程序、经过民主酝酿，通过科学决策、民主决定产生的。"（习近平：《论坚持人民当家作主》，中央文献出版社 2021 年版）

② 在中国知网上以"全过程人民民主"为关键词搜索出现 1268 篇期刊与报刊文章，其中以法学视角研究的成果只有 7 篇：宋才发：《〈宪法〉为全过程人民民主提供法治保障》，《河北大学学报》2021 年第 1 期；林彦：《全过程人民民主的法治保障》，《东方法学》2021 年第 5 期；刘怡达：《论全过程人民民主的宪法基础》，《比较法研究》2022 年第 2 期；李忠：《论全过程人民民主的制度化法律化》，《西北大学学报（哲学社会科学版）》2022 年第 1 期；莫纪宏：《依法治国与全过程人民民主》，《中国司法》2021 年第 8 期；莫纪宏：《在法治轨道上有序推进"全过程人民民主"》，《中国法学》2021 年第 6 期；信春鹰：《人民代表大会制度是实现我国全过程人民民主的重要制度载体》，《人民日报》2021 年 11 月 15 日。

一、人民当家作主：全过程人民民主的核心

全过程人民民主的核心在于"人民民主"，人民民主的核心在于人民当家作主，即人民是国家和社会的主人，人民自己决定自己的命运和前途。人民当家作主这一基本理念在我国宪法序言与总纲中表达得非常清晰。

（一）我国国体确立之目的即在于人民当家作主

现行宪法序言指出："一九四九年，以毛泽东主席为领袖的中国共产党领导中国各族人民，在经历了长期的艰难曲折的武装斗争和其他形式的斗争以后，终于推翻了帝国主义、封建主义和官僚资本主义的统治，取得了新民主主义革命的伟大胜利，建立了中华人民共和国。从此，中国人民掌握了国家的权力，成为国家的主人。"应当说，中国共产党自诞生之日起就肩负起为人民谋幸福的初心与使命，习近平总书记反复说过："为人民谋幸福，是中国共产党人的初心。我们要时刻不忘这个初心，永远把人民对美好生活的向往作为奋斗目标。"[1] 为人民谋得幸福的前提就是为人民争得民主，以实现近代以来人民当家作主的根本愿望。因此，中国共产党领导人民，通过28年的英勇斗争，确立了"中华人民共和国"这一国体。

"国体"表明的是国家的性质问题，即国家权力由谁所有。毛泽东认为，国体"就是社会各阶级在国家中的地位"。[2] 关于在中国建立一个怎样的国体问题，自20世纪初期毛泽东及其他共产党人就一直在探索，直到1949年才把新中国之国体最终确立为"中华人民共和国"，而"中华人民共和国"之基本含义就是中华人民共享有国家权力、共同治理国家和社会。毛泽东早在湖南自治运动中，就提出了"人民主权"的思想，他指出：人民主权就是

---

① 《习近平关于"不忘初心、牢记使命"重要论述选编》，党建读物出版社、中央文献出版社 2019 年版。

② 《毛泽东选集》第 2 卷，人民出版社 1991 年版。

指人民"自己处理自己的事的完全主权"。① 毛泽东的这一思想表达了一切权力在于人民的现代人民主权理念。毛泽东的人民主权思想实际上体现在了中国共产党早期的纲领与政策中。中国共产党成立前夕，《共产党》月刊就开展了"高举社会革命建设劳工专政的国家"的讨论，在《中国共产党第一个纲领》中明确指出，"革命军队必须与无产阶级一起推翻资本家阶级的政权"，把"工人、农民和士兵组织起来，并承认党的根本政治目的是实行社会革命"。② 尤其是1922年7月召开的中共二大在中国近代史上第一次提出了彻底的反帝反封建的民主革命纲领，该纲领提出革命的主要任务是以武力推翻帝国主义和封建军阀的统治，"由人民统一中国本部，建立一个真正民主共和国"。③ 1923年6月在中共三大上，又确立了无产阶级与资产阶级建立革命联合战线的政策，并提出了"以革命的方法建立真正平民的民权"之政治主张，瞿秋白称之为"劳动平民之革命民权独裁制""国民会议最高权的平民民权共和国"。④ 其中的平民包括工人、农民及其他被压迫阶级。随着国共两党的第一次合作与统一战线的建立，中国共产党在革命运动中，又进一步提出了建立"革命的民众政权"之政治主张。1927年1月，《中国共产党对于时局宣言》明确提出："建立革命的民众政权，召集革命民众的国民会议统一全中国！"⑤ 毛泽东在1935年12月所作的《论反对日本帝国主义的策略》报告中明确提出了建立"人民共和国"的思想。"人民共和国"之思想的提出，基本上确立了新中国的国体问题。1940年，毛泽东在《新民主主义论》中则提出了所要建立的共和国是"中华民主共和国"。⑥ 1948年8月，毛泽东在《复各民主党派与民主人士电》中提出，加强一切民主力量，共同奋斗，建立独立、自由、富强和统一的"中华人民民主共和国"。⑦ 1948年1

---

① 《毛泽东早期文稿》（1912年6月—1920年11月），湖南出版社1990年版。
② 《中共中央文件选集》第1册，中共中央党校出版社1982年版。
③ 《中共中央文件选集》第1册，中共中央党校出版社1982年版。
④ 瞿秋白：《瞿秋白论文集》，重庆出版社1995年版。
⑤ 《中共中央文件选集》第3册，中共中央党校出版社1982年版。
⑥ 《毛泽东选集》第2卷，人民出版社1991年版。
⑦ 《毛泽东文集》第5卷，人民出版社1996年版。

月，毛泽东在《关于目前党的政策中的几个重要问题》中最终提出了"中华人民共和国"这一正式国体，他说，"新民主主义的政权是工人阶级领导的人民大众的反帝反封建的政权……这个人民大众组成自己的国家（中华人民共和国）并建立代表国家的政府（中华人民共和国的中央政府）"，"中华人民共和国的权力机关是各级人民代表大会及其选出的各级政府"。[①] 1948 年12 月 30 日毛泽东为新华社写的 1949 年新年献词《将革命进行到底》中再一次确认了"中华人民共和国"这一国体名称："一九四九年将要召集没有反动分子参加的以完成人民革命任务为目标的政治协商会议，宣告中华人民共和国的成立。"[②] 1949 年 6 月 15 日，毛泽东在新政治协商会议筹备会开幕典礼上的讲话中再次重申，新的政治协商会议目的之一就是"宣告中华人民共和国的成立"，并在讲话的最后郑重喊出了"中华人民共和国万岁"的口号。[③] 1949 年 6 月，在起草《中国人民政治协商会议共同纲领》（以下简称《共同纲领》）时采纳张奚若的意见，将新中国的国名定为"中华人民共和国"。[④] 同年 9 月 21 日，毛泽东在中国人民政治协商会议第一届全体会议上的开幕词中向世界各国隆重宣告了"中华人民共和国"的成立，至此，毛泽东及共产党人最终完成了中国国体的探索。因此，以毛泽东同志为核心的中国共产党人的初心和使命就是"为中国人民谋幸福，为中华民族谋复兴"。[⑤] 国体的确立意味着新中国是人民的国家，人民当家作主，人民共同享有权力、共同治理国家和社会。正如习近平总书记所指出的："我们国家的名称，我们各级国家机关的名称，都冠以'人民'的称号，这是我们对中国社会主义政权的基本定位"。[⑥]《中华人民共和国宪法》（以下简称《宪法》）第 1 条就将中国各族人民奋斗的成果确认了下来，该条规定："中华人民共和国是

---

① 《毛泽东选集》第 4 卷，人民出版社 1991 年版。
② 《毛泽东选集》第 4 卷，人民出版社 1991 年版。
③ 《毛泽东选集》第 4 卷，人民出版社 1991 年版。
④ 《董必武政治法律文集》，法律出版社 1986 年版；许崇德：《中华人民共和国宪法史》上卷，福建人民出版社 2005 年版。
⑤ 《毛泽东选集》第 4 卷，人民出版社 1991 年版。
⑥ 习近平：《在庆祝全国人民代表大会成立六十周年大会上的讲话》，《十八大以来重要文献选编》中册，中央文献出版社 2016 年版。

工人阶级领导的、以工农联盟为基础的人民民主专政的社会主义国家。"

（二）一切权力属于人民：人民民主的实质

《宪法》第 2 条规定："中华人民共和国的一切权力属于人民。"一切权力属于人民是对"人民主权"原则的宪法规范表达，是人民当家作主的根本内涵。人民主权的理论是在 17、18 世纪欧洲启蒙运动时期由英国的霍布斯和洛克、法国的卢梭等人提出的一项近代民主国家的根本原则，它已成为人类社会政治文明的共同准则。人民主权原则意味着一国之最高权力的来源是人民，人民是国家一切权力的所有者，国家政府及其工作人员都是人民选举出来行使人民委托的权力的代理人。因此，主权属于人民所有，主权既不隶属于君主一人，也不属于少数人，而是属于大多数人民。"一切权力属于人民"是社会主义国家宪法所确立的基本原则，这一表述最早源自1954 年我国宪法。1954 年《宪法》第 2 条规定："中华人民共和国的一切权力属于人民。"但是，作为宪法原则，最早出现于 1918 年苏联的《俄罗斯社会主义联邦苏维埃共和国宪法》中，第 1 条规定："中央和地方的一切权力，均属于苏维埃。"[1] 1936 年苏联的《苏维埃社会主义联盟宪法》第 3 条规定："苏联的一切权力，属于以各级劳动者代表苏维埃为代表的城乡劳动者。"直到 1977 年《苏维埃社会主义共和国联盟宪法》第 2 条才出现"苏联的一切权力属于人民"。

"一切权力属于人民"虽是 1954 年《宪法》确立的原则，但早在革命根据地时期中国共产党领导的革命政权就在宪法性法律文件中确立了"人民主权"的原则。1931 年 11 月，中华苏维埃第一次全国代表大会通过的《中华苏维埃共和国宪法大纲》第 2 条规定："苏维埃全部政权是属于工人、农民、红军士兵及一切劳苦大众的。"1934 年 1 月，由中华苏维埃第二次全国代表大会上通过的《中华苏维埃共和国宪法大纲》第 2 条规定："苏维埃政权是属于工人、农民、红色战士及一切劳苦大众的。"1946 年《陕甘宁边区宪法

---

① 《世界各国宪法》编辑委员会编译：《世界各国宪法》欧洲卷，中国检察出版社 2012年版。

原则》尽管未明确规定"一切权力属于人民"的原则，但其规定的政权组织的产生及来源则把"人民"视为权力的最终来源，第 1 条至第 3 条规定：边区、县、乡人民代表会议为人民管理政权机关，人民选举各级代表，各级代表会选举政府人员，组成政府，各级政府对代表会负责。我们知道，中国共产党自成立之日起，就把领导人民夺取政权视为己任，因此共产党领导的政权是属于人民的，共产党领导的政府都是由人民选举出来的代表组成的，因此，人民始终是政权的所有者。从 1931 年《中华苏维埃共和国宪法大纲》到 1946 年《陕甘宁边区宪法原则》，都确立了"权力属于人民"的宪法原则。这种宪法原则最终在新中国成立时纳入了《共同纲领》之中，《共同纲领》第 12 条规定："中华人民共和国的国家权力属于人民。"到新中国第一部宪法即 1954 年《宪法》正式规定了"一切权力属于人民"的宪法原则。1975 年《宪法》第 3 条、1978 年《宪法》第 3 条、1982 年《宪法》第 2 条规定："中华人民共和国的一切权力属于人民。"所以，自新中国成立之前的革命根据地时期，共产党的宪法性文件就确立了"一切权力属于人民"的宪法原则，这一原则到《共同纲领》、再到新中国的四部宪法，都始终未变。可见，"一切权力属于人民"不仅是共产党的执政理念与执政原则，更是国家的宪法原则。

国家的"一切权力属于人民"之原则，如果从释义学的角度来解释，首先，"一切权力"包括了国家的立法权、行政权、司法权等所有由国家应当行使的权力。其次，"属于"之词典解释是"归某一方面或为某方所有"。[①]最后，"人民"在我国，还不是一个"全体公民"的集合概念，而是一个政治性概念，即排除了"敌对势力和敌对分子"之外的其他人组成的一个政治集合体，即《宪法》序言所说的："全体社会主义劳动者、社会主义事业的建设者、拥护社会主义的爱国者和拥护祖国统一的爱国者。"所以，"一切权力属于人民"之内涵就十分清楚了，即国家的所有权力皆归全体社会主义劳动者、社会主义事业的建设者、拥护社会主义的爱国者和拥护祖国统一的爱

[①] 中国社会科学院语言研究所词典编辑室编：《现代汉语词典（第 5 版）》，商务印书馆 2005 年版。

国者之全体人民所有。从中可推知，人民是国家权力的本源，是国家权力的所有者即主人；国家各级机关及其任何工作人员都不应当也不可能是国家权力的所有者，它们都是受人民委托而代表人民行使权力的代理人，只是国家权力的行使者。在我国，根据《宪法》第 2 条与第 3 条规定，人民行使国家权力的机关是全国人大和地方人大，它们是由民主选举产生，对人民负责，受人民监督。而其他各国家机关——国家行政机关、审判机关、检察机关——则由人大产生，对人大负责并接受监督。因此，"一切权力属于人民"的宪法原则具体落实于制度上，就形成了双重宪政架构：第一重是人大，这是"人民"行使国家权力的机关，但这种行使是"间接"而非"直接"行使，即由人民通过"民主选举"，先选出"代表"，而后由"代表"组成各级"人大"，再由"代表"代替"人民"来行使"国家权力"，这就是现代国家通行的"代议制政府"制度架构。由于人大是由人民选举出来的代表组成的，并代表人民行使国家权力，所以人大必须向人民负责，受人民监督。换言之，人民可以随时罢免不合格的"代表"，以保证"代表"真正能够代表"人民"的意志与利益。第二重是其他国家机关，这些国家机关再由人大产生，即国家行政机关、审判机关、检察机关不是由人民"直接"选举出来的，而是由人民的代表组成的人大"间接"选举产生的。因此，上述国家机关不是直接向"人民"负责，受"人民"监督，而是间接地向"人大"负责，并受"人大"监督，当然在最终意义上，是向人民负责。可见，人大的代表必须具有高度的为"人民"服务的责任意识与意志表达的"人民性"，否则，一旦人大"代表"被异化而没有真正代表"人民"的意愿，那么由这些异化的代表组成的人大所产生出国家机关能否代表"人民"的利益行使权力就值得高度怀疑。由此，我们清楚地看出，所有的国家机关及其工作人员都是人民选举出来、以法定授权的方式、代表人民行使国家权力的代理人，其目的是实现好、维护好、发展好人民的根本利益，保障人民各种权利得以实现。总之，"一切权力属于人民"的宪法原则确立了人民是国家权力的所有者与权力的本源，由此也确立了人民"当家作主"的政治地位与宪法地位。

（三）人民享有管理国家与社会事务的权利：人民当家作主的基本内涵

人民当家作主不仅是宪法的一项根本原则，同时也是一项人民所享有的根本民主权利。作为民主权利，其基本内涵是人民享有管理国家与社会事务的权利。该权利为《宪法》第 2 条第 3 款所确认，它规定："人民依照法律规定，通过各种途径和形式，管理国家事务，管理经济和文化事业，管理社会事务。"《宪法》所确认的人民当家作主的民主权利包含着三层基本含义：第一，人民是管理国家与社会事务的主体。既然人民是国家和社会的主人，那么对国家和社会事务享有管理权利是人民当家作主之应有之义。第二，人民管理国家和社会的民主权利主要是通过全国人大这一政权组织形式实现的。第三，人民管理国家和社会事务的途径与形式还包括其他四种：（1）通过"多党合作、政治协商"制度参与国家事务管理。（2）通过基层民主和群众自治等形式，管理社会、经济和文化事业，如通过村民委员会和居民委员会的形式管理基层社会事务，通过企业职工代表大会管理经济事务。（3）通过工会、妇联等群众组织和其他非政府组织形式参与国家和社会管理。（4）通过宪法规定的各项民主政治权利的行使，如言论、出版、结社、示威、游行，以及对国家机关及其工作人员提出批评、意见和建议等民主监督权利参与国家事务管理。总之，人民当家作主的民主权利并非一种抽象权利，而是具有丰富权利内涵的具体权利，从而构成了人民民主的权利制度架构。

二、人民代表大会：全过程人民民主的制度载体

一切权力属于人民的人民主权原则与人民当家作主的根本权利需要制度作为其载体才能真正实现，在我国，这一制度载体就是人民代表大会。《宪法》第 2 条第 2 款明确规定："人民行使国家权力的机关是全国人民代表大会和地方各级人民代表大会。"该规定是对我国政权组织形式的确认，因为

"没有适当形式的政权机关，就不能代表国家"。[①] 有什么样的政权就会有什么样的政权组织形式与之相适应，在资本主义国家，其政权组织形式是"权力制衡"式的议会制，在社会主义国家的中国则是实行民主集中制原则的人民代表大会制。

（一）人民代表大会：全过程人民民主的制度载体

人民代表大会制度作为新中国人民民主专政政权组织形式，是 1954 年《宪法》确立的，但我国政体的形成却经历了一个长期发展的过程。毛泽东在 1920 年湖南自治运动中曾提出过将"议会"制度作为共和国的政体。在第一次国内革命战争时期，当时在党领导的工人运动与农民运动中产生过人民政权组织形式的萌芽，如 1925 年省港工人大罢工运动中出现的"罢工工人代表大会"和农民运动中的农民协会等。1931 年 11 月，在中华苏维埃第一次全国代表大会上通过的《中华苏维埃共和国宪法大纲》，曾规定工农兵会议大会为中华苏维埃政权的组织形式。1946 年 4 月，陕甘宁边区第三届参议会第一次大会通过的《陕甘宁边区宪法原则》中明确将边区、县、乡人民代表会议（参议会）确立为人民管理政权机关。1948 年 4 月，毛泽东《在晋绥干部会议上的讲话》中指出：这种"基于真正广大群众的意志建立起来的人民代表会议，才是真正的人民代表会议。这样的人民代表会议一经建立，就应当成为当地的人民的权力机关，一切应有的权力必须归于代表会议及其选出的政府委员会"。[②] 1949 年 3 月 13 日，毛泽东在中共七届二中全会上指出："我们是以工农联盟为基础的人民苏维埃，'苏维埃'这个外来语我们不用，而叫做人民代表会议。"[③] 其实，"人民代表大会"的提法，毛泽东早在 1940 年《新民主主义论》中就建议采用过，他说："中国现在可以采取全国人民代表大会、省人民代表大会、县人民代表大会、区人民代表大会直到乡

---

① 《毛泽东选集》第 2 卷，人民出版社 1991 年版。
② 《毛泽东选集》第 4 卷，人民出版社 1991 年版。
③ 《毛泽东文集》第 5 卷，人民出版社 1996 年版。

人民代表大会的系统，并由各级代表大会选举政府。"① 1948 年 1 月，毛泽东为中共中央起草的《关于目前党的政策中的几个重要问题》中指出，"中华人民共和国的权力机关是各级人民代表大会及其选出的各级政府""在将来，革命在全国胜利之后，中央和地方各级政府，都应当由各级人民代表大会选举"。② 1949 年 9 月 29 日，由中国人民政治协商会议第一届全体会议通过的《共同纲领》，正式将人民代表大会制度作为国家政权组织形式，但是 1954 年《宪法》才最终将人民代表大会确立为新中国的政权组织形式，《宪法》第 2 条规定："中华人民共和国的一切权力属于人民。人民行使权力的机关是全国人民代表大会和地方各级人民代表大会。"习近平总书记在总结人民代表大会制度确立的历史经验时深刻指出："在中国实行人民代表大会制度，是中国人民在人类政治制度史上的伟大创造，是深刻总结近代以后中国政治生活惨痛教训得出的基本结论，是中国社会一百多年激越变革、激荡发展的历史结果，是中国人民翻身作主、掌握自己命运的必然选择。"③

人民代表大会制度作为我国的根本政治制度，在制度设计与安排上始终贯彻国家一切权力属于人民的宪法理念。详言之，我国人民代表大会制度从三个方面体现着一切权力属于人民民主权利的宪法原则：第一，全国人大与地方各级人大都由民主选举产生，对人民负责，受人民监督；第二，各级人大及其常委会集中行使宪法赋予的职权，遵循民主集中制原则，集中人民的共同意志，代表人民的根本利益，集体决定重大问题；第三，国家主席、行政机关、监察机关、审判机关、检察机关都由人大产生，对人大负责，受人大监督。毛泽东对此指出："我们的主席、总理，都是由全国人民代表大会产生出来的，一定要服从全国人民代表大会。"④ 我国《宪法》确立的人民代表大会制度安排保证了人民代表大会的权力集中，同时又在集中之下实现

---

① 《毛泽东选集》第 2 卷，人民出版社 1991 年版。
② 《毛泽东选集》第 4 卷，人民出版社 1991 年版。
③ 习近平：《在庆祝全国人民代表大会成立六十周年大会上的讲话》，《十八大以来重要文献选编》中册，中央文献出版社 2016 年版。
④ 中共中央文献研究室编：《毛泽东年谱（1949—1976）》第 2 卷，中央文献出版社 2013 年版。

权力分工，而所有的国家机关最终向人民负责，接受人民的监督，从而实现"一切权力属于人民"的人民主权原则，从制度上确保了人民真正当家作主，是实现好、维护好和发展好最广大人民根本利益最可靠的制度保证。"60 多年来特别是改革开放 40 多年来，人民代表大会制度为党领导人民创造经济快速发展奇迹和社会长期稳定奇迹提供了重要制度保障"。① 全国政协主席汪洋指出：实践证明，人民代表大会制度是符合我国国情和实际、体现社会主义国家性质、保证人民当家作主、保障实现中华民族伟大复兴的好制度，是我们党领导人民在人类政治制度史上的伟大创造，是在我国政治发展史乃至世界政治发展史上具有重大意义的全新政治制度。人民代表大会制度，坚持国家一切权力属于人民，最大限度保障人民当家作主，把党的领导、人民当家作主、依法治国有机统一起来，有效保证国家治理跳出治乱兴衰的历史周期率。②

人民代表大会制度从人民通过民主选举产生人大代表组成各级人大，到人大及其代表代表人民行使国家权力，再到人民对各级人大及其代表的履职行为进行监督，保证了这种民主制全流程、全方位地贯彻了人民民主以及人民当家作主的宪法原则。因此，习近平总书记在中央人大工作会议上的讲话中提出了"人民代表大会制度是实现我国全过程人民民主的重要制度载体"③的新的重大政治判断与政治理念，这一理念是党的十八大以来执政党深化对民主政治发展规律的认识的结晶，它"拓展和深化了人民代表大会制度的科学内涵、特征优势和实践要求，对新时代坚持和完善人民代表大会制度、加强和改进人大工作提出了更高要求"④。

（二）民主集中制：人民民主实现的组织原则

西方国家在国家机构设计上实行"分权制衡"原则，而我国国家机构的

---

① 习近平：《在中央人大工作会议上的讲话》，《当代党员》2022 年第 6 期。

② 汪洋：《领会好发展好历史决议中的全过程人民民主》，《中国人大》2022 年第 1 期。

③ 汪洋：《领会好发展好历史决议中的全过程人民民主》，《中国人大》2022 年第 1 期。

④ 汪洋：《领会好发展好历史决议中的全过程人民民主》，《中国人大》2022 年第 1 期。

制度设计则是民主集中制。民主集中制作为宪法原则始于 1949 年制定的《共同纲领》，该纲领第 15 条明确规定"各级政权机关一律实行民主集中制"；新中国的第一部成文宪法——1954 年《宪法》第 2 条第 2 款规定并要求"全国人民代表大会、地方各级人民代表大会和其他国家机关，一律实行民主集中制"；1975 年与 1978 年《宪法》第 3 条第 2 款都同样规定并要求"各级人民代表大会和其他国家机关，一律实行民主集中制"；1982 年《宪法》第 3 条第 1 款规定并要求"中华人民共和国的国家机构实行民主集中制的原则"。可见，新中国的每一部宪法性文件或根本法宪法皆将民主集中制确认为宪法基本原则，要求中华人民共和国的一切国家机关一律实行民主集中制宪法原则，这不是偶然的，而是历史与现实的必然。这主要基于四个方面的原因：一是作为党的组织活动的根本原则与制度必须宪法化；二是作为我国人民代表大会这一根本政治制度的运行基本原则必须以宪法的形式确认并得以实现；三是民主集中制运行原则合乎我国的国情；四是各级国家机关实行民主集中制使决策和决定更加民主化、程序化。民主集中制作为人民代表大会的组织形式与运行原则，与人民代表大会制这一根本政治制度密不可分。换言之，人民代表大会制度作为我国政权组织形式就是建立在民主集中制基础之上的，人民通过普遍选举产生具有广泛代表性的代表，人大代表了解和收集全国各族人民的意见和要求，通过人民代表大会把这些意见和要求集中起来，使之上升为法律和法令，由人民代表大会选举产生的各级人民政府使这些法律和法令得到切实的贯彻执行。它既充分反映广大人民的意愿，又有利于全体人民统一意志，保障了人民当家作主的权利，体现了社会主义制度的本质要求，是人民掌握国家权力的根本途径和最高实现形式。最重要的是，民主集中制是区别于西方"三权分立"的权力运行模式，"三权分立"原则是西方议会制度、两党竞争制度的产物，适合西方独特的政治、经济、历史、文化环境与传统，在我国绝不能推行。所以，在我国《宪法》确立的人民代表大会制度作为我国根本政治制度下，民主集中制既是人民代表大会的组织原则，也是人大及其常委会依法履行职权必须遵循的宪法原则。要坚持民主集中制，依照法定程序，集体行使职权，集体决定问题。人大依法履行职责，无论是立法权、监督权、重大问题的决定权，还是行使人事任免权，都必须充分发扬民主，在民主的前提下，严格依法按程序集中。认真听取人大代表和常委会组成人员的意见（包括不同意见），保证他们充分发表意见的民主权，做到充分审议、集思广益，在基本达成共识的基础上进行表决，一人一票，按照少数服从多数的民主原则作出决定。该决定就是一种集中，一种民主基础之上的集中，从而使人大制定的法律和作出的决定更好地体现人民的共同意志，更具有权威性。

（三）人大立法的民众参与

各级人大行使立法权，各级立法机关制定法律规范性文件必须遵从人民的意愿、代表人民的意志，才能制定出符合人民根本利益的法律。习近平总书记深刻指出：立法质量是关键，要"努力使每一项立法都符合宪法精神、反映人民意愿、得到人民拥护"；[1] 立法要遵循科学立法与民主立法，"科学立法的核心在于尊重和体现客观规律，民主立法的核心在于为了人民、依靠人民"[2] "使法律准确反映经济社会发展要求"[3]。从《宪法》的制定与修改，到法律法规的制定，每一部法律的出台都广泛征求民众的意见与建议，使立法具有广泛的民主基础。如 1982 年《宪法》草案向全国人民公布后，全国几亿人参加了讨论，通过全民讨论，使宪法的修改更好地集中了群众的智慧。[4] 因此，为了人民、依靠人民，是人大工作始终要坚守的出发点和落脚点，具体到立法工作中就是要植根人民、依靠人民，以优质立法保障人民权益、增进民生福祉。[5] 为了进一步增加立法的民主参与，党的十八届四中全会通过的《中共中央关于全面推进依法治国若干重大问题的决定》，明确提出了"建立基层立法联系点制度，推进立法精细化"的要求。为此，全国各

---

① 汪洋：《领会好发展好历史决议中的全过程人民民主》，《中国人大》2022 年第 1 期。
② 汪洋：《领会好发展好历史决议中的全过程人民民主》，《中国人大》2022 年第 1 期。
③ 汪洋：《领会好发展好历史决议中的全过程人民民主》，《中国人大》2022 年第 1 期。
④ 许崇德：《中华人民共和国宪法史》下卷，福建人民出版社 2005 年版。
⑤ 孙剑纲：《新时代全过程人民民主的人大实践》，《中共中央党校（国家行政学院）学报》2021 年第 6 期。

地人大常委会将基层立法联系点的建立作为扩大立法民众公共参与、提高立法质量的重要途径。以上海市为例，上海市人大常委会及其各区人大不仅制定了《上海市人大常委会基层立法联系点工作规则》，而且于 2018 年 7 月 1 日设立了首批 10 家基层立法联系点，截至 2020 年 4 月增加到 25 家。虹桥街道基层立法联系点完成了 55 部法律草案的意见征询工作，归纳整理各类建议 1000 余条，其中 72 条被采纳。① 江宁路街道基层立法联系点提出各类立法建议 500 余条，所提建议被 15 部法规 53 个条款采纳。② 上海市嘉定工业区管理委员会基层立法联系点共参与了 14 部法律条例的意见征询，共开展网络征询 7 次，书面征询 44 次，座谈会 35 次，共听取意见建议 1076 条，上报 807 条。2020 年公布的 5 部法律条例中，有 28 条建议被市人大采纳。2021 年公布的 6 部条例中，有 35 条被采纳。③ 基层立法联系点成为立法机关倾听人民的需求、呼声、意见和建议的中介与桥梁，为良法善治奠定了最广泛的民主基础。

（四）人大代表的上通下达

人民代表大会的主体是人大代表，依据《中华人民共和国全国人民代表大会和地方各级人民代表大会代表法》（以下简称《代表法》）第 2 条规定，人大代表是最高国家权力机关或地方各级国家权力机关的组成人员，由他们代表人民的利益和意志，依照宪法和法律赋予本级人民代表大会的各项职权，参加行使国家权力。人大代表除了依法履行"按时出席本级人民代表大会会议，认真审议各项议案、报告和其他议题，发表意见，做好会议期间的各项工作"的法定义务外，在闭会期间，还可以通过多种方式听取、反映原选区选民或者原选举单位的意见和要求。由于我国人大代表几乎都是兼职性

---

① 张维炜、孙鑫：《上海：打造全过程人民民主最佳实践地》，《中国人大》2021 年第 16 期。

② 王海燕：《擦亮践行全过程人民民主最响亮品牌》，《解放日报》2021 年 9 月 24 日，第 2 版。

③ 杨海涛、李梦婷：《基层立法联系点参与立法征询工作的完善进路——以上海市嘉定工业区管理委员会为例》，《人大研究》2021 年第 9 期。

的，即代表不脱离各自的生产和工作，因此，他们更能够密切联系群众，了解基层民众所思所想，《代表法》第 3 条第 5 款也要求人大代表"与原选区选民或者原选举单位和人民群众保持密切联系，听取和反映他们的意见和要求，努力为人民服务"。如何更好地发挥人大代表与基层民众的沟通功能，各地都积极探索各种制度，其中近几年来上海市人大常委会在全市各级人大常委会实行的从楼宇、社区到乡镇的代表之家、代表联络站、代表联系点（即"家站点"）建设就是人大代表民主参与的典型方式。目前上海市已建成了覆盖全域的"家站点"平台近 6000 个，它不仅打通了代表联系群众的"最后一公里"，而且在代表和群众之间架起了直接沟通的桥梁。① 这种代表与选民之间的直接沟通，使得民主参与的深度与广度得以真正扩展，极大地践行了全过程人民民主的实践。

（五）人大监督的民意表达

各级人大及其常委会行使宪法监督权，人大常委会监督人民政府、监察委、人民法院、人民检察院等国家机关的工作，是《宪法》赋予各级人大及其常委会的职权。根据《中华人民共和国各级人民代表大会常务委员会监督法》（以下简称《监督法》）第 3 条、第 5 条之规定，各级人民代表大会常务委员会行使监督职权，各级人民代表大会常务委员会对本级人民政府、监察委员会、人民法院和人民检察院的工作实施监督。人大常委会作为人大的常设机关，其监督权来自人大的授权，因此根据《监督法》第 6 条规定，各级人民代表大会常务委员会行使监督职权的情况，应当向本级人民代表大会报告，接受监督。因此，人大常委会的监督属于人大的授权监督。然而，无论是人大监督还是人大常委会监督，皆属于人民的间接监督，最终都向人民负责，接受人民的监督。

① 郭光辉、孙鑫：《上海人大：近 6000 座代表"连心桥"践行全过程人民民主》，《中国人大》2021 年第 7 期。

三、选举民主：全过程人民民主的实现形式

选举民主是指选民通过自由、平等、公开公正、定期、匿名的竞争性选举，以选择其代表以及所组成的政府的民主权力。选举至少具备以下条件：第一，自由选举。无论是选举人或是被选举人，都可以自由地竞选与选举。有选举资格的选民，选举与否、选择谁或不选择谁，都完全尊重他个人的自由意志，不设任何条件。第二，平等选举。按照《宪法》第 34 条规定，除了依照法律被剥夺政治权利的人，凡年满 18 周岁的公民，不分民族、种族、性别、职业、家庭出身、宗教信仰、教育程度、财产状况、居住期限，都享有平等的选举权和被选举权。一人一票，票票效力相同。法国学者皮埃尔·罗桑瓦龙指出："一人一票。这一简单的等式以显而易见的力量给我们留下了深刻印象。选票箱面前的平等，对于我们而言，是民主的首要条件、平等最基本的形式、权利最无可争辩的基础。"[1] 第三，程序公开公正。所有选举的全过程都必须是公开公正的，投票公开，唱票公开，不得弄虚作假，营私舞弊；不得贿选，贿选无效。第四，定期选举。无论四年还是五年一次选举，都必须按照法律规定的选举期限组织选民定期选举，除非因战争等紧急情况，否则不得暂停或终止选举。第五，匿名选举。所有选票都是匿名的，不得公开选民选票的姓名身份，以保证选举的自由与公正。匿名意味着公民参加投票不必担心因选举而遭人报复。第六，竞争性差额选举。候选人必须是多数，让选民有选择的空间，选民可从中选择最优者，保证公民充分行使选举权。第七，多数决原则。选举胜出者以获得多数票为原则，少数服从多数。总之，人民通过遵循上述原则，通过选举民主实现其选举权，进而借助选举产生国家机关及其公职人员，从而对政府政策的制定具有支配权，公民对他们所选举的官员进行实质的控制。[2] 这不仅赋予政府以合法性，而且保

---

① 【法】皮埃尔·罗桑瓦龙：《公民的加冕礼：法国普选史》，吕一民译，上海人民出版社 2005 年版。

② 【美】罗伯特·达尔：《论民主》，李柏光、林猛译，商务印书馆 1999 年版。

证对选举产生的政府及其人员具有监督权与罢免权，列宁指出："任何由选举产生的机关或代表会议，只有承认和实行选举人对代表的罢免权，才能被认为是真正民主的和确实代表人民意志的机关。真正民主制的这一基本原则，毫无例外地适用于一切代表会议，同样也适用于立宪会议。"① 因而选举民主就成为现代代议制民主国家普遍的政治理想与实践，我国也不例外。同时，选举的方式在于投票，而"投票或许是一种共同体的仪式，强化参与者的团结意识：投票时，我们感受到自己是共同体的成员"。② 也有哲学家认为，投票权对个人而言具有内在价值，即平等投票权和少数服从多数民主程序具有内在价值，如平等、公平、尊严、自主性、参与性、团结、互信等，这些价值本身具有独到威力。③ 可见，选举民主在赋予政府以合法性，以及实现公民选举权与内在价值方面具有不可替代的作用。

选举民主是人民最直接地实现当家作主的一种有效形式，也是最重要的政治参与方式。"如果说一个国家的民主制度是用一套规则建筑起来的大厦，那么选举就是基础，是民主制度的起点。没有选举，没有把一个国家的政治制度奠基于选举之上，那么这个国家就不能称为民主。"④ 然而，选举民主仅仅解决了政权的合法性问题，至于选举之后，政府能否真正兑现选举时的承诺则无法保证。正如卢梭指出："英国人民自以为是自由的，他们是大错特错了。他们只有在选举国会议员的期间，才是自由的；议员一旦选出之后，他们就是奴隶，他们就等于零了。"⑤ 选举民主的这一弊端为前世界银行驻中国代表皮特·鲍泰利所揭示出来："选举民主的最大的问题在于，投票的选民和当选的政客在所决定的问题上都表现出短视的缺陷。大多数政客为了实现连任，因此倾向于短视；相似地，大多数选民希望政客们更关心与自己密

---

① 《列宁全集》第 33 卷，人民出版社 1985 年版。
② 【加】贝淡宁：《贤能政治：为什么尚贤制比选举民主制更适合中国》，吴万伟译，中信出版社 2016 年版。
③ Joseph Chan, *Confucian Perfectionism: A Political Philosophy for Modern Times*, Princeton University Press, 2014, pp. 3-4.
④ 张明澍：《中国人想要什么样民主》，社会科学文献出版社 2013 年版。
⑤ 【法】卢梭：《社会契约论》，何兆武译，商务印书馆 1980 年版。

切相关而不是看似遥远的问题。"① 看来，仅有选举民主的形式，但如果被选举出来的政府或领导人没有能力使人民生活更富足，未能提供人民所期盼的安全、经济增长与生活改善、基本公共服务，这种选举民主也难以为继。贝淡宁针对选举民主的困境作了深刻分析，他认为选举民主存在四大缺陷，这就是多数派暴政、少数派暴政、选民共同体暴政与竞争性个人主义者暴政。不过，我们也必须清醒地认识到，选举民主的弊端不应当是不需要选举民主的理由。选举民主作为一种人民民主实现的形式是任何现代民主国家的普遍共识，我国《宪法》和《中华人民共和国全国人民代表大会和地方各级人民代表大会选举法》也作了明确规定。按照我国宪法及相关法律的规定，人民当家作主的权利首先通过选举的方式选举出自己的代表，由代表来代表人民行使国家权力。在我国，县级人大代表是人民直接选举的；县级以上的人大代表是由低一级的人大代表选举高一级的人大代表，最后选举出全国人大代表，因此，设区的市级人大代表、省级人大代表、全国人大代表都是间接选举的。而"一府一委两院"再由各级人大选举产生，它们直接向产生它的人大负责、受其监督，从而间接地向人民负责。由于我国人民当家作主的权利是通过选举得以实现的，因而我国人民当家作主的实现首先表现为选举民主。

四、协商民主：全过程人民民主的实质内容

政治协商是现行《宪法》1993 年第二次修宪时增加到序言第 10 自然段的，即"中国共产党领导的多党合作和政治协商将长期存在和发展"。中共中央在《关于修改宪法部分内容的建议的说明》中指出："中国共产党领导的多党合作和政治协商制度，是由我国具体历史条件和现实条件所决定的，在建设有中国特色社会主义中发挥着重要的作用。把它写进宪法，肯定了这

---

① 赵忆宁：《探访美国政党政治——美国两党精英访谈》，中国人民大学出版社 2014 年版。

一制度将长期存在，不断完善和发展。"①《中国人民政治协商会议章程》第3条规定："政治协商是对国家大政方针和地方的重要举措以及经济建设、政治建设、文化建设、社会建设、生态文明建设中的重要问题，在决策之前和决策实施之中进行协商。"它是政协的三大功能之一。政治协商蕴含着实现人民民主的第二种形式，即协商民主。协商民主是在中国共产党领导下，人民内部各方面围绕改革发展稳定重大问题和涉及群众切身利益的实际问题，在决策之前和决策实施之中开展广泛协商，努力形成共识的重要民主形式。②2015年6月，中共中央办公厅印发的《关于加强人民政协协商民主建设的实施意见》指出，"社会主义协商民主是中国共产党和中国人民的伟大创造"；是"扩大公民有序政治参与、更好实现人民当家作主的权利"的重要途径，它已形成了程序合理、环节完整的包括政党协商、政府协商、政协协商、人大协商、人民团体协商、基层协商等内容的社会主义协商民主体系。如果说人民当家作主的民主权利需要借助选举民主得以初次实现，那么人民通过参与协商民主则获得不断实现。

（一）协商民主：实现人民民主的重要形式

"全过程人民民主"不是仅仅强调选举民主，而更注重选举之后人民是如何参与整个民主过程的。人民当家作主的民主权利，既需要借助选举民主得以初次实现，又要通过人民参与协商民主而全过程实现。如果说选举民主只是人民当家作主的实现形式，那么人民参与的协商民主则是全过程的当家作主。应当说，选举民主与协商民主作为中国社会主义民主的两种重要形式，不是相互替代、相互否定，而是相互补充、相得益彰，共同构成了我国社会主义民主政治的制度特点和优势。选举民主是人民民主实现的基础和前提，协商民主是人民民主实现的实质内容，没有协商民主的公民参与，必然导致人民民主的虚化，从而不会有真正的民主。习近平总书记指出："民主

---

① 全国人大常委会法制工作委员会宪法室编：《中华人民共和国制宪修宪重要文献资料选编》，中国民主法制出版社2021年版。
② 2015年2月中共中央印发的《关于加强社会主义协商民主建设的意见》。

不是装饰品，不是用来做摆设的，而是要用来解决人民需要解决的问题的。一个国家民主不民主，关键在于是不是真正做到了人民当家作主，要看人民有没有投票权，更要看人民有没有广泛参与权……如果人民只有在投票时被唤醒、投票后就进入休眠期，只有竞选时聆听天花乱坠的口号、竞选后就毫无发言权，只有拉票时受宠、选举后就被冷落，这样的民主不是真正的民主。"① 一些人把民主简单地等同于选举民主，甚至膜拜西式选举民主。通过一人一票的方式选举政治领袖，这种选举民主在现代西方社会已经获得了近乎神圣的地位。事实上，在西方所谓的民主国家里，人民往往只有投票的权利而没有广泛参与的权利，这样的民主是形式主义的。② 在我国，不仅重视选举民主，保证公民的选举权实现，更重要的是将人民当家作主落实到国家政治生活和社会之中，保证人民依法有效行使宪法规定的"管理国家事务，管理经济和文化事业，管理社会事务"的民主权利。习近平总书记指出："人民是否享有民主权利，要看人民是否在选举时有投票的权利，也要看人民在日常政治生活中是否有持续参与的权利；要看人民有没有进行民主选举的权利，也要看人民有没有进行民主决策、民主管理、民主监督的权利。社会主义民主不仅需要完整的制度程序，而且需要完整的参与实践。人民当家作主必须具体地、现实地体现到中国共产党执政和国家治理上来，具体地、现实地体现到中国共产党和国家机关各个方面、各个层级的工作上来，具体地、现实地体现到人民对自身利益的实现和发展上来。"因此，实现人民民主的当家作主权利，就要求国家和社会的管理活动需要民众的广泛商量，任何决策出台之前，都要进行事前和事中的广泛协商与反复讨论。这种"有事好商量，众人的事情由众人商量，找到全社会意愿和要求的最大公约数，是人民民主的真谛"。因而，"要坚持有事多商量，遇事多商量，做事多商量，商量得越多越深入越好。涉及全国各族人民利益的事情，要在全体人民和全

---

① 习近平：《坚持和完善人民代表大会制度 不断发展全过程人民民主》，《人大建设》2021年第11期。

② 中共中央宣传部：《习近平新时代中国特色社会主义思想学习问答》，学习出版社、人民出版社2021年版。

社会中广泛商量；涉及一个地方人民群众利益的事情，要在这个地方的人民群众中广泛商量；涉及一部分群众利益、特定群众利益的事情，要在这部分群众中广泛商量；涉及基层群众利益的事情，要在基层群众中广泛商量。在人民内部各方面广泛商量的过程，就是发扬民主、集思广益的过程，就是统一思想、凝聚共识的过程，就是科学决策、民主决策的过程，就是实现人民当家作主的过程"。

（二）公民参与权与知情权：协商民主的权利表达

作为我国民主政治形式的民主协商，其宪法上的权利表达就是公民的参与权与知情权。公民参与权即依法参与国家和社会事务管理的权利是《宪法》第 2 条第 3 款明确规定的，属于公民的基本权利，有学者将选举权、被选举权、担任公职权、参加听证、参与民意调查、提出意见、建议权等视为公民参与权内容[1]。宪法意义上的参与权包括政治参与和公民参与，政治参与指的是公民直接参与选举投票的政治活动；公民参与是指公民直接介入政府管理和公共政策过程，即具有共同利益、兴趣的社会群体，介入政府涉及公共利益事务的决策，或提出意见与建议的活动。[2]《布莱克维尔政治学百科全书》把政治参与界定为"参与制定、通过或贯彻公共政策的行动"；[3] 亨廷顿也指出："公众参与是影响政治发展的重要渠道，公众参与的程度和规模是衡量一个社会政治现代化的一个重要尺度。"[4] 无论是政治参与或公民参与都是衡量政治文明程度的重要指标。在我国，公民参与权除了选举权外，更主要的是表现为民主决策、民主管理、民主监督的权利行使，其主要制度载体则是协商民主制，即通过各种途径、各种渠道、各种方式进行广泛公众协商，如提案、会议、座谈、论证、听证、公示、评估、咨询、网络、民意调查等都是公众参与民主协商的有效方式。协商民主的主体应当是所有与协

---

① 黄学贤、齐建东：《试论公民参与权的法律保障》，《甘肃行政学院学报》2009 年第 5 期。
② 李艳芳：《公众参与环境影响评价制度研究》，中国人民大学出版社 2004 年版。
③ 邓正来主编：《布莱克维尔政治学百科全书》，中国政法大学出版社 1992 年版。
④ 【美】塞缪尔·P. 亨廷顿：《变革社会中的政治秩序》，李盛平等译，华夏出版社 1988 年版。

商事项具有利害关系人或相关人或他们的代表，因为个人是自我利益进行判断的最好法官，政治决策的好坏直接影响到每一个人，所以凡是条件允许，就应当让每一个人都参与到决策的公共对话与讨论中来，譬如一个单位、一个团体或利害关系人是少数人等。若是针对全国性的或较大区域性的事务，在人人参与不现实的情形下，应当允许人们委托他们利益的代表者参与到公共事务的审议活动之中。代表是人民的缩影，公正与平等的代表能够体现与反映人民的利益、情感、观点与看法，在这种情况下，他们将代表所有公民提供公共舆论的图景。因此，在此意义上，约·埃尔斯特才说："所有将受到这一决策影响的人或其代表都参与了该集体决策。"① 因此，公民参与是协商民主的本质，只有人人参与的实质意义得以实现，人民参与的协商民主才能保障政治决策的合法性。

公民参与权的行使必然伴随公民知情权的获得。公民知情权是人民主权原则的必然要求，人民是国家权力的所有者，国家机关的全部权力都源自人民的委托与授予，他们之间的关系类似于民法上的代理人与被代理人的关系，代理人在代理权限内，以被代理人名义实施的法律行为，被代理人有权对代理人的活动具有知情权。因此，宪法意义上的知情权是指公民应当知悉并获得与国家管理公共事务活动相关所有信息的权利。人民参与民主政治，实现当家作主的民主权利，首先要有接受信息和获得信息的权利，由于各种管理国家与社会事务的信息由政府掌握，因此公民必须具有从官方或非官方获知有关情况的权利，这是参与政治与民主协商的前提。就协商民主而言，它要求每一个参与协商的人都必须知悉所有的与协商议题相关的一切信息，因为信息的充分了解是作出理性分析与思考的前提，信息不对称就意味着所获得的信息不全而失真，从而无法对整个决策作出科学、合理的判断，最终影响对决策的认知与评断。因此，在协商民主过程中，参与者对于相关信息的获得与知悉是参与权实现的前提。日本宪法学家芦部信喜指出，对知情权的保障，使公民有机会充分获取对个人而言至关重要的各种信息，

① Jon Elster (ed.): *Deliberative Democracy*, Cambridge University Press, 1998, p. 8.

使得个人发展自身人格以及实现自身价值成了可能，在一定程度上说是公民其他的基本权利得以实现的基础。①

五、公民表达权：全过程人民民主的应有之义

公民的表达权是我国政法话语中特有的权利概念，它由2006年党的第十六届六中全会通过的《中共中央关于构建社会主义和谐社会若干重大问题的决定》（以下简称《决定》）首次提出。该《决定》指出："依法保障公民的知情权、参与权、表达权、监督权。"② 此后，表达权在党政文件之中被频繁确认。③ 有学者指出，"表达权"一词目前未曾在法律文本中出现过。④ 表达权是对宪法上的公民表达自由权的扩展，其核心含义是宪法上的表达自由的权利，即《宪法》第2章"公民的基本权利"中，第35条关于"公民有言论、出版、集会、结社、游行、示威的自由"。内心的思想或观点，只有表达于外部、传达于他人，才能发挥其社会性效用，因此，表达自由是极为重要的宪法权利。在我国，公民可以通过言论表达或通过出版、集会、结社、游行、示威等方式予以表达。此外，公民在参与民主过程中的表达及《宪法》第41条规定的建议表达也属于表达权的范畴。

协商民主中的公民参与需要在协商中拥有自由表达的权利。协商过程本身就意味着公民的言论自由表达，自由表达各自的观点，才能就共同关心的问题进行面对面的交流与对话。因此，协商民主就是各种观点平等自由地交流与对话。科恩指出，协商民主的概念根基于这样一个民主联合体的直觉理想，在这个民主联合体中，对联合的条件和前提的论证，是通过平等的公民之间的公共论辩和讲理而进行的。在这种秩序中，公民共同承诺通过公开讲理来解决集体选择的问题，并且认为，他们的基本建制只要建立了自由的公

---

① 【日】芦部信喜：《现代人权论·违宪判断的基准》，日本有斐阁1984年版。
② 中共中央文献研究室：《十六大以来重要文献选编》下册，中央文献出版社2008年版。
③ 党的十七大、十八大、十九大报告和国务院新闻办公室发布的系列《国家人权行动计划》及印发的多个文件中均反复确认。
④ 郭春镇：《作为中国政法话语的表达权》，《法学家》2021年第5期。

共审议的框架，就是具有合法性的。① 平等交流与对话的表达权才是民主参
与的核心内容，如果参与的人，没有对共同关心的问题进行充分的表达，那
么民主参与就几乎没有什么意义。表达权行使的过程就是公民相互之间就各
自的意见、看法进行建设性交谈的过程，在这一过程中，不仅要批判性思考
并理性地通过发言作出自己的诚实而有见解的判断，而且还要认真倾听并理
解他人的想法。在交流对话过程中，要确保所有人拥有真正的发言权，一旦
不同团体的人们共同参与协商对话，该过程就应当能够使每个人在平等的基
础上参与。凡是参与协商的主体，没有领导与被领导、权力大小、职务高
低、身份差异之分，人人都有平等参与协商的身份与资格并进行自由的发言
与倾听。所以，确保每个人平等、自由的发言权对于协商是非常重要的，这
种发言需要的是理性判断与独立思考，而不是人云亦云，抛弃狭隘的偏见和
赤裸裸的权力优势，允许每个人都平和自由地阐述自己的观点与意见，而不
是以权威或权势压制并贬低一些人的言论。所以，审议民主中的对话应当是
所有参与者在自由、平等、和谐的环境中进行开放的、非强制的交流。只有
保证所有公民在协商过程与决策机制中平等的发言权，才能使公共决策更具
公共性。

建议表达权是指我国《宪法》第 41 条关于公民对于任何国家机关和国
家工作人员有提出建议的权利，即"公民通过一定的形式向国家机关及其工
作人员提出合理化建议"的权利。② 这里的公民建议权是一种狭义的建议权，
仅仅是针对任何国家机关和国家工作人员所提出的合理性看法、意见和建
议。建议权是公民参与国家事务、经济社会文化事务权利的重要组成部分。
公民除了通过非政府组织如工会、妇联等，以及基层民主与群众自治组织如
村民委员会、居民委员会等参与管理国家与社会事务外，其中一个重要的路
径就是向国家机关或国家工作人员就国家事务、社会经济文化事务中存在的
问题提出自己的主张、看法与合理性建议。公民的意见与建议权是宪法上的

① J. Cohen, "Deliberation and Democratic Legitimacy", The Good Policy, ed. by A. Hamlin
   and B. Pettit, Oxford University Press, 1989, p. 21.
② 《宪法学》编写组：《宪法学》，高等教育出版社、人民出版社 2011 年版。

公民权利，其对应的义务主体是国家机关和国家工作人员，换言之，一切国家机关和国家工作人员必须履行宪法上规定的义务，即他们必须"倾听人民的意见和建议，接受人民的监督"（《宪法》第 27 条第 2 款）。

表达权具有两方面的价值：一是个人意义上的价值，即实现自我的价值，个人通过表达权，传达自己的观点，与他人分享自己的看法，发展并丰富、完善个人的人格；二是有助于促进民主政治的完善与进步的社会性价值，公民通过表达权，广泛参与民主政治，并在参与活动中表达个人的意见、建议，促进社会共识的达成，并能够就某种议题找到社会最大公约数。因此，表达权构成了公民参与民主政治所不可缺少的前提性权利。

六、公民监督权：全过程人民民主的监督机制

早在 1945 年，毛泽东在回答黄炎培的历史周期率问题时就提出了人民监督权问题，他指出："只有让人民来监督政府，政府才不敢松懈。"① 人民监督权在宪法上表现为公民的监督权。一般认为《宪法》第 41 条规定了公民的监督权，② 该条规定："中华人民共和国公民对于任何国家机关和国家工作人员，有提出批评和建议的权利；对于任何国家机关和国家工作人员的违法失职行为，有向有关国家机关提出申诉、控告或者检举的权利，但是不得捏造或者歪曲事实进行诬告陷害。对于公民的申诉、控告或者检举，有关国家机关必须查清事实，负责处理。任何人不得压制和打击报复。由于国家机关和国家工作人员侵犯公民权利而受到损失的人，有依照法律规定取得赔偿的权利。"事实上，如果从学理上予以分析，就会发现，只有批评权与检举权属于公民的监督权范畴，而其他权利如建议权、申诉权、控告权、取得赔偿权分别属于表达权与权利请求权。③

① 黄炎培：《八十年来：附〈延安归来〉》，文史资料出版社 1982 年版。
② 《宪法学》编写组：《宪法学》，高等教育出版社、人民出版社 2011 年版；龚廷泰：《认真对待公民监督权》，《法治现代化研究》2021 年第 4 期。
③ 范进学：《信访行为之权利与功能分析》，《政法论丛》2017 年第 2 期。

（一）批评权

《宪法》上公民的"批评权"是指公民在国家政治生活和社会生活中，有权对国家机关及其工作人员的缺点、错误提出批评意见。在现代民主国家，公民对国家机关和国家工作人员的批评权是一项重要的民主监督权利。有学者指出，既然政府是人民的公仆，由选举产生，向人民负责，所以人民批评政府理所当然。任何一个批评政府及其官员的人都是在行使自己的权利，这一权利源于他作为其中一分子的全体人民"当家作主"的权力。[①] 这种批评权既可以通过"来信"的方式，也可通过"来访"或"走访"的形式。《宪法》之所以把"批评"的权利确认为"公民的基本权利"，其目的在于监督各级国家机关及其工作人员。选举权只是选举这一特定时刻的民主权利，而选举之后，公民个人是国家管理中的被管理者，这时对国家政府的监督最直接、最便利的方式就是批评权的行使，通过批评，实现《宪法》第27条第2款所规定的宪法义务，达致宪法监督之目的。从《宪法》第41条规定来看，公民行使批评权时所批评的对象是"任何国家机关"和"任何国家工作人员"；就"任何国家机关"而言，包括国家权力机关、行政机关、监察机关、审判机关、检察机关、军事机关及其工作部门；就"任何国家工作人员"而言，包括上述各国家机关的领导人及国家工作人员。批评权既然是公民宪法上的基本政治权利，那么接受批评则是国家机关和国家工作人员必须承担的宪法义务。作为人民的政府，必须"要创造条件让人民批评政府、监督政府"[②]。

（二）检举权

我国《宪法》第41条规定的检举权也是公民的基本权利，即公民对于任何国家机关和国家工作人员的违法失职行为，并向有关国家机关提出检举

---

① 侯健：《诽谤罪、批评权与宪法的民主之约》，《法制与社会发展》2011年第4期。
② 温家宝：《政府工作报告》，《十七大以来重要文献选编》中册，中央文献出版社2011年版。

的权利。在一些规范性文件中，往往是把"检举、揭发"并列，而新华词典关于"检举"的解释也是指"揭发违法犯罪者"，① 实际上是将"检举"与"揭发"字义等同。按照字义解释，宪法上的检举权，权利主体是"公民"，检举的对象是"任何国家机关和国家工作人员"，检举的内容是公务上的"违法失职行为"。上述三个基本特征其实是申诉、控告、检举的一般共性。但是，三种权利之具体指向决定了它们之间的差异："申诉"具体指向的是人民法院已经发生法律效力的错误的裁决或行政机关的错误决定，是审判机关与行政机关的违法失职行为，目的是维护当事人自己的合法权益；"控告"具体指向是对权利造成侵害的公务上的违法失职行为，强调的是权利侵害事实，一般情况下，其目的也是出于维护控告者自身的合法权益；"检举"具体指向是违法失职行为本身，至于是否构成"权利侵害"后果或已经造成权利侵害后果不构成检举的必备要件，其目的往往是出于检举人的社会正义感或维护社会公共利益而与自身利益无关。法律文本上所使用的"检举"概念后来逐渐为"举报"概念所取代。② 检举权是公民宪法上的基本权利，公民通过行使检举权，起到对国家机关和国家工作人员的监督作用。因而，检举权之功能在于实现公民对国家公权力的民主监督。③

七、结语

综上分析，笔者认为，全过程人民民主作为一种政治命题与政治理念，须转化为宪法上的权利才能真正实施并实现。《宪法》作为我国的根本法，围绕全过程人民民主，从理念、原则到选举权、参与权、表达权、监督权等

① 商务印书馆辞书研究中心：《新华新词语词典》，商务印书馆 2003 年版。
② 我国 1979 年《中华人民共和国刑事诉讼法》第 59 条规定了"检举"权，而 1996 年修改后的《中华人民共和国刑事诉讼法》则将"检举"改为"举报"，即第 84 条规定"任何单位和个人发现有犯罪事实或者犯罪嫌疑人，有权利也有义务向公安机关、人民检察院或者人民法院报案或者举报"。而 1997 年修改后的《中华人民共和国刑法》第 254 条同样使用了"举报人"。此外，由最高人民检察院制定的《关于保护公民举报权利的规定》《奖励举报有功人员暂行办法》《人民检察院举报工作规定》等均使用了"举报"概念。
③ 范进学：《信访行为之权利与功能分析》，《政法论丛》2017 年第 2 期。

作了全面的规定。我国宪法关于全过程人民民主的权利表达就是对习近平新时代中国特色社会主义思想的最好诠释，习近平总书记指出："我国全过程人民民主不仅有完整的制度程序，而且有完整的参与实践。我国全过程人民民主实现了过程民主和成果民主、程序民主和实质民主、直接民主和间接民主、人民民主和国家意志相统一，是全链条、全方位、全覆盖的民主，是最广泛、最真实、最管用的民主。"① 因此，宪法作为全过程人民民主的制度载体，是实现全过程人民民主最根本、最有效、最可靠的保证。因此，只有全面贯彻实施宪法，才能保证全过程人民民主的真正实现。正如习近平总书记所说："只要我们切实尊重和有效实施宪法，人民当家作主就有保证，党和国家事业就能顺利发展。反之，如果宪法受到漠视、削弱甚至破坏，人民权利和自由就无法保证，党和国家事业就会遭受挫折。"②

① 习近平：《论坚持人民当家作主》，中央文献出版社 2021 年版。
② 习近平：《论坚持全面依法治国》，中央文献出版社 2020 年版。

全过程人民民主引领基层人大工作高质量发展

张俊峰*

【摘　要】基层人大发展全过程人民民主，最核心、最关键的就是坚持党的领导，在坚持党的全面领导这一最高政治原则上，决不能有丝毫含糊和动摇。基层人大发展全过程人民民主，必须深刻把握"人民至上"的根本要求，坚持一切为了人民、一切依靠人民，加强制度创新，不断扩大公民有序政治参与，推动人民群众普遍关心的热点难点问题得到有效解决、推动发展成果更多更公平惠及全体人民，把人民当家作主具体地、现实地体现到党和国家机关各个方面、各个层级的工作上来，筑牢人大依法履职的民意基础。基层人大发展全过程人民民主，必须牢固树立保障代表依法履职就是保证人民当家作主的理念，完善工作制度机制，创新代表履职方式，拓展代表履职途径，密切人大常委会同代表、代表同人民群众的联系，使发挥代表主体作用成为人民当家作主的重要体现

【关键词】全过程人民民主；基层人大工作；高质量发展

2019 年 11 月，习近平总书记在考察上海市长宁区虹桥街道基层立法联系点时指出："我们走的是一条中国特色社会主义政治发展道路，人民民主是一种全过程的民主。"这是习近平总书记首次提出全过程民主的重大论断，深刻阐明了我国社会主义民主的特质和优势。2021 年 7 月 1 日，习近平总书记在庆祝中国共产党成立 100 周年大会上发表重要讲话，强调"发

---

*　张俊峰，北京市昌平区人大常委会研究室主任。

展全过程人民民主"，这是我们党百年来为实现和保证人民当家作主不懈奋斗宝贵经验的深刻总结。2021年10月，习近平总书记在中央人大工作会议上的重要讲话中深刻指出，我国全过程人民民主"是全链条、全方位、全覆盖的民主，是最广泛、最真实、最管用的社会主义民主""人民代表大会制度是实现我国全过程人民民主的重要制度载体"，深刻回答了新时代发展中国特色社会主义民主政治、坚持和完善人民代表大会制度的一系列重大理论和实践问题，为持续推进基层人大（主要是指没有立法权、代表直接选举的县乡人大）高质量发展，更好践行全过程人民民主指明了前进方向、提供了根本遵循。

一、党的全面领导是基层人大推进全过程人民民主的根本保证

全过程人民民主是在党的领导下形成、发展和实现的，是党领导人民创建的新型政治文明形态，是人民当家作主的必由之路。人民代表大会制度是坚持党的领导、人民当家作主、依法治国有机统一的根本政治制度安排，保证党领导人民依法有效治理国家。具体来讲，就是以人民代表大会制度为实现途径和制度载体，善于使党的主张通过法定程序成为国家意志，善于使党组织推荐的人选通过法定程序成为国家政权机关的领导人员，善于通过国家政权机关实施党对国家和社会的领导，维护党和国家的权威、维护全党全国的团结统一。

因此，基层人大发展全过程人民民主，最核心、最关键的就是坚持党的领导，在坚持党的全面领导这一最高政治原则上，决不能有丝毫的含糊和动摇。一是强化思想引领。建立"第一议题"学习制度和联动学习制度，坚持用习近平新时代中国特色社会主义思想统领指导基层人大工作实践，做到理论上清醒、政治上坚定、制度上自信、行动上自觉，不断提高政治判断力、政治领悟力、政治执行力，以实际行动坚持和捍卫"两个确立"，增强"四个意识"、坚定"四个自信"、做到"两个维护"，保证党的理论路线方针政策和决策部署在基层人大工作中得到全面贯彻、有效执行。要全面贯彻落实全过程人民民主重大理念，努力做好基层人大各项工作，充分发挥基层人大在推进全过程人民民主中的重要作用。二是坚持党的领导。牢记人大是党领导下的重要政治机关，充分发挥人大常委会党组"把方向、管大局、保落实"的领导作用，认真执行党的领导各项制度，落实全面从严治党主体责任，无论是监督、重大事项决定，还是人事任免、代表工作等，及时向同级党委请示报告，努力把基层人大建设成为坚持党的领导、贯彻党的决定的坚强阵地，保证在党的领导下人民当家作主有效实现。三是彰显责任担当。胸怀"国之大者"，围绕党委贯彻落实党中央大政方针的部署安排，主动谋划和推动基层人大工作，依法行使重大事项决定权、监督权和人事任免权，充分发挥人大及其常委会职能作用，切实把人大制度优势更好地转化为治理效能，确保党和国家工作重心在哪里，人大工作就跟进到哪里，力量就汇聚到哪里，作用就发挥到哪里。

二、人民当家作主是基层人大推进全过程人民民主的本质要求

习近平总书记强调，人民代表大会制度之所以具有强大生命力和显著优越性，关键在于深深植根于人民之中。人民当家作主是社会主义民主政治的本质和核心，人民代表大会制度是发展全过程人民民主、保证人民当家作主的重要途径和最高实现形式。

因此，基层人大发展全过程人民民主，必须深刻把握"人民至上"的根本要求，坚持一切为了人民、一切依靠人民，加强制度创新，不断扩大公民有序政治参与，推动人民群众普遍关心的热点难点问题得到有效解决、推动发展成果更多更公平惠及全体人民，把人民当家作主具体地、现实地体现到党和国家机关各个方面各个层级的工作上来，筑牢人大依法履职的民意基础。一是保障人民权利。进一步健全人大监督制度机制，完善人民代表大会、人大常委会的议事规则，引导和扩大公民有序政治参与，保证人民的知情权、参与权、表达权、监督权落实到基层人大工作各方面各环节全过程，确保党和国家在决策、执行、监督落实各个环节都能听到来自人民的声音。

人大常委会听取审议专项报告，审查计划、预算，决定经济社会发展重大问题和事关群众切身利益问题，要通过调研、座谈、论证、咨询等，最大限度吸纳民意、汇聚民智，努力使每一个决定、每一次监督都体现人民意志、维护人民利益、回应人民期盼。二是突出监督重点。坚持群众关心什么、人大就监督什么。在监督议题的确定上求实求准求精，加强与党委、政府等方面沟通，主动深入乡镇（街道）、深入村（社区）企业、深入群众开展调研，广泛听取各方面意见，着力把党委重大决策、政府着力推进、群众普遍关注的事项纳入年度监督计划，切实做到议题源于群众，让人民掌握话语权。持续提升保障和改善民生在基层人大工作中的分量与比重，紧盯生态环境、促进就业、医疗卫生、教育、养老、住房等难点问题，用善谋、善治、善为的实际行动，推动解决人民群众的操心事、烦心事、揪心事，把人民当家作主具体地、现实地体现到实现人民对美好生活向往的工作上来。三是创新监督方式。准确把握正确监督、有效监督、依法监督这一人大监督的重要原则，综合运用听取审议专项工作报告、执法检查、专题询问等多种监督方式，打好监督"组合拳"，增强监督刚性和实效，用好宪法法律赋予的监督权。在监督过程中，强化会前调研、聚焦会中审议、做实会后跟踪的有机贯通衔接，全程邀请代表参加调研、审议、评议、询问及满意度测评，发挥人大监督接地气、察民情、聚民智的"直通车"作用，让人民群众感受到人大监督产生的成效。比如，发挥执法检查"法律巡视"利剑作用，"温岭参与式预算"、民生实事项目代表票决制等，这些监督工作创新都是践行全过程人民民主的生动体现。

三、发挥代表作用是基层人大推进全过程人民民主的重要途径

习近平总书记强调，人大代表是人民代表大会的主体，是党和国家密切联系人民群众的桥梁和纽带，也是实现和发展全过程人民民主的重要推动力量。

因此，基层人大发展全过程人民民主，必须牢固树立保障代表依法履职

就是保证人民当家作主的理念，完善工作制度机制，创新代表履职方式，拓展代表履职途径，密切人大常委会同代表、代表同人民群众的联系，使发挥代表主体作用成为人民当家作主的重要体现。一是把好代表"入口关"。选举人大代表，是人民代表大会制度的基础，是人民当家作主的重要体现。要把坚持党的领导、充分发扬民主、严格依法办事贯穿代表选举的各方面全过程，做实做细选民登记、代表候选人提名推荐、投票选举等重点工作，保证人民依法行使选举权利，民主选举产生人大代表，选举结果人民满意。2021年，新一轮全国县、乡两级人大换届选举，10亿多选民1人1票，以直接选举方式产生了260多万名县、乡两级人大代表，这就是全过程人民民主的生动实践。二是密切人大常委会同代表的联系。拓展人大常委会组成人员联系代表工作的广度和深度，积极搭建更多的履职平台和联系渠道，结合立法调研、执法检查、参加会议等活动，了解代表对人大常委会审议议题和群众关注问题的意见建议。围绕人大常委会审议议题和监督重点，多层级、多频次地组织代表参加视察调研、座谈讨论等，确保代表对人大常委会工作全过程参与。完善代表意见建议采纳反馈工作机制，扎实开展人大常委会主任、副主任接待代表日活动，激发代表依法履职的内生动力。三是完善代表联系选民的制度机制。加强代表之家、代表联络站规范化建设，推动代表"月进站、季回家、年述职"制度化常态化；完善"万名代表下基层"机制，丰富代表联系群众的内容和形式；积极发挥代表联络站连心桥、民意窗、监督岗的功能作用，让代表更好接地气、察民情、聚民智、惠民生，从而让群众感受到民意有人代表、民愿有人倾听、民生有人关注、民主就在身边。四是提高代表议案建议办理质量。做好代表议案、建议、批评和意见办理工作，是尊重代表权利的具体体现，也是实现和发展全过程人民民主的重要途径。人大及其常委会要从严把好建议"提出、交办、办理、督办和办后评价"关口，注重源头环节培训指导、办理环节跟踪协调、评价环节考核监督，积极推进建议办理情况公开，形成全链条工作闭环，推动代表建议办理工作提质增效。坚持民有所呼、我有所应，强化人大常委会主任、副主任领衔督办的引领推动作用，有效调动人大代表和乡镇（街道）人大参与督办的积极性，下沉乡镇（街道）召开建议督办会，面对面督促承办单位优化办理流程、加快工作进度，不断提高代表建议办结率和群众的满意度，让人民群众的获得感、幸福感、安全感更加充实、更有保障。

历史和实践充分证明，人民代表大会制度是个好制度。发展和完善全过程人民民主是一个持续推进的过程，需要在实践中不断探索、总结、创新、提高。我们要在习近平新时代中国特色社会主义思想的指引下，继续守正创新、勇毅前行，奋力开创基层人大工作新局面，推动全过程人民民主不断发展。

新《地方组织法》完善地方人大行使
重大事项决定权规定的意义

郑广永*

【摘　要】新《地方组织法》对地方人大及其常委会行使重大事项决定权相关内容的修改完善，是贯彻习近平法治思想，加强党对人大工作的领导，实现全过程人民民主的具体体现之一，必将对进一步加强党的领导，推进地方各级人大及其常委会更好行使重大事项决定权起到良好的效果。但是同时我们也应该清醒地看到，以往曾经遇到的各种问题并不会因此次修改完善就会一扫而光，还需要党委、政府、人大等各个部门共同努力来推进相关规定的落实。

【关键词】新《地方组织法》；地方人大；重大事项决定权

2022 年 3 月 11 日，十三届全国人民代表大会第五次会议表决通过了新修改的《中华人民共和国地方各级人民代表大会和地方各级人民政府组织法》（以下简称《地方组织法》）。新《地方组织法》第 11 条第 3 项规定，县级以上地方人大"讨论、决定本行政区域内的政治、经济、教育、科学、文化、卫生、生态环境保护、自然资源、城乡建设、民政、社会保障、民族等工作的重大事项和项目"，第 50 条第 4 项规定，县级以上人大常委会同样"讨论、决定本行政区域内的政治、经济、教育、科学、文化、卫生、生态环境保护、自然资源、城乡建设、民政、社会保障、民族等工作的重大事项

---

* 郑广永，北京联合大学北京政治文明建设研究基地研究员。

和项目"。相比 2015 年的《地方组织法》，关于地方人大及其常委会重大事项决定权的规定"讨论、决定本行政区域内的政治、经济、教育、科学、文化、卫生、环境和资源保护、民政、民族等工作的重大事项"，新《地方组织法》规定比原法多出了 17 个字，所列具体事项由原来的 9 项修改为 12 项，其中"环境和资源保护"修改为"生态环境保护、自然资源"，"民政"修改为"社会保障"，还多出了一项"城乡建设"，特别是新《地方组织法》的规定多出"项目"两个字。这两个字，被普遍认为是一大亮点，是地方人大及其常委会在行使重大事项决定权由程序性向实体性转变的契机。本文就如何认识和理解新《地方组织法》这项内容修改的意义进行简要探讨。

一、新规定是贯彻习近平法治思想，加强党对人大工作的领导，实现全过程人民民主的具体体现之一

第一，新规定是学习贯彻习近平法治思想，落实党中央关于健全人大讨论重大事项决定权的具体成果。党的十八大以来，习近平总书记以宏大的历史视野，高度重视中国特色社会主义制度的整体建设和完善，尤其是作为国家根本政治制度的人民代表大会制度的建设和完善，提出了一系列重要的指导思想和指示。具体到完善人大及其常委会行使重大事项决定权上，党的十八届三中全会的决议要求"健全人大讨论决定重大事项制度，各级政府重大决策出台前向本级人大报告"，从而为修改完善《地方组织法》规定的地方人大行使重大事项决定权确立了根本方向。

中共中央办公厅于 2017 年 1 月专门发出了《关于健全人大讨论决定重大事项制度、各级政府重大决策出台前向本级人大报告的实施意见》（中办发〔2017〕10 号）。这是 1954 年我国确立人民代表大会制度以来，中央首次对人大行使重大事项决定权提出专门指导意见，属于人大如何进一步行使好重大事项决定权的顶层设计，意义重大。它标志着人大讨论决定重大事项制度正式纳入了建设社会主义法治国家，推进国家治理体系和治理能力现代化的总体部署，这就为修改完善《地方组织法》的有关规定，为地方各级人大及其常委会更加有效行使重大事项决定权带来了重大契机，同时也赋予地方各级人民代表大会及其常委会更加光荣的使命和责任。这个意见具体包括这样一些基本内容：界定了人大讨论决定重大事项的范围，规定了各级政府对事关本地区经济社会发展全局、涉及群众切身利益的重大决策，依法出台前向人大报告，并要求各级政府结合实际，研究制定重大决策出台前向本级人大报告的工作制度。规定了健全讨论决定重大事项协调机制，有助于解决人大被动决定重大事项问题；规定加强对重大事项、重大决策草案的合法性审查，有助于克服地方人大重大事项决定重程序轻实体问题。要充分发挥人大代表和常委会组成人员的作用，邀请相关人大代表参加调研、座谈会、听证会、论证会。要扩大人民群众有序的政治参与，健全公众意见采纳情况的反馈机制，对专业性、技术性较强的重大事项，应组织专家、智库、专业机构进行论证。要求政府和司法机关认真贯彻实施人大作出的决议决定，加强跟踪监督，决议决定实施情况要向人大报告。规定了对违法决策、不当决策造成严重后果或重大影响的，要严格追究相关人员的纪律责任和法律责任。这个意见不仅全面系统地指导地方人大及其常委会如何行使重大事项决定权，也对地方党委如何加强对人大行使重大事项决定权的领导，以及政府和司法机关如何配合执行人大行使此项权力提出了明确要求。这个文件发布后，有力地推动了地方各级人大重大事项决定权的行使，各地党委和人大都相继召开了会议传达落实，更有许多地方党委和人大还制定了具体的执行办法。

党的十九大报告一如既往地提出支持和保证人大依法行使立法权、监督权、决定权、任免权。

第二，新规定有助于加强党对人大工作的领导，是落实党的领导、人民当家作主、依法治国有机统一的举措之一。坚持党对人大工作的领导是中国特色社会主义民主政治的特征之一，也是确保人民代表大会制度沿着正确的政治方向发展，发挥其根本政治制度作用的根本保证。新《地方组织法》对地方人大行使重大事项决定权的修改和完善，有助于加强党对人大工作的领导。以往人们习惯于党委决策、政府执行、人大监督的工作模式。这种模式的确起到了积极的作用，但是在强调依法治国、建设社会主义法治国家的背景下，党的意图通过法定途径转化为国家意志就显得尤为重要。地方党委的决策通过地方人民代表大会及其常委会以行使重大事项决定权的方式转化为国家意志，不仅更加具有法律性和权威性，也更加体现出我们党提出的"任何党派和组织都要在宪法和法律框架内活动"。这样不仅提升了地方人大及其常委会的公信力，也更加提升了党在人民群众中的威信，是新时代落实党的领导、人民当家作主、依法治国有机统一的举措之一。

第三，新规定是落实全过程人民民主的举措之一。人民主权是马克思主义国家政权理论的核心精神，我国的人民代表大会制度正是秉持了这个核心精神，确立了人民当家作主的途径和方法。在我国，人民通过人民代表大会当家作主是通过人民代表大会及其常委会的立法权、决定权、任免权和监督权来实现的。这四种权力涵盖了人民管理国家事务的各个方面，在一定意义上也是全过程人民民主的表现。全过程人民民主要从历时性和共时性两个维度考虑，即不仅仅要从时间维度考察，也就是我们通常理解的过程性和环节性；同时还要从共时性，也就是人民主权内容的全面性进行考察。或者说，全过程人民民主既是过程的全面，也是内容的全面。就地方人大及其常委会职权的内容而言，包括了立法权、监督权、决定权、任免权，四者缺一不可，而且都必须同样受到重视，不能有的民主权力得到了很好的行使，有的民主权力行使状况欠佳。

综上所述，修改完善《地方组织法》中关于地方各级人大及其常委会行使重大事项决定权的有关规定，是学习贯彻习近平法治思想和关于人民代表大会制度重要论述精神，以及实践全过程人民民主的必然要求和具体体现，是一个水到渠成的结果，表征着人民代表大会制度的发展和完善，也必将推动地方各级人民代表大会及其常委会更好地行使重大事项决定权。

二、新规定带来的直接效果

虽然新《地方组织法》只比原《地方组织法》增加了 17 个字，但是内容丰富具体，必将对进一步加强党的领导，推进地方各级人大及其常委会更好行使重大事项决定权产生良好的效果。进一步说，就是与时俱进地丰富了地方各级人大及其常委会重大事项决定权的内容，使得地方各级人大及其常委会行使重大事项决定权有了更多的抓手，有助于改变以往一定程度上存在的地方人大及其常委会不敢、不愿、不会行使重大事项决定权的状况，提升地方人大及其常委会所作重大事项决定的质量和数量。

第一，新法中把原来的"环境和资源保护"事项修改为"生态环境保护、自然资源"两个方面。改革开放以来，伴随着我国工业化、城市化的迅猛发展，我国的生态环境和自然资源承受着越来越大的压力。这种压力一方面体现在对环境的破坏和资源的巨大消耗上；另一方面体现在对人民群众身心健康的伤害。这种状况说明，原先那种高消耗、高污染的发展道路难以为继，因为从直观上看是环境资源的不可承受，从深层上看则是违背了以人民为中心的发展目的，与社会主义的本质产生了冲突。只有改变这种状况，才能适应新时代的社会主义生态文明建设。改革开放以来，地方是各地经济发展的主推手，因此地方在改变传统的发展模式、保护生态环境和自然资源方面也必须承担起自己的责任。通过修改《地方组织法》中的相关规定，以更加明确的法律规定的方式让地方人大及其常委会承担起应当承担的责任。

第二，新法把原法中的"民政"事项修改为"社会保障"，体现了更大的社会覆盖面和更多的民生保障内容。原法中的"民政"虽然也有社会保障的含义，但其覆盖面和内涵都不足以满足现代社会发展中对民生保障的需要。原来对民政的理解通常是狭义的，主要包括民间组织管理、优抚安置、救灾救济、基层政权和社区建设、行政区划、地名和边界管理、社会福利和社会事务等，具体还有如婚姻登记、救灾救济、优抚安置、拥政爱民、区划地名、老龄工作、低保、福利、慈善、殡葬、救助等社会事务。尽管这些内容是社会所必需的，但是其覆盖面不足，已经不能完全满足社会主义市场经济条件下人民群众更加广泛的社会保障需求，所以新《地方组织法》将原来的"民政"事项修改为"社会保障"。现代的社会保障指的是以国家或政府为主体，依据法律，通过国民收入的再分配，对公民在暂时或永久丧失劳动能力，以及由于各种原因而导致生活困难时给予物质帮助，以保障其基本生活的制度，其本质是追求公平，责任主体是国家或政府，目标是满足公民基本生活水平的需要，同时必须以法律为依据。中国社会保障制度主要包括社会保险、社会救助、社会优抚和社会福利等内容。这极大地扩展了原来狭义的"民政"内涵。把"社会保障"事项纳入新的规定之中，实际上覆盖了全体居民。由地方各级人大及其常委会结合本地实际情况作出一些重大决定，不仅体现了地方各级人大及其常委会的法律责任，也更好地体现了人大及其常委会代表全体人民的特点，更符合人大的本质。

第三，新规定增加了"城乡建设"事项，符合我国城乡大规模建设的现实需求，体现了地方各级人大及其常委会在城乡建设中的地位、作用和责任。改革开放以来，我国始终坚持发展是硬道理，把发展作为党执政兴国的第一要务。大规模的城乡建设是我国发展的一个重要方面。通过大规模的城乡建设，增加了就业，改善了民生。城乡建设不仅涉及规划投资，在一定意义上还关系到社会发展福利的分配。承担起与城乡建设相关的重大事项的法律职责是地方各级人大及其常委会的分内之事。实际上，在新《地方组织法》颁布之前，许多地方人大及其常委会制定的重大事项决定的实施办法中就已经作出了相应的规定。这次新《地方组织法》的相关规定，一方面是顺应了时代的需求；另一方面是把各地成熟的做法在国家法律层面给予了提升，从而使地方各级人大及其常委会在城乡建设事项上不缺席。

第四，规定把原先表述的"重大事项"修改为"重大事项和项目"，使得地方各级人大及其常委会行使重大事项决定权有了更加具体的抓手，也有助于加强人大对"一府一委两院"的监督，此项修改被一些同志认为是本次修改相关规定的最大亮点。长期以来，在地方人大及其常委会的四项权力中，重大事项决定权一直被认为行使得不够理想，其中一个重要原因就是人们普遍认为"重大事项"不好界定，过于抽象，不容易把握，不像其他三项权力界定得那样清楚，容易把握和执行。这次新的规定加上"项目"的表述，让原来的规定具体化了，有了明确具体的抓手，地方各级人大在行使重大事项决定权时不再先纠结到底什么才算是"重大事项"，执行对象明确具体，也就更加理直气壮。除此之外，通过"项目"这个抓手，还可以加强对

"一府一委两院"的监督。因为项目的实施需要具体的单位和部门来落实，检查项目的实施状况，就等于加强了对实施单位和部门的监督，这实际上通过行使重大事项决定权带动了人大及其常委会的监督工作。另外，增加了"项目"规定，可以在一定程度上防止一些地方时常出现的，因为主要领导的调整致使原先已经开始实施的项目半途而废的现象。有了当地人大及其常委会通过行使重大事项决定权决定实施的重大项目，不论是谁担任主要领导，都不会新官不理旧账，随便废止原来的项目，即使有些领导干部想废止，也需要考虑到违法的后果和代价，这就保证了建设的连续性，同时还维护了包括当地党委、政府和人大的威信和形象。

三、推动落实好新规定需要注意的几个问题

综上所述，新《地方组织法》对地方人大及其常委会行使重大事项决定权的修改和完善，必将有力推动地方人大比以往更加积极行使重大事项决定权，更加积极地推动地方人大工作和其他各项事业的发展。但是我们也必须清醒地认识到，新规定的实施还会面临一些问题，这些问题有的是以往就存在的，也就是说，以往影响地方人大及其常委会行使重大事项决定权的因素并没有完全消失。另外，在实施过程中，肯定还会出现一些未曾遇到过的新问题。只有解决了这些问题，新规定才会真正落到实处。

第一，地方人大及其常委会能否行使好重大事项决定权，并不单单取决于地方人大及其常委会自身，还必须有本级党委和政府的有力支持与积极配合。以往人们谈起影响地方人大及其常委会行使重大事项决定权时，都会首先提到认识不到位。这个认识绝对不只是指从事人大工作的实际工作者，也包括党委和政府，尤其是党委和政府的主要负责同志。所以，需要党委、人大、政府各个机关部门，尤其是党委和政府主要领导带头学习和贯彻新《地方组织法》有关规定，改变以往那种党委决策、政府执行、人大监督的工作惯性。党委要善于通过地方人大及其常委会行使重大事项决定权的方式，把党的决策转化为国家意志。政府要自觉执行人大及其常委会对重大事项作出

的决定，并接受人大及其常委会的监督。

第二，各地方人大及其常委会结合新《地方组织法》的相关规定制定的本地人大及其常委会行使重大事项决定权的地方性法规，能否突破以往相关的地方法律法规或办法的模式有待观察。一般来看，新《地方组织法》实施后，各地方人大及其常委会都要对本地行使重大事项决定权的有关地方法规或办法进行修改和完善，或者重新制定行使重大事项决定权的地方法规或办法。新修改的《地方组织法》同以往一样，也只是对地方人大及其常委会行使重大事项决定权的内容给予了规定，并没有规定如何行使此项权力，其他国家层面的法律也没有规定，因此仍然需要各级地方人大及其常委会自己制定相关的地方法规予以落实。实际上，自从 1980 年初开始颁布施行《地方组织法》以来，许多地方人大及其常委会就制定了本地行使重大事项决定权的地方法规，有些地方甚至结合《地方组织法》的修改，对本地制定的相关法规也修改完善了多次。这些地方法规各有特色，或简或繁，对各地推动本地人大及其常委会行使重大事项决定权所起作用不尽相同。涉及实质性的问题，就是到底怎样界定什么是重大事项，多大的项目需要本地人大及其常委会来作出决定，这肯定如同过去一样是一个具有很大争议的问题。还有，涉及程序性的问题，就是地方人大及其常委会在作出决定之前，党委、政府、人大甚至政协如何在党委的统一领导下协商，也是一个重大问题。类似问题不解决好，地方人大及其常委会仍然难以行使好重大事项决定权。

第三，必须发挥好人大代表和委员的作用，落实地方人大及其常委会行使好重大事项决定权。在一般情况下，人大代表或委员往往只是在对地方人民代表大会及其常委会进行例行性表决、需要作出决定时，才看到人大代表或委员的作用，比如对"一府两院"的工作报告、经济社会发展计划、财政预决算报告等进行例行性的表决。此时固然体现出了人大代表和委员在以集体行权的方式，履行地方人大及其常委会行使重大事项决定权的作用，但是由于这些表决行为都是程序性的规定动作，不足以显示出人大代表和委员个人的作用。今后，各地人大及其常委会是否应该考虑到人大代表或委员能够在非常规性程序性的履职活动之外，在重大事项或项目方面通过联署的方式提请需要地方人大及其常委会作出决定权的有关规定。这也是发挥人大代表履职积极性的需要。

　　总之，新《地方组织法》对地方人大及其常委会行使重大事项决定权的相关内容的修改完善，一定会推动各地人大及其常委会积极行使此项权力。同时我们也应该清醒地看到，以往曾经遇到的各种问题并不会因此次修改完善就会一扫而光，还需要党委、政府、人大等各个部门共同努力来推进相关规定的落实。

深入践行全过程人民民主
全面提升设区市人大立法的主导能力

张升忠　黄兰松*

【摘　要】法律是治国之重器，良法是善治之前提。在 2021 年召开的中央人大工作会议上，习近平总书记强调："要发挥好人大及其常委会在立法工作中的主导作用，深入推进科学立法、民主立法、依法立法。"目前，享有立法权的设区市人大在立法能力、立法主导、立法质量等多个方面都存在许多薄弱环节，影响了立法决策与改革决策衔接的速度、准度和精度。本文以践行全过程人民民主理念为主线，提出"发挥六大作用、增强六大能力、把好六关"等创新性、可操作性强的新举措，对设区市人大主导立法工作进行全面的制度设计，达到人大在法规立项起草、草案征求意见、初审多审中全程参与、深度介入、严格把关，推动提升科学立法、民主立法、依法立法水平。

【关键词】全过程人民民主；设区市人大立法；立法主导能力

党的十八大以来，以习近平同志为核心的党中央坚持用马克思主义观察时代、解读时代、引领时代，以高远的历史站位、宽广的世界眼光，提出了一系列治国理政的新理念新思想新战略，确立了习近平新时代中国特色社会主义思想，形成了一个系统完整、逻辑严密的科学理论体系。习近平总书记

---

* 张升忠，青岛市人大常委会社会建设工作室副主任，青岛市人大工作理论研究会常务理事、副秘书长；黄兰松，山东大学威海校区法学院副教授、硕士生导师，法学博士、博士后。

在中央人大工作会议上的重要讲话，系统阐述全过程人民民主这一重大理念，强调必须坚持用制度体系保障人民当家作主，指出人民代表大会制度是实现我国全过程人民民主的重要制度载体，丰富发展了社会主义民主政治的内涵，对马克思主义民主政治理论作出了原创性贡献。习近平总书记强调："要坚持建设中国特色社会主义法治体系""要坚持全面推进科学立法"。法律是党的主张和人民意志的高度统一，必须把发展全过程人民民主要求贯彻到立法各环节，使立法活动和立法工作成为践行和体现全过程人民民主的生动实践。设区市人大肩负着立法的重任，其立法主导能力的强弱将直接影响立法质量。学习践行全过程人民民主理念，不仅要在吃透精髓、把握要义、强化思想引领上下功夫、求深入，更要在学以致用、指导实践、促进工作提升上下功夫、求极致，取得实实在在的成效。本文重点围绕认真践行全过程人民民主，全面提升设区市人大立法的主导能力作深入研究探讨。

一、深刻理解准确把握全过程人民民主的精髓要义

当今世界，民主已成为一种全人类共同的价值追求，但实现民主的形式是丰富多样的。党的十八大以来，以习近平同志为核心的党中央高度重视并深化发展人民民主，充分发挥人民民主的全过程优势，创造性提出了发展全过程人民民主这一重大理论和实践命题，推动人民民主的发展进入了崭新阶段。我国的民主实现形式是全过程人民民主，既有选举民主，又有协商民主、自治民主、基层民主。习近平总书记指出："我国全过程人民民主实现了过程民主和成果民主、程序民主和实质民主、直接民主和间接民主、人民民主和国家意志相统一，是全链条、全方位、全覆盖的民主，是最广泛、最真实、最管用的社会主义民主。"全过程人民民主这一重大理念，集中概括了党领导人民发展社会主义民主，特别是党的十八大以来民主政治建设的理论和实践成果，深刻阐明了全过程人民民主的鲜明特色和显著优势，在全面建设社会主义现代化国家的新发展阶段，为我国发展社会主义民主政治、建设社会主义政治文明提供了指引和遵循。

（一）党的领导是全过程人民民主发展的根本前提。发展全过程人民民主是在中国共产党领导下对中国特色社会主义政治制度的重大创新，是一项系统工程、整体工程。党的领导为全过程人民民主的发展注入了坚强动力，是发展全过程人民民主的根本优势所在和根本底气所在。设区市人大立法工作一定要把坚持党的领导作为首要原则，坚持党的领导、人民当家作主、依法治国有机统一，坚持重要立法事项向党委请示报告制度，立法规划、立法计划和重要法规草案及时报请党委常委会审议，确保党的主张通过法定程序成为国家意志和人民共同行动。

（二）全过程人民民主是全链条民主。习近平总书记指出，我国全过程人民民主不仅有完整的制度程序，而且有完整的参与实践。国家一切权力属于人民。人民当家作主制度体系发展完善，既保证人民依法实行民主选举，通过民主协商参与国家治理和社会治理，也保证人民依法实行民主决策、民主管理、民主监督。如何把全过程人民民主贯彻体现到地方立法全链条、全方位，使立法过程成为实现和体现最广泛、最真实、最管用民主的典范，是设区市人大立法工作需要重点关注的内容之一。

（三）全过程人民民主是全方位民主。全方位民主，是相对于西方局部、有限的民主而言的。我国全过程人民民主，体现在党治国理政全部活动之中，贯通于政治、经济、社会、文化等诸多领域，亿万普通人民群众通过各个领域的民主制度和各个层次的民主形式，共同行使管理国家事务、管理经济和文化事业、管理社会事务的权利，人民民主制度在实践中得到全方位落实。设区市人大在立法中需要牢牢把握社会公平正义这一法治价值追求，积极回应人民群众新要求新期待，系统研究谋划和解决法治领域人民群众反映强烈的突出问题，努力让人民群众在每一项法规中都感受到公平正义。

（四）全过程人民民主是全覆盖民主。中国式民主不仅表现在人民享有广泛的民主权利，而且还表现在民主主体的广泛性。我国民主选举的五级人大代表共262万多名，其中直接选举的县乡两级人大代表占代表总数的94%。他们都是亿万选民一人一票直接选出来的。中国式民主具有广泛性、真实性，"民主"与"民心"相通，"民主"与"民情"呼应，既"有序"又"有效"，增强了社会主义民主政治的生机和活力，是最广泛、最真实、最管用的民主，进而不断增强人民群众在政治生活中的参与感、获得感和幸福感。

二、当前设区的市人大立法主导方面存在的问题与不足

法律是治国之重器，良法是善治之前提。习近平总书记在中央全面依法治国工作会议上强调：要坚持建设中国特色社会主义法治体系。加快形成完备的法律规范体系。要坚持全面推进科学立法等，对新时代立法工作提出了新的更高的要求。如何更好地贯彻落实习近平法治思想，用良法推进治理体系和治理能力现代化，以高质量立法引领推动高质量发展，已成为摆在设区的市人大及其常委会面前的一个新的重要课题。自 2015 年 3 月《中华人民共和国立法法》（以下简称《立法法》）修改后，地方立法权由 49 个较大的市扩大至全国 280 多个设区的市。之后，设区的市人大结合自身实际，认真开展了立法工作，有力地推动了地方法治建设，取得了显著成效。但也应该清醒地看到，设区的市人大在立法能力、立法主导、立法质量等多个方面都存在许多薄弱环节，影响了立法决策与改革决策衔接的速度、准度和精度。主要表现在以下几个方面。

（一）人大主导立法的作用没得到充分发挥。在法规立项上，我国《立法法》规定，"应当认真研究代表议案和建议，广泛征集意见，科学论证评估，根据经济社会发展和民主法治建设的需要，确立立法项目，提高立法的及时性、针对性和系统性"。设区的市人大在地方性法规制定中也普遍强调立法项目征集的广泛性，规定：国家机关、政党、人民团体、社会组织和公民，可以提出本地区立法项目建议。但在实践中，立法项目来源途径较为单一，立项征集的广泛性仍有较大不足。绝大多数设区的市普遍采取政府部门提出立项建议，人大进行研究，最后报市委确定的方式，真正由人大自身通过调研发现问题，提出法规立项的方案很少。在法规起草上，经向 11 个设区的市人大立法工作者了解得知，目前，政府部门在法规起草中普遍居强势地位，绝大多数法规仍是谁提案、谁负责起草，法规的调研与框架内容，以及

征求哪方面的意见都由部门确定。很多政府部门在起草法规草案中，更多的是站在本部门的立场上思考问题、拟定相应对策，借法规力量解决管理中的一些难题。在法规的审议上，通常是法规草案经政府研究后，才提交人大常委会审查修改、审议表决，不少人大常委会主要发挥了"编辑"作用，没有真正发挥主导作用。

（二）立法质量尚有一定差距。一是法规的深度不够。有的政府部门在起草法规案中只顾解决眼下的问题，调查不够具体、研究不够深入，法规的系统性、全面性、预见性、长远性不足，存在立法质量不高的现象。有的法规条款缺乏前瞻性，法规出台后不久就因不能适应新形势而需要修改，有的干脆进入休眠状态。二是法规的广度不足。一些法规条款设置中，存在重权力轻责任、重管理轻服务、重处罚轻教育等现象。有的部门甚至借助法规，在一些职权或事权上进行"自我赋权"，部门利益法规化的倾向时隐时现。三是法规化解难题的力度不强。一些涉及多部门利益的法规，对权力有关部门都极力争取，但对需要承担的责任，仍存在相互推诿扯皮的现象；法规条款指定多部门联合执法时，往往出现"都管都不管"的尴尬局面。四是法规的地方特色不多。一些法规"小法抄大法、本地借外地"的现象较为突出，突出本地特色、解决本地难题的内容少。

（三）公众对立法的参与度不高。一是群众对立法工作不关注。多数群众认为法规内容与自己关系不大，漠不关心，即使接到征求意见的函也是象征性地回复一下。虽然设区的市人大常委会普遍通过多种途径，征求公民对立法项目和法规草案的意见，但得到有效回应的甚少，有的法规草案甚至是"零"意见。二是征求意见的范围比较小。通常是将法规草案挂在网上、找一些群众开几个座谈会等，听政府部门的意见多、听广大群众的意见少，没有把法规制定过程变成广泛凝聚社会共识的过程，没有制定出老百姓普遍认可、能有效解决热点难点问题的法规，法规的制定与落实脱节，致使法规的实效性较弱。三是对收到的意见处理较为简单。有的对热心公众提出的意见建议没有进行认真研究，轻易予以删除。有的即使采纳了相关意见，也没有对公众进行反馈，影响了大家参与立法的积极性。

（四）人大的立法工作力量薄弱。一是立法人员偏少。经调查，8个副省级城市人大常委会法制工作委员会（法制工作室）平均人数为9.6人，最多的14人，最少的6人，年均制定法规4.3部，其中自主起草的年均0.4部；4个设区的地级市人大常委会法制工作委员会平均人数为6人，最多的8人，最少的5人（因编制制约各设区的市人数相近），年均制定法规2.1部，其中自主起草的年均0.5部。因大多数法制委员会的委员是兼职的，立法的具体工作主要由法制工作委员会（法制工作室）承担。而当前除了立法项目多以外，按照国家法制统一的要求，副省级城市法规清理的任务也很重，使现有的工作力量始终处在疲于应付的状态。二是立法人才缺乏。目前，设区的市立法的专业人才主要集中在法制工作委员会和法制委员会，而其他的工作委员会和专门委员会的立法人才普遍缺乏。三是立法技术较弱。有的法规表述不够规范，用语不够准确严谨，政策性和宣示性的语言使用过于频繁，难以真正规范或解决当地的问题。有的法规行为规范与法律责任的设定不一致，难以发挥应有效果。

三、制约设区的市人大立法主导能力的主要因素

（一）人大立法队伍的力量与担负的立法重任未达到相互匹配。立法是设区的市人大的四大主要任务之一，是首要的重要工作。但立法人员数量与承担监督、重大事项决定、人事任免的人员数量相比，存在较大的差距。以某副省级城市人大常委会为例，负责监督工作的工作室为8个，总人数为51人，而法制工作室只有7人。其中专门负责立法的法规处仅有2人，再加上工作室领导，也只有4人。而立法任务却非常繁重，立法人员虽然加班加点努力工作，每年只能完成3—5部法规的制定修订与10多部法规的清理，但每年列入调研的立法项目年均在30个以上。近十年来虽然已开展自主立法工作，但因工作精力所限，只自主起草了3部法规。经了解，其他设区的市情况也类似。尽管从事立法与监督的人员不可能是1:1的关系，但与繁重的立法任务相比、与推进国家治理体系和治理能力现代化对立法工作提出的新

要求相比，这种人员编制比例显然不合理。设区的市人大立法工作力量薄弱，难以从宏观性与整体性、稳定性与变动性、现实性与前瞻性等方面对立法项目进行深入系统的研究，这是制约人大立法主导作用发挥和立法质量提升的主要因素。另外，借助外援也较少。以上 8 个副省级城市人大建立立法研究基地或立法研究中心等外援机构的只有 2 个市，占比 25%，年均委托调研起草的法规 1.2 部。

（二）人大专门委员会和常委会组成人员在立法中的作用未得到充分释放。目前，设区的市人大常委会的主导作用主要体现为对法规草案文本形式与内容的审议，未能做到对整个立法过程的主导。人大专门委员会和常委会组成人员多数是兼职，通常只是参与法规草案的讨论修改、审议决定，没有太多精力真正参与法规的调研起草过程，对立法中遇到的各种难点重点问题掌握不准，也研究不深，因而对草案重要内容，尤其是涉及众多利益矛盾的实质性部分审议不深，难以提出高质量的意见建议，制约了法规的质量与水平。其中，除了受组成人员中立法人才较少和兼职比例较高的影响外，也与人大常委会的组织发动力度不够有关。

（三）人大代表在立法中的地位与作用未得到有效挖掘。人大代表既是国家权力机关的组成人员，是人大工作中的主体，也是社会各界的精英，他们工作生活在人民群众之中，了解老百姓的各种愿望和诉求。立法工作理应成为代表履职的一项重要内容，但目前普遍未充分发挥代表在立法中的作用。主要原因是：一方面，设区的市人大普遍对代表缺乏必要的立法业务培训，代表参与立法的能力弱；另一方面，代表法对闭会期间代表参加履职活动的时间、任务等没有具体规定，对出台一部法规至少要征求多大比例人大代表的意见也没有硬性要求，致使设区的市人大在组织代表参加立法工作中底气不足，不好操作。同时，许多代表也对自己如何履职较为茫然，目标不明确，任务不具体，未能在完成本职工作的同时，尽心尽力地参与到人大的立法、监督等工作中来，"挂名代表"仍不在少数。

（四）公众在立法中的地位未给予应有重视。十九届四中全会把完善各方的立法参与作为完善立体体制机制的重要内容。地方性法规既需要助力经济社会发展和改革攻坚任务，也需要积极回应人民群众对美好生活的新期待，解决群众的"头等大事"和身边的"关键小事"。立法是一项复杂的系统性和综合性工程，立法中既需要立法者有高超智慧和立法技术，又需要公众广泛参与立法，反映其合理诉求，提升法规质量和可操作性，还要让公众知法懂法，进而才能更好地守法，实现立法的民主化、科学化、高效化。但目前在立法的制度设计上，对如何征求群众意见没有具体明确的法律规定，没有把广听民声、广聚民意、广集民智作为关键环节，使设区的市人大在主导立法上失去了重要协助力量。一些参与立法的人员认为，立法是一项技术性、专业性、操作性都很强的工作，听不听公民的意见无关大局。因此，在征求群众建议意见时，通常只公布法规的草案文本，没有将立法的前因后果、需要解决的重点难点问题等背景资料告诉公众，没有把征求意见作为化解分歧、达成共识、凝聚力量、提前为法规出台进行预热宣传的重要一环，也就难以引发大家的关注、研究与思考，难以提出有价值的意见建议，公众参与立法的效果不明显。

四、提升设区市人大立法主导能力的对策建议

"人大主导立法"是党的十九大赋予人大的一项重要任务，也是人大的一项重要职责，其核心要义是全面落实以人民为中心的思想，彰显人民在我国法治建设中的主体地位，让人民通过参与立法活动，行使管理国家事务、管理经济和文化事业、管理社会事务的权力，实现当家作主。"人大主导立法"总的思路是：设区的市人大要践行全过程人民民主理念，充分发挥六个作用、增强六种能力、把好六关，在法规案立项、调研起草、审议把关、决定通过等各个关键环节都实现立法主导。即充分发挥人大常委会的把关定向作用，发挥人大专门委员会和人大常委会组成人员、人大代表的立法主体作用，发挥立法研究基地的智力支撑作用，发挥公众的参与作用，增强人大立法人员的工作能力和确定立法选题、组织起草法规案、法规草案修改、法规审议通过、立法评估等六个环节的主导能力，把好队伍关、立项关、基础

关、特色关、决定关、评议关，真正达到人大在法规立项起草中全程参与、草案征求意见中深度介入、初审修改中严格把关、二审多审中精雕细琢、立法评估中勇于揭短，不断提升人大主导立法的工作能级，全面提高科学立法、民主立法、依法立法水平，把全过程人民民主贯彻体现到地方立法全链条、全方位，把国家法律具体化、特色化，打通"最后一公里"，确保每一项立法经得起实践、人民、历史的检验，维护好国家法制统一和权威。

（一）增强人大常委会机关立法人员的工作能力，把好队伍关

1. 进一步强化人大立法工作力量。习近平总书记强调指出："立法是为国家定规矩、为社会定方圆的神圣工作，立法人员必须具有很高的思想政治素质，具备遵循规律、发扬民主、加强协调、凝聚共识的能力。"建设一支高素质的立法队伍是做好立法工作的重要前提。建议全国人大常委会进一步研究制定下发加强立法人员队伍建设的意见，增加设区的市人大常委会法制工作委员会的人员编制数量，专门从事法规制定的处科人员至少配备 6 人以上，建设一支与新时代立法任务相匹配的立法工作者队伍。鉴于人大各专门委员会的委员多数为兼职，真正用于人大工作时间非常有限的现状，为便于专委会委员既不影响自身工作，又有一定时间和精力真正投入人大工作，把承担的任务完成好，建议全国人大常委会出台增加人大各专门委员会组成人员数量的新政策，将目前的专委会委员人数扩大一倍，并在任期内至少参与一部法规的起草、审议、制定工作。其中至少有五分之一的人懂法律，有能力参加立法工作。同时，调整人大常委会和专门委员会委员、人大代表的知识结构，增加懂法律、立法能力强的委员和代表的数量，从源头上提升设区的市人大的立法能力。

2. 建立健全培养立法人才的长效机制。建议全国人大常委会协调有关部委，将地方人大立法队伍的培训纳入国家和地方中长期人才发展规划，协调有关高校开设立法专业课程。据了解，目前各高校没有开设立法专业，设区的市以上人大机关需要的立法人才只能靠自己培养，不仅周期长，而且受机关干部轮岗交流的影响，培养出的立法人才也不可能一生只做立法工作，影响了立法质效的快速提升。

3. 探索建立人大代表参与立法机制。设区的市人大常委会可通过自愿报名与遴选相结合的方式，选取30—50名综合素质好、责任感较强、具有一定专业特长、参与立法热情高的人大代表成立立法专业小组，参与立法的各个环节。即从立法议题的征集到法规案的起草，从专委会的专题会到常委会会议审议，立法中各个阶段的协调会、座谈会、听证会、论证会等活动，代表立法专业小组成员均深度参与，真正发挥代表在地方立法中的主体作用，充分保证和发展人民当家作主，彰显"一切权力属于人民"的宪法理念。

4. 健全完善立法队伍业务培训的长效机制。建议全国人大常委会每年举办立法技能培训班，对设区的市人大常委会机关立法工作者进行轮训，提升其专业化水准。同时，组织专门力量编写立法技巧、法规示范文本、各地立法精品示范案例解析等学习材料，形成科学化、制度化、规范化的成果，为设区的市人大更好地开展立法工作提供指导和遵循，推进立法队伍正规化、专业化、职业化。各省（自治区、直辖市）人大常委会应结合设区的市人大法规案中存在的问题，采取专题研讨、法规项目点评等多种形式，进行"以案说法"式的实战培训，以会代训、以上带下，促进设区的市人大立法队伍素质的快速提升。另外，要建立地方人大间的网上交流平台，通过经常性互动，分享经验做法，研究讨论问题，切磋化解立法中遇到的困难和问题，促进共同提高。设区的市人大常委会要制定系统的详细的培训计划，对人大以及政府有关部门等参加立法的人员，每年至少进行一次专门培训，确保培训常态化、长效化。

（二）增强人大在确定立法选题环节的主导能力，把好立项关

1. 要突出党对立法工作的领导。地方立法是一项政治性、政策性、综合性、系统性都很强的工作，要始终坚持党委领导、人大主导、政府依托、各方参与的立法工作格局。设区的市人大常委会要继续将立法规划和立法计划及时向党委报告，确保立法工作始终保持正确的政治方向和改革方向。

2. 要广泛发动人大代表和社会各界提交立法题目建议。建立代表立法建议征集、汇总和反馈机制，将全过程人民民主充分体现到立法题目征集的全链条。通过代表小组微信群、电子邮箱、传真和电话提交，以及召开多层次的座谈会等方式，广泛征集代表和社会各界的立法题目建议。在此基础上，精心选取紧扣党中央决策部署和上级、同级党委要求的，政府工作需要的，广大人民群众期盼的立法议题。

3. 要将纳入立法规划和年度立法计划的项目进行立法合法性、合理性审查。对于设区的市人大立法权限之内的、具有针对性和地方特色的立法建议，要在深入调研的基础上，组织相关行业和领域专家进行深入研究论证，按照轻重缓急纳入立法计划。对不属于立法权限范围内的建议议题不予考虑，严把立项关。同时，要研究确定一批立法预备项目、调研论证项目，为有序开展立法工作奠定坚实基础。

（三）增强人大在组织起草法规案环节的主导能力，把好基础关

1. 建立人大主导法规案起草工作机制。加强人大对依法立法的主导，对每个立法事项要成立由人大常委会分管领导或专委会领导、政府分管副市长或司法局领导，以及相关部门负责人参加的领导小组，召开会议依法确定立法方向和框架。领导小组要全过程参与立法工作，至少每季度召开一次调度会，听取法规案起草进展情况汇报，研究处理遇到的热点难点问题，发挥好掌舵定向的作用，力争把地方立法中的主要矛盾、重大分歧解决在法规案起草阶段。对于参加立法工作的人大专门委员会和常委会兼职委员、人大代表要视情给予相应的工作补贴。

2. 建立法规案多方联合起草工作机制。建立人大常委会和专门委员会组成人员、人大代表参与立法调研起草工作制度，真正发挥行业人员的专业力量，扩大社会参与度、支持度。对每项立法工作应成立法规案起草专班，成员以政府相关部门工作人员为主，并至少选派 1—2 名人大常委会和专门委员会委员、3—5 名人大代表和有关专家学者深度参与立法；人大常委会机关至少派 1 名同志当联络员，参与立法调研和主要内容的研究讨论等关键环节，了解掌握起草进程和主要内容，使法规案起草过程一直在人大的主导掌控之中。对于各方利益冲突较大的重大立法项目，可由人大各专委会和常委会工作机构自主起草法规案，或委托第三方进行起草，避免陷入部门利益的纷争之中。对于需要修改的地方性法规，人大法工委可事先梳理出一批需要研究解决的课题，由代表立法专业小组开展深入调研，提出法规修订的意见和建议。

3. 建立健全专家参与法规起草的工作机制。加强人大对科学立法的主导，通过建立健全高校立法研究基地和社会专业组织等参与的立法决策支持系统，充分发挥高校有关专家及行业组织的智力支撑作用。对争议较大、涉及多个政府部门的立法事项，采取引入第三方评估、召开听证会、专项论证等办法，增强立法的民主性、科学性。凡是法规草案中存在重大意见分歧、涉及利益关系重大调整、涉及本地经济社会发展和民生领域的重大问题，都应当进行听证。要坚持精细化立法，法规条款中既要写清楚各方面的权力与责任、权利和义务，又要最大限度缩小自由裁量空间，还要防止不必要的立法重复，杜绝"大而全"，提高立法的质量和效率。要科学合理布局基层立法联系点，加大密度，善于发挥好其作用，畅通社情民意表达和反映渠道，把立法联系点打造成立法工作实行全过程人民民主、"接地气""连民心"的直通车。

4. 健全完善人大与社会公众的立法沟通机制。加强人大对民主立法的主导，要将全过程人民民主贯穿到立法全过程，实行开门立法，发动广大群众参与到立法中来，充分听取和反映民意，不断提升民主立法的组织化程度。立法工作专班要采取座谈走访、问卷调查、实地考察等多种形式，加强立法调研，充分听取群众意见，确保草案能突出地方特色、解决当地的实际问题。法规草案征求意见时，一方面，要把范围拓展到同级全体人大代表；另一方面要发动市、区（市）、乡镇三级代表带着草案进机关、进企业、进社区、进学校，深入群众广泛听取基层，尤其是利益攸关方的意愿和需求，有效收集社会各方的意见。要广泛运用现代科技手段，通过互联网、微信平台等渠道，建立快捷有效的意见反馈系统，及时收集汇总意见建议，把立法过程变成倾听民声、汇集民智、凝聚民心的过程。北京市人大在修订《北京市生活垃圾管理条例》中，开展"万名代表下基层、全民参与修条例"活动，收到了非常好的效果，得到市民的广泛称赞。

（四）增强人大在法规草案修改环节的主导能力，把好特色关

1. 强化创新工作力度。设区的市人大立法应突出地方性、特色性、创新性，以短小精悍、实在管用为上，干货满满、易记易执行，坚决杜绝大体量抄上位法的现象。要设定法规内容创新率的下限，反映地方特色的条款与法规总条文数量之比要大于70%，对上位法进行全面细化和补充，真正有效解决当地的实际问题。

2. 强化法规草案征求意见阶段的介入力度。凡是由政府部门牵头起草的法规草案，在征求意见阶段，人大要派出专委会和常委会组成人员全程深度介入，认真研究人大代表和工作专班收集到的各方面意见，真正了解人民群众的需求和利益攸关方的诉求，主导好法规草案的修改工作。妥善把握好草案结构，妥善处理好重大意见分歧和错综复杂的利益关系，平衡协调好各方面群体的主张诉求，真正做到法规草案不成熟不提交政府研究，不提交人大审议。建立健全法规草案征求人大代表意见制度，每件法规草案征求人大代表的意见范围，至少为代表总数的一半以上。

3. 强化专委会的初审力度。设区的市人大专委会对法规草案进行初审，是法规制定中的一个重要环节，应予以大力加强。要从条款是否合理、地方特色是否突出、每一个字句标点是否客观统一精确恰当等方面进行认真审查。对重复上位法的内容，对无法产生约束性的、易造成过大自由裁量空间的非法律化用语，如重要、充分、鼓励、增强、优化、维护等词语，要提出明确的修改意见，为人大常委会组成人员审议提供有力的参考依据。

（五）增强人大在法规审议通过环节的主导能力，把好决定关

1. 优化法规审议机制。建立国家相关法律解读和法规草案解读制度。在常委会会议初审法规前，由有关专门委员会负责人向常委会组成人员解读国家相关法律，由法规草案起草专班负责人详细介绍该法规的立法背景与总体设想、各方争议的焦点及处理、草案的框架结构与主要内容、重要的制度设计与地方特色等，使常委会组成人员全面了解法规内容及关键条款，推动提

升审议质量。常委会会议一审法规草案时，要重点审议各级政府、部门、基层组织及相关单位的职责定位是否准确、合理可行，主要制度中权利义务、权力责任的设计是否平衡，能否解决实际问题等。

2. 借助利用好"外脑"。常委会会议一审法规草案时，要邀请部分全国、省人大代表和基层人大常委会领导列席会议发表意见，或书面征求代表意见并印发常委会会议。对常委会初审后的所有法规草案，应交由法律专家顾问团进行评估论证；对组成人员审议中意见分歧较集中的部分，要征求利益攸关方的意见。在此基础上，由人大常委会法制工作机构进行认真修改完善。

3. 提高法规社会知晓度。组织发动新闻媒体对立法进行全程宣传，通过新闻采访、新闻发布、主要条款解读等方式，对立法背景、主要解决的问题、关键条款进行全方位宣传，更好地促进社会公众了解并参与到地方立法中来，更好地推进法规正式发布后的有效执行。

4. 确保有特色有创新。对于一审中意见较多的法规草案，可采取隔次审议的办法，待修改完善后再提交会议审议。对于二审中组成人员仍有较多分歧的，应进入三审或暂停审议。要继续对法规案进行深入研究完善，必要时作专题调研，待成熟后再上会审议，确保每项立法都有特色、有创新、真管用，真正发挥人大在表达、平衡、调整社会利益方面的主导作用。

（六）增强人大在立法评估环节的主导能力，把好评价关

建议全国人大常委会组织力量专门制定"地方立法评估法"及实施细则，对评估主体、程序、对象和评估指标等要素进行设计，形成具体的可量化、操作性强的评估办法，推动立法评估工作规范化、制度化、常态化，提高立法评估的科学性、精准性、实效性。在工作实践中，充分运用大数据和人工智能，进行精准的数据测算，使地方立法评估工作更加科学，评估结果更为精确。在开展地方性法规评估工作中，要组织代表立法专业小组成员参与，增强立法评估力量。尤其是对亲自参与立法过程的代表，要安排他们参与该地方性法规的执法检查和监督评估活动，有针对性地提出法规修改意见，推动地方性法规更加有效管用、提升质量。

人大代表"家站"建设与作用发挥的实践与思考

北京市密云区人大常委会

【摘　要】习近平总书记在中央人大工作会议上强调，要丰富人大代表联系人民群众的内容和形式，拓宽联系渠道，积极回应社会关切，更好接地气、察民情、聚民智、惠民生。密云区人大常委会从总结、继承、完善、提高人大工作的高度，深度谋划、高位统筹、广度动员、力度推进、精心指导，将代表"家站"建设作为新时代践行和发展全过程人民民主的有益探索，作为深化镇街人大工作的有效平台，深入落实代表"月进站、季回家、年述职"制度，畅通社情民意反映渠道，扩大人民群众有序政治参与，促进了基层人大工作更有底气、监督工作更有支撑、代表工作更有活力，努力形成了全过程人民民主在密云区的生动实践。

【关键词】全过程人民民主；代表"家站"；规范化建设

习近平总书记强调，"人民代表大会制度是符合我国国情和实际、体现社会主义国家性质、保证人民当家作主、保障实现中华民族伟大复兴的好制度"。加强人大代表之家、人大代表联络站（以下简称"家站"）建设，是发挥人民代表大会制度优势的实践举措，也是夯实人大工作、发展全过程人民民主的有效抓手。多年来，北京市各级人大常委会始终将强化代表"家站"建设作为代表工作的着力点，经过探索与实践，逐步建立覆盖全市的区、镇（街）、村（居）三级代表"家站"平台体系，将其作为充分发挥代表主体作用、提升代表依法履职能力、密切联系人民群众、参与基层社会治理的重要平台，不断推动实践创新。

一、"家站"建设在密云区的实践与探索

自 2014 年起，密云区在全市率先探索建立了人大代表工作室和人大代表工作站，为代表广泛联系群众提供了制度化的工作平台。2022 年，在市人大常委会的指导下，密云区人大常委会出台了《关于进一步加强人大代表之家、人大代表联络站规范化建设的实施方案》，以习近平新时代中国特色社会主义思想、习近平总书记关于坚持和完善人民代表大会制度的重要思想为指导，以坚持和发展全过程人民民主为主线，以落实代表"月进站、季回家、年述职"制度为重点，以推进"家站"标准化建设、常态化运行、规范化管理为目标，努力实现代表履职有规范、联系群众有平台、作用发挥有抓手、人大工作有作为的良好成效。进一步发挥人大代表主体作用，畅通社情民意反映渠道，不断扩大人民群众有序政治参与。

一是高起点推进。密云区人大常委会党组专题研究代表"家站"规范化建设，在充分总结梳理原有人大代表工作室和人大代表工作站实践经验的基础上，明确建设方向和工作原则，并推动代表"家站"规范化建设纳入密云区委重点改革任务，统筹推进。密云区人大常委会按照布局科学化、建设标准化、运行常态化、管理规范化、工作品牌化的要求出台实施方案，召开全区代表"家站"规范化建设推进会，邀请北京市人大常委会相关领导现场指导，部署实施。各镇街（地区）人大在同级党委领导下组织开展"家站"工作培训会，高效落实。全区形成了党委领导、上下联动、全面推进的代表"家站"建设新局面。

二是高标准建设。深入全区 20 个镇街（地区）的人大代表之家和代表联络站，开展调研指导，把握好代表"家站"工作规律，通过线上线下齐发力，提升新时代代表"家站"规范化建设水平。加大资金投入，制作"家站"工作手册、代表履职手册、代表登记册，设计制作 20 个代表之家和 20 个区级示范站文化墙。做到"五具备"，即具备固定场所、办公设备、工作制度、学习资料、履职档案；"四统一"，即统一标识信息、活动组织、制度

要求、服务管理；"三上墙"，即上墙"家站"职责、公开代表信息、公示活动制度。强化平台功能，代表联络站每月安排相对固定的活动时间，通过各站联动，实现代表活动全区覆盖；每个季度末代表之家开展学习宣传、研讨拟提议案建议、交流共同关注的问题等，提升代表依法履职能力；每年依托代表联络站组织代表开展述职，实现届内代表见面述职全覆盖。拓展履职途径，与市人大联动探索推进代表"家站"网站和手机端公众号建设，作为先行试点参与全市代表"家站"网上平台测试等工作。目前，我区已规范建设了20个代表之家和20个区级示范站，以此推动全区110个代表"家站"的全面规范化建设。

三是高质量活动。将辖区内全国、市、区、镇四级代表全部编入"家站"，以推进代表"月进站、季回家、年述职"制度化常态化为抓手，突出议题和实效。采取市区镇三级人大"出题"，各"家站"自选"设题"相结合的方式，以议题为牵引，突出《北京市非机动车管理条例》《北京市接诉即办工作条例》执法检查；《北京市城市更新条例》《北京市节水条例》立法征求意见；执法监督及法治政府建设；营商环境优化、科学城东区科技创新；密云水库流域水生态保护与绿色发展；乡村振兴实施及乡村传统风貌规划保护等重点议题开展活动。密云区规范化建设工作启动以来，全区20个代表之家开展活动70余次；90个代表联络站开展活动329次；人大代表参加活动5586人次；联系选民12894人次；收集意见建议212件，比往年都有较大数量的增长，进一步激发了"家站"活力，提升了代表履职热情，增强了人大工作实效。

四是高水平保障。强化"七项保障措施"：列出计划表，指导各"家站"明确年内每次活动的具体时间、地点、形式、议题和参加人员；确定专人负责，根据代表构成和履职能力，选取专人负责"家站"日常工作；强化活动组织，各项活动开展前，预先告知代表，提供相关文件资料，协助代表开展必要的调查研究；做好意见反馈，对代表根据走访、联系选民提出的意见建议分层分类处理，办结及时答复；夯实基础工作，"家站"活动、代表履职、征求意见建议及反馈等及时准确做好记录、整理和归档工作；保障经费落实，将"家站"建设、活动经费纳入本级财政预算予以保障；促进工作交流，定期组织"家站"工作经验交流会，进一步提升全区"家站"规范化建设水平。

二、"家站"建设的完善与提升

切实加强代表"家站"建设，保障代表闭会期间的活动，关系到全过程人民民主和新时代代表形象，对于国家治理体系和治理能力现代化及民主法治建设意义重大。近年来，各地人大结合实际都对代表"家站"建设和作用发挥进行了探索，以求实现对代表履职的推动、激励与提升作用，推进了民主政治的进程，取得了良好的社会反响。工作中还要找准着力点，提升工作实效，以形成各地人大发展全过程人民民主的特色品牌和亮点。

（一）突出政治属性，把"家站"做"强"

在中央人大工作会议上，习近平总书记强调，"人大代表要站稳政治立场，履行政治责任，加强思想、作风建设，模范遵守宪法法律，做政治上的明白人"。坚持党的领导是人民代表大会制度的根本政治原则，人大工作要围绕中心、服务大局，党的工作部署到哪里，我们的工作就要跟进到哪里。"家站"的一项重要功能就是要宣传党的路线方针政策，宣传宪法、法律法规。如密云区代表"家站"活动在议题安排上，把政治学习和宣传作为"第一议题"，把深入学习贯彻党的十九届六中全会精神与习近平法治思想、习近平生态文明思想和习近平总书记关于坚持和完善人民代表大会制度的重要思想结合起来，与深入贯彻中央人大工作会议精神和习近平总书记对北京一系列重要讲话精神等结合起来，及时跟进学习习近平总书记最新讲话精神等，不断提高政治判断力、政治领悟力、政治执行力。通过"家站"活动深化对党的纲领、路线、方针的理解与贯彻执行，确保党的主张和决策部署第一时间传达到代表和群众中间，凝聚共识、落地生根、开花结果，切实转化为人民群众的意愿和自觉行动。

（二）强化法治属性，把"家站"做"专"

在"家站"建设和作用的发挥上，依法履职是其应有的法治属性。一是有效发挥立法"前哨站"的作用。持续围绕涉及人民群众切身利益的问题，利用好代表"家站"平台开展立法调研等工作，采取"万名代表下基层"工作机制，广泛征求代表和人民群众意见，以法治推动解决人民群众最期盼最关心的问题。如在《北京市生态涵养区生态保护和绿色发展条例》立法调研中，代表积极参与，并就转移支付资金使用、保护基金设立、库区政策完善等提出建议，被市人大采纳，推动了党的重大决策部署转化为法律制度，以法制保障生态涵养区高质量发展。二是强化法治"推进站"的作用。咬合"法律的牙齿"，依托"家站"开展执法检查，保障宪法、法律法规在本行政区内的正确有效实施；代表定期参加家站活动，学习法律法规、开展执法检查，通过"身边、路边、周边"三边检查等形式，进一步推动法律法规的落实。如在《北京市非机动车管理条例》执法检查中，市区镇三级人大代表1100 余人参加检查，发放调查问卷 5993 份，征求意见建议 190 条，汇总农村地区小型电动三轮车、四轮车上路、城区电动自行车进楼、"飞线"充电等问题及相关建议提交人大常委会执法检查组研究采纳，推进"条例"贯彻落实，推动问题立行立改。三是打造为民解忧的"暖心站"。针对群众通过代表"家站"反映出来的"急难愁盼"问题，要善于通过研提建议、督促办理等方式解决民生关注，在"家站"沟通情况、听取意见、及时推进，让人民群众感受到人大制度的优势，感受到人大代表就在身边、人民民主就在身边。四是建设治理前沿的"舆情站"。对于一些反映比较集中的问题，在代表"家站"召开恳谈会、督办会，广泛邀请代表和群众参与，有组织地听取政府及相关部门情况的汇报。通过"家站"的组织运行，最大化地凝聚起人民群众与党委、人大、"一府一委两院"的共识，良性互动地推进问题解决，帮 12345 政务服务便民热线减负，给信访工作"瘦身"，推动基层治理体系和治理能力的提升。

（三）加强代表属性，把"家站"做"实"

"家站"在不断完善运行中，要牢牢把握密切联系服务群众工作理念，坚持"家站"常态化联系选民听取群众意见，积极开展走访群众、宣传群众活动。为进一步落实"人大常委会组成人员联系人大代表、人大代表联系群众"工作要求，密云区人大常委会修订了《北京市密云区人大常委会组成人员联系区人大代表制度》，探索开展常委会组成人员联系人大代表"四倾听"活动（倾听实情、倾听民意、倾听建议、倾听需求），畅通联系路径、丰富内容形式、拓展反映渠道、回应代表关切，努力形成双向互动交流、共同推进工作的局面。下一步我们将探索依托"家站"开展代表的"四倾听"活动，以此夯实"四个机关"建设基础，更好地支持、保障和引导代表依法履行职责，以活动为牵引坚持"倾听民声"和"兴办实事"两手同抓，"说"与"干"、"帮"与"促"同时着力，解决群众最关心、最直接、最现实的问题，从而进一步激发代表联系服务群众的热情和动力，听人民心声、替人民进言、为人民尽责，推动全过程人民民主在基层形成生动实践。

（四）提升特色属性，把"家站"做"活"

推进"家站"规范化建设与作用发挥，不能千篇一律，要着力在"生动和活力"上下功夫。在"家站"规范化建设中，密云区人大常委会始终尊重基层首创精神，鼓励各镇街（地区）人大和各"家站"将"规定动作"与"自选动作"相结合，探索"基础+特色"的"家站"建设模式，在践行全过程人民民主方面探索创新，在推动保水保生态、绿色发展、民主法治、基层治理等方面开展特色活动，努力形成"一家一精品、一站一品"，推动形成人大代表工作新时代品牌。如鼓楼街道代表"家站"探索与基层治理相融合的"站、网、格"联动机制，代表入站、入网、入格，并将代表联络站与29个社区的12345政务服务便民热线接诉即办工作室无缝对接，共享"接单派单"信息资源，发挥人大监督作用，精准把握群众诉求和解决情况，对区职能部门"吹哨报到"和街道内部科室、社区"接诉即办"情况进行监督，抓实"最后一公里",织就"基层一体化治理网络"。又如,河南寨镇代表"家站"探索与基层民主政治建设融合的"家、站、岗一体布局,五岗建功"工作机制,设立"人大代表先锋岗",依托"家站"将岗位延伸至群众身边,设立到车间地头,定岗位、明职责、亮身份、有作为,同时将代表履职过程与参与村民民主日、村两委会会议、镇重要专题会议有机结合,使代表"岗位建功"成为政策法规宣传岗、民生民意收集岗、民主恳谈建议岗、基层治理监督岗、乡村振兴示范岗,推动全过程人民民主在基层形成生动实践。

三、"家站"建设与作用发挥的几点思考

人大代表作为地方国家权力机关的组成人员,是党和国家联系人民群众的重要桥梁,也是人民群众表达意愿、实现有序政治参与的重要纽带。各级党委、人大、"一府一委两院"要践行和发展全过程人民民主,切实提高对代表"家站"重要作用的认识,进一步统一思想、形成合力、强力推进。通过多方共促,使代表"家站"建设适应新形势、新任务、新要求,使之成为闭会期间人大代表依法履职的有效途径,成为人民通过法定渠道、方式、程序参与党和国家各项工作的重要平台,确保党委和各国家机关在决策、执行、监督、落实等各环节都能听到来自人民的声音,为不折不扣地贯彻落实党中央各项决策部署凝聚起更加强大的力量。

一是在党政层面要通过代表"家站"作用发挥,服务于党的治国理政。地方党委要把人大工作摆在更加突出的重要位置,及时研究解决人大工作中的重大问题,支持人大及其常委会依法行使职权,指导和督促"一府一委两院"自觉接受人大监督。要通过出台人大工作意见、定期听取人大工作情况汇报等形式,加强党对人大工作的领导,保证国家权力机关和人大代表贯彻落实党的决策部署,支持和保障其依法行使职权。党委要主动经常地向人大交任务、加担子,加强党的全面领导,充分发挥好人民代表大会的优势和人大代表的作用。通过代表"家站"作用的发挥,听取、吸纳人大代表的意见建议,让党委、人大、"一府一委两院"对社情民意的掌握更及时、更真实、

更全面，不断增强决策、监督与执行的民主性、科学性、针对性和实效性。要完善考核督查制度，把党委领导人大工作、"一府一委两院"接受人大监督、有关部门支持和配合人大工作情况纳入领导班子和领导干部考核内容，对贯彻落实情况开展专项督查，形成推进人大工作的整体合力，推进多元治理主体的融合，提升社会治理效能。

二是在人大层面要以加强代表"家站"为切入点，加强对基层人大工作的指导。人大代表的首要任务是做好人大工作，履行议事、监督等职责，要围绕执行代表职务着力，以防止活动"行政化"倾向。在基层治理体系中代表"家站"作用的发挥还处在不断的探索完善中，其功能与其他城市基层治理机制，如接诉即办、人民信访等在部分功能上存在交集，代表"家站"工作易"钻"进行政化的误区。在运行过程中，代表"家站"必须坚持"人大工作是主责主业"的定位，增强履职的针对性，提升代表的归属感和责任感。要立足自身职能，注重工作特点，用好"三个机制"、坚持"三个围绕""抓好三个问题"来开展"家站"活动，即万名代表下基层、三边检查、四倾听活动机制。围绕中心工作、围绕常委会年度重点议题、围绕专委会和镇街（地区）重点工作。紧紧抓住制约经济和社会发展的突出困难和重大问题，抓住人大代表普遍关心的热点难点问题，抓住与人民群众生产生活息息相关的切身利益问题，强化活动的组织和引导。通过组织代表开展学习培训、视察调研、接待选民、代表议政、民主恳谈等各项活动，为丰富活跃基层人大工作提供新抓手、新载体，正确而充分地发挥代表"家站"在发展全过程人民民主中的独特作用，促进各级人大工作水平的全面提升。

三是在代表层面要通过代表"家站"让各级人大代表与选民实现"零距离"接触。代表"家站"在不断完善运行中，要牢牢把握密切联系服务群众工作理念，使工作更接地气。要坚持"督促落实"和"反映民意"相互衔接，使"民主选举、民主协商、民主决策、民主管理、民主监督"的构成，与我国的政治制度相对应、相衔接，彼此之间相互嵌入、融合，形成一个公民有序政治参与的闭环，成为实现全过程人民民主的具体形式。实践证明，民意要修成正果，变成代表为民办实事，人大必须增强工作实效，保障民意落实进入快车道，也让人大代表为民履职有获得感和成就感，从而进一步激发代表的热情和动力，形成民主制度的良性循环。将各级人大代表分别以选区为单位分配到各代表"家站"，增进了三级代表之间的联系，密切了与群众的联系，要更加有效地把各级人大代表组织起来，完善人大代表和人民群众沟通联系机制和内容形式，更多地深入基层走访群众，参与社会治理，充分吸收群众意见，发挥联动实效。对一些带有全局性、关系本地区经济发展和社会安定稳定、涉及人民群众重大利益的民意，应当做到上下级人大代表一起听取，同步调研，广泛征求意见，从而得到准确信息和真实情况。只有加强人大代表上下联动，才能真正反映各级人大、人大代表和人民群众对"一府一委两院"工作的意见建议，使人大和人大代表的作用真正落到实处，保证决策落实的科学性、针对性和可适用性。

四是在工作层面要通过代表"家站"让代表闭会期间活动持续、深入、有效开展。加强代表闭会期间的活动，是依法保证代表在会议期间工作的重要实践，大会期间的工作和闭会期间的活动是相辅相成、辩证统一的关系。切实加强代表"家站"建设，保障代表闭会期间的活动，增强效果转化，关系到全过程人民民主和新时代代表形象，对于国家治理体系和治理能力现代化及民主法治建设意义重大。代表"家站"可结合实际开展主题活动，但不能搞一阵风，不能追求短期名声和效应。在代表联系选民上，对代表联系选民的职责、联系内容、联系方式、代表反映选民意见的处理程序等要作出较为详细的规定，努力把代表联系选民制度落到实处；代表活动上，围绕有计划、有议题、有活动内容、有履职效果的"四有"要求，健全代表活动制度，通过视察、调研、检查或评议等活动，形成有理有据的调研报告或意见建议，推动相关问题的解决；在激励约束上，要落实代表述职、评议等制度，把代表参与"家站"等活动情况作为人大代表向选民述职、接受选民评议的重要内容。要建立完善人大工作绩效评价机制，科学设定评价指标和评价办法，以评价结果为导向，推动"家站"工作有序有效开展。在调动社会力量参与上，探索建立代表"家站"与新时代精神文明实践站（所）互为依托的"双服务"模式，提高代表和群众参与政治文化生活的热情，同时鼓励

"家站"结合实际，统筹配置资源，配备专职工作人员驻站服务，也可以借鉴网格"红管家"、小巷管家等机制，充分吸纳志愿者等社会力量参与，壮大基层人大服务队伍。

五是在社会层面要通过代表"家站"使人民群众更能直接地感受到人民代表大会制度的优势。要解决好在闭会期间人民群众不知道代表在哪里，不知道如何通过代表反映诉求，更无从对代表进行监督的问题。让代表"家站"成为联系群众之地、服务群众之地、群众解疑释惑之地，使人民群众切身感受到民意有人代表、民怨有人倾听、民生有人关注、民主就在身边，做到让群众"找得到人、说得上话、议得成事"，提升人民群众获得感、幸福感、安全感。要加强人大工作和"家站"活动的宣传，不能简单地"我说你听"，单向传递，要把宣传主体的意志和受众的需求结合起来，形成双向交流互动，受众由被动接受转为主动认知。工作中要善于通过代表"家站"活动挖掘人大故事和代表履职故事，积极争取党委宣传部门、新闻媒体和社会公众等各方力量的参与，打破"家站"宣传"势单力薄"的状况，积极构建大宣传格局。通过新媒体、"互联网＋"的方式把全体人大代表组织起来，交流活动开展起来，展示成果发挥出来，提升代表"家站"作用发挥的亲和力、感染力和影响力，生动讲述人大故事、代表故事、民主故事，提高人民群众参与全过程人民民主的积极性，不断坚定人民代表大会制度自信。

北京市政协参与立法协商的进展、经验与意义*

章 林**

【摘 要】北京市政协深入开展立法协商工作，不断推进实践探索与创新。一是在北京市委统一领导下，形成"内外双循环"的立法协商模式；二是与时俱进建章立制，完善立法协商的组织形式和工作机制；三是灵活及时开展立法协商，呈现立体的立法协商工作格局；四是协调市区共同联动，广泛开展立法协商；五是在立法协商正式开始前，实行前期调研；六是委员的建议采取完善总体思路和修改具体事项、文字相结合的方式。北京市政协在参与立法协商过程中，形成了以下基本经验：（一）始终坚持党委对政协开展立法协商工作的领导；（二）牢牢把握"在"政协立法协商的定位；（三）强化政协开展立法协商过程中的凝聚共识职能；（四）充分发挥政协开展立法协商的独特作用与优势；（五）突出立法协商工作的制度化、规范化和程序化。北京市政协开展的立法协商工作，具有重要的实践和理论意义。（一）坚持党的领导、人民当家作主、依法治国的有机统一，推动习近平法治思想在京华大地落地生根，形成生动实践；（二）彰显政协协商在发展全过程人民民主中的作用，充分体现了科学立法、民主立法的要求；（三）进一步丰富了政协协商民主理论，为加强中国特色社会主义民主政治建设探索了一条新的有效路径。

【关键词】北京市政协；立法协商；进展、经验与意义

---

* 本文系北京市社会科学基金项目《人民政协参与立法协商的北京实践》（21JCC086）阶段性成果。

** 章林，北京联合大学北京政治文明建设研究基地副教授、硕士生导师，习近平总书记关于加强和改进人民政协工作的重要思想北京研究基地特约研究员。

　　参与立法协商，作为北京市政协在政协协商内容、协商类型方面的重要实践创新和推进科学立法、民主立法的重大改革探索，始于 2013 年组织开展对《北京市大气污染防治条例（草案）》的协商工作，目前已经初步形成制度化，成为北京市政协的名片。2013 年至 2021 年，除市政府各年度立法计划以外，重点针对 15 项地方性法规①和 7 项政府规章②开展立法协商活动，取得了丰硕的成果、积累了丰富的经验，既为北京市建设法治中国首善之区贡献了政协智慧和力量，又为北京市政协今后开展立法协商工作打下了坚实基础。③ 本文以北京市政协参与《北京市接诉即办条例（草案）》协商工作的实践为实证研究对象，通过对整个协商程序进行分析，探讨北京市政协参与立法协商所取得的主要进展、经验与意义。

一、北京市政协参与立法协商的主要程序

　　协商活动的程序化是协商民主发展的必然趋势，也是协商民主发挥效能的关键环节。从协商程序上看，协商活动的组织代表着协商过程的正式开展，是协商实践的具体过程。

---

① 15 项地方性法规包括：《北京市大气污染防治条例》（2013）、《北京市居家养老服务条例》（2014）、《北京市城镇基本住房保障条例》（2014）、《北京市控制吸烟条例》(2014)、《北京市建设工程质量条例》(2015)、《北京市全民健身条例》（2016）、《北京市旅游条例》(2017)、《北京市非物质文化遗产条例》(2018)、《北京市非机动车管理条例》(2018)、《北京市城乡规划条例》(2019)、《北京市机动车和非道路移动机械排放污染防治条例》(2019)、《北京市物业管理条例》(2020)、《北京历史文化名城保护条例》(2021)、《北京市接诉即办条例》(2021)、《北京市种子条例》(2021)。

② 7 项政府规章包括：《北京市劳动合同若干规定》《2014》、《北京市人民政府办理人民代表大会代表建议、批评、意见和人民政治协商会议提案办法》（2014）、《北京市行政执法机关移送涉嫌犯罪案件工作办法》(2016)、《北京市人民政府规章制定办法》(2016)、《北京市实施〈居住证暂行条例〉办法》(2016)、《北京市社会救助实施办法》(2018)、《北京市促进慈善事业若干规定》(2019)。

③ 夏颖：《深入参与立法协商工作 切实把人民政协制度优势转化为首都治理效能》，《政协研究》2022 年第 2 期。

（一）立法协商的组织领导

北京市政协立法协商工作是在主席会议领导下进行的。北京市政协在正式开展立法协商前，首先成立北京市政协立法协商工作领导小组（以下简称领导小组），具体落实北京市政协党组、主席会议部署和要求，负责立法协商工作的统筹协调。领导小组在北京市政协社会和法制委员会设立办公室，负责日常工作。同时，根据立法协商事项，确定主责专门委员会并负责具体组织实施，其他专门委员会积极组织本专门委员会委员参加立法协商活动，与领导小组办公室一起完成立法协商任务。

在北京市政协参与《北京市接诉即办条例（草案）》立法协商中，北京市政协社会和法制委员会既要履行领导小组办公室职责，同时又作为本次立法协商工作主责专委会，负责具体组织实施，其他专委会、有关综合部门共同参与。

（二）参与立法协商的范围

北京市政协根据协商内容确定参与立法协商的范围。在《北京市政协协商的地方性法规（草案）》，需经北京市人民代表大会审议通过的，组织各界别全体委员参加协商；需经北京市人民代表大会常务委员会审议通过的，组织有关界别、部分委员参加协商，重要的也可组织各界别全体委员参加协商。北京市政府年度立法计划（草案）、政府规章（草案），组织有关界别、部分委员参加协商。北京市政协组织的立法协商活动，可以邀请全国政协委员参加，可以通过民主党派界别、无党派界别邀请民主党派成员和无党派人士参加，可以通过区政协组织区政协委员参加，还可以发挥界别特色和优势，邀请有关组织和群众参与。

此外，北京市政协还组建法律专家组和专业专家组参与立法协商。专家组成员一般应从现任北京市政协委员中选用。北京市政协社会和法制委员会负责组建法律专家组，就立法协商事项提供法律意见。相关专门委员会负责组建专业专家组，就立法协商事项提供专业意见。法律专家组和专业专家组根据立法协商工作需要一事一设。

在北京市政协参与《北京市接诉即办条例（草案）》立法协商中，面向政协委员广泛征集意见与组织熟悉接诉即办工作、具有专业优势的委员集中开展调研论证相结合，同时邀请全国政协委员、组织市区政协委员参加立法协商。

（三）具体协商流程与步骤

从具体协商流程来看，北京市政协办公厅接到中共北京市委关于在北京市政协开展立法协商的意见后，及时报告北京市政协主席、分管副主席批示。领导小组办公室协调相关专门委员会和部门拟定实施方案。拟定的实施方案一般包含以下主要内容：参加协商的政协委员范围，主责专门委员会，协同工作的专门委员会和部门，法律专家组和专业专家组成员，知情明政、调查研究、研讨论证的安排，各项工作时间安排等。

相关专门委员会和部门拟定的实施方案经领导小组研究后，报请北京市政协主席会议研究决定。主席会议不能及时召开的，经驻会领导办公会研究决定，会前应征询不驻会主席会议成员的意见。

立法协商工作方案确定后，按以下步骤开展工作。首先，领导小组召开会议进行动员和部署，北京市有关部门正式通报情况。北京市政协各专委会、有关综合部门参加。在北京市政协参与《北京市接诉即办条例（草案）》立法协商中，各区政协也参加。此外，参加北京市、区政协调研组的委员及关心关注接诉即办立法工作的委员，以视频形式参加会议。

其次，领导小组办公室和相关专门委员会组织参加立法协商的政协委员深入学习、知情明政、调查研究、征询意见、座谈讨论。以上工作可以采取实地考察调研和召开会议形式进行，也可以通过网络平台在线上进行，同时要和委员密切联系群众工作相结合，发挥委员工作室和委员工作站的作用。在北京市政协参与《北京市接诉即办条例（草案）》立法协商中，领导小组办公室在北京市政协委员履职平台开设网络议政专栏，北京市政协各专委会、有关综合部门组织所联系委员线上、线下相结合开展协商。

再次，领导小组办公室汇总、梳理参加调研组的委员提出的立法建议，各专委会、有关综合部门汇总、梳理所联系委员提出的立法建议，同时组织法律专家组和专业专家组对协商意见进行法律和专业论证，保证协商意见质量。在北京市政协参与《北京市接诉即办条例（草案）》立法协商中，各区政协积极开展有关工作，并就委员的意见建议进行论证。

最后，北京市政协各专委会、有关综合部门和各区政协按照总体性意见、相对具体意见、文字修改意见，全面、系统、充分地梳理汇总政协委员个人的意见建议，并连同立法协商工作情况（组织形式方法、工作创新与特点、参与调研协商委员人数、委员提出的立法建议条数，以及委员在凝聚共识上取得的重要成果等），形成表述准确、清晰文字材料，以电子版形式报领导小组办公室。

（四）协商成果报送与反馈

领导小组办公室统筹北京市区政协协商成果，起草立法协商工作报告和委员立法建议报告草案，经专业专家组、法律专家组论证完善，按规定程序提请领导小组研究审定，向党组和主席会议报告。北京市政协主席会议听取领导小组报告，研究协商意见。主席会议不能及时召开的，驻会领导办公会听取报告，研究协商意见，会前要征询不驻会主席会议成员意见。领导小组办公室、主责专门委员会根据主席会议或驻会领导办公会研究意见，对协商报告（草案）进行修改完善，转送北京市政协办公厅。

北京市政协办公厅接到领导小组办公室报告后，按公文要求进行规范，形成正式报告，报送中共北京市委。北京市政协办公厅接到立法协商成果采纳情况反馈意见后，转送领导小组办公室。在北京市政协参与《北京市接诉即办条例（草案）》立法协商中，领导小组办公室要协调各区政协，以适当方式及时告知参加协商的政协委员。

立法协商任务完成后，领导小组办公室按照《政协北京市委员会委员履职评价办法（试行）》，组织委员、邀请相关部门开展履职评价，并进行工作总结，形成书面报告。最后，立法协商工作全部完成后，由北京市政协办公厅负责整理相关材料存档。

二、北京市政协参与立法协商的主要进展

北京市政协根据北京市委的要求和部署，围绕重要地方性法规、北京市政府年度立法计划及重要政府规章草案等，深入开展立法协商工作，不断推进实践探索与创新，取得重要进展。

（一）在北京市委统一领导下，形成"内外双循环"的立法协商模式

在北京市委统一领导下，北京市政协开展立法协商工作，从提出协商需求到迅速组织开展，从报送意见建议到反馈处理结果，形成了一个相互支撑、贯通融合的"内外双循环"。"外循环"即北京市人大党组或市政府党组报请北京市委，北京市委将立法草案批转给北京市政协进行协商；北京市政协形成立法建议报告报送北京市委，转北京市人大或市政府立法参考；北京市人大或市政府将立法建议的采纳情况，通过北京市委反馈北京市政协。整个流程中，人大和政协不直接发生关系，而是以同级党委为中介连接起来。"内循环"即根据北京市委制定的年度协商计划，在北京市政协主席会议领导下，立法协商工作领导小组负责统筹协调，领导小组办公室负责日常工作，根据立法协商事项确定主责专门委员会并负责具体组织实施。

（二）与时俱进建章立制，完善立法协商的组织形式和工作机制

2014 年 12 月，为落实《中共北京市委办公厅关于在市政协开展立法协商工作的通知》，北京市政协制定了《政协北京市委员会立法协商工作实施办法（试行）》，由社会和法制委员会办公室负责具体落实，相关专委会办公室协助完成，这标志着北京市政协参与立法协商实践有章可循，有章可依，进一步推进了政协参与立法协商的制度化、规范化和程序化。为了推进立法协商工作更加扎实深入地开展，2020 年 8 月，北京市政协对实施办法进行修订，增加了根据立法协商事项确定"主责专委会"的规定，明确了具体组织实施立法协商事项的主责委员会，使得社会和法制委员会的法律优势和其他

专门委员会的专业优势更加契合，推动立法协商工作的组织形式和运行机制更加科学有效。此外，新的《政协北京市委员会立法协商工作实施办法》还补充了协商的"法规草案"和"参加人员"，并进一步完善了协商程序。

（三）灵活及时开展立法协商，呈现立体的立法协商工作格局

按照年度"重点"协商计划，针对北京市委交办给市政协党组的立法协商事项，北京市政协严格按照"前期准备、任务确定、组织实施、专家论证、意见确定、结果报送、情况反馈、工作总结"等一系列立法协商程序进行"闭环"办理。从 2013 年开始，重点针对 15 项地方性法规和 7 项政府规章开展立法协商活动，就属于上述范畴。而在年度协商计划之外，针对市人大法制工作委员会、市政府有关部门等"建议"征集委员立法建议的工作，北京市政协可参照上述程序执行，也可采取简易程序。鉴于此范畴协商工作是灵活、高频，甚至是不可预见的，这种安排有利于确保工作因地制宜，并且能够对临时性立法建议征集及时进行反馈。

（四）协调市区共同联动，广泛开展立法协商

北京市政协围绕《北京市接诉即办条例（草案）》组织委员开展立法协商过程中，考虑到该条例涉及面广、社会关注度高，为发挥市区政协委员的特点和优势，更好地提高立法建言质量，助力立法工作深入基层、贴近实际，首次实行市区政协大范围联动，组织协调十六区政协委员共同参加，在市区两个层面分别调研和征求建议。同时围绕市区政协联动落地，北京市政协通过召开系列工作会、微信工作群、视频连线等多种方式，明确立法协商重要环节、步骤和要求，切实加强对区政协开展立法协商工作的指导；通过统一编发委员学习材料、邀请区政协有关负责同志和委员参加北京市政协重要调研活动和立法工作情况通报会，为区政协组织开展立法协商提供支持；支持通过在基层设立的委员工作室、工作站密切联系群众，全面掌握立法需求。围绕高质量协商建言落地，市区政协加强统筹协同。市政协召开立法协商工作动员部署会，邀请十六区政协共同参加；组织市区政协委员共同值守

12345 政务服务便民热线；市区政协都将立法建议论证作为必经环节，区政协将经调研论证的建言成果，分别形成工作情况报告和意见建议报告，汇总至北京市政协，北京市政协综合各方面的意见建议，组织专业专家组、法律专家组分析论证，从而在更广范围、更深层次上开展立法协商，更好地发挥人民政协作为专门协商机构在民主立法、科学立法中的作用。

（五）探索在立法协商正式开始前，实行前期调研

在北京市委组织开展《北京市接诉即办条例（草案）》立法协商之前，北京市政协为了摸清基础情况和存在问题，提前与北京市司法局、北京市政务服务局沟通协商，制定工作方案，在市区政协成立调研组，并积极发挥委员工作室、工作站的作用，精心组织委员深入基层开展调研，密切联系群众听取建议、凝聚共识。分专题多次邀请北京市教育委员会、北京市公安局、北京市住房和城乡建设委员会、北京市城市管理委员会、北京市公安局公安交通管理局、北京市交通委员会、北京市城市管理委员会、北京市市场监督管理局、公共服务企业、街乡镇有关同志座谈研讨，使市区政协委员对"接诉即办"工作和立法需求有了比较全面的了解，为立法协商正式启动后有针对性地开展更深入、更精准的调研创造有利条件。立法协商启动后，市区政协调研重心转到结合法规草案有针对性开展补充调研，并将补充调研与立法建议论证等协商会议有机结合，邀请部门、街道、社区居委会、群众参加，实行边调研、边建言、边论证，在研究讨论中同步推进建言资政与凝聚共识。值得一提的是，北京市政协组织部分市、区政协委员轮流值守政务服务便民热线电话和网络座席，这一"沉浸式"地实际体验"接诉即办"的调研方式，让委员们置身其中了解有关机制的运行情况，为委员更好提出立法建议提供了宝贵的一手素材。

（六）委员的建议采取完善总体思路和修改具体事项、文字相结合的方式

北京市开展接诉即办工作，是首都治理体系和治理能力现代化的探索创新，需要从微观和宏观两个层面去考量。政协委员在本次协商中不仅提出了较为具体的建议，而且提出了完善思路性的建议。例如，在完善总体思路意见方面：有委员提出，立法目的应突出以人民为中心的发展思想和党建引领基层治理改革创新经验；有委员建议，把调整各部门权力运行关系作为立法重点，解决各级行政机关在衔接配合方面存在的短板和弱项；有委员提出，要妥善处理好制定本条例和遵守其他法律法规的关系问题，及时制定和公布配套规章或规范性文件；有委员建议，要明确"依法治理"，依法构建领导体制、工作体系、运行机制，诉求人行使符合现有法律规定的权利，办理主体、渠道、途径、实现结果应当符合现行有效法律框架体系的要求，避免不正当使用或者浪费行政、财政等公共资源；有委员提出，要处理好相关部门行政法责任与内部政绩之间的关系，解决好相关部门责任认定问题，避免内部政绩考核外部化为法律责任；等等。在修改具体事项方面：有委员建议，条例应当增加一条，用于明确规定和表述接诉即办事项的边界和范围；有委员建议，第 9 条不作为基本权利来表述，而是明确诉求提出的方式、诉求人可以了解诉求办理情况和评价办理结果；有委员建议，增加提供多语种和民族语言的服务机制，安排必要的相关接诉即办人员，充分考虑北京城市功能定位和未来发展需求；有委员建议，第 10 条第 1 款增加"不得利用网络微信群组织、煽动没有共同诉求的当事人集体拨打市民服务热线""不得利用12345 政务服务便民热线对单位和个人进行敲诈勒索"；有委员建议，设立"市、区、镇（街）接诉即办应急专项资金"，用于解决在实践中存在的特殊情况；等等。在修改文字方面：有委员建议，将"和"修改为"或"；有委员建议，将"其他组织"修改为"非法人组织"；有委员建议，将"快速响应"修改为"快速受理、及时转办"；有委员建议，将"及时办理辖区内的诉求"修改为"及时办理辖区权限范围内的诉求"；有委员建议，将"违法国家规定"修改为"违反国家法律规定"；等等。

三、北京市政协参与立法协商的主要经验

北京市政协在开展立法协商工作过程中，形成了以下基本经验。

（一）始终坚持党委对政协开展立法协商工作的领导

中国共产党的领导是依法治国的根本保证，也是政协协商民主有序开展的根本保证。立法协商内容往往涉及面广、利益关系复杂，只有发挥党的领导核心作用，才能确保协商工作取得实效。北京市政协开展立法协商工作始终是在北京市委的全面领导下有序、有效开展的。北京市委高度重视市政协参与立法协商建设，将北京市政协开展立法协商纳入总体工作部署和重要议事日程，在协商年度工作计划的制定、协商成果的采纳、办理和反馈等方面，充分发挥统揽全局、协调各方的作用，把党的领导体现在立法协商工作的全过程。

（二）牢牢把握"在"政协立法协商的定位

人民政协不是权力机关，不是决策机构，也不是协商各方中的一方，而是发扬民主、参与国是、团结合作的重要平台。北京市政协在开展立法协商过程中，牢牢把握不是"和"政协协商，而是"在"政协协商这个定位，充分依托专委会和界别，注重发挥政协自身优势和有利条件，把立法协商工作的着力点始终放在搭建平台、有序协商、凝练建议、增进共识上，力求将立法建议高质量地报送北京市委，供北京市人大与市政府在立法中研究参考，而不是对党委政府工作形成倒逼机制，确保了政协工作的正确方向。

（三）强化政协开展立法协商过程中的凝聚共识职能

充分发挥凝聚共识的职能，是新时代人民政协履职工作的中心环节。北京市政协围绕北京市委重要决策部署、涉及首都改革发展稳定全局、与人民群众切身利益密切相关且社会广泛关注的重点议题，通过广泛组织发动、深入调研协商，引导和团结广大政协委员及所联系的界别群众，提高对相关立法草案重要性、必要性的认识，增强支持和投身首都改革事业发展的自觉性、主动性，使立法协商的过程切实成为齐心协力建真言、携手奋进聚共识的过程。

（四）充分发挥政协开展立法协商的独特作用与优势

人民政协协商民主具有多方面独特优势。在立法协商的过程中，北京市政协注意发挥委员主体作用、界别特色作用、专门委员会基础性作用、专家学者智库支持作用，不仅成立立法协商调研组，还组建法律专家组和专业专家组，分别就立法协商事项提供法律意见和专业意见，在协商中最大限度凝聚社会各界智慧，既充分发挥政协组织的广泛代表性和巨大包容性优势，又有效发挥法律专业性和职业技术性优势，切实提高立法协商工作质量。

（五）突出立法协商工作的制度化、规范化和程序化

立法协商工作对制度化、规范化和程序化水平有着很高的要求。从北京市政协开展立法协商工作的实践可以看出，立法协商建设的每一步都有相应的制度建设跟进，边实践边加强制度建设。从协商议题的提出到协商成果的报送，从搭建协商平台到组织协商活动，都出台了相应的制度性文件。2014年12月和2015年1月，北京市政协先后出台《政协北京市委员会立法协商工作实施办法（试行）》和《政协北京市委员会贯彻落实〈关于制定实施北京市政协协商年度工作计划的意见〉的实施办法（试行）》，规定了政协开展立法协商工作的内部操作规程，规范了立法协商议题的提出和确立机制。2020年8月，北京市政协对开展立法协商工作实施办法进行修订，进一步修改经实践检验已不合乎实际的内容，把实践中形成的新经验新做法，及时概括到立法协商工作制度当中。以上文件为北京市政协组织开展立法协商工作建立了科学合理、规范有序的机制和流程，对于发挥政协作为协商民主重要渠道和专门协商机构作用提供了有效的制度保障。

四、北京市政协参与立法协商的重要意义

北京市政协开展的立法协商工作，是贯彻落实推进社会主义协商民主的生动实践，是贯彻落实推进科学民主立法的有益探索，是全过程人民民主的

生动诠释，具有重要的实践和理论意义。

（一）坚持党的领导、人民当家作主、依法治国有机统一，推动习近平法治思想在京华大地落地生根，形成生动实践

坚持党的领导、人民当家作主和依法治国有机统一起来，是我国社会主义政治文明建设的一条基本经验。"党的领导是人民当家作主和依法治国的根本保证，人民当家作主是社会主义民主政治的本质特征，依法治国是党领导人民治理国家的基本方式，三者统一于我国社会主义民主政治伟大实践。"①

坚持党的领导、人民当家作主和依法治国有机统一，最根本的是坚持党的领导。在我国政治生活中，党是居于领导地位的。北京市政协在参与立法协商的过程中，始终是在中共北京市委的全面领导下有序、有效开展，体现了北京市委的集中统一领导与支持人大、政协依法依章程履行职能、开展工作、发挥作用是统一的。

坚持人民当家作主，充分调动人民积极性，始终是我们党立于不败之地的强大根基。在中国特色社会主义制度下，有事好商量，众人的事情由众人商量，找到全社会意愿和要求的最大公约数，是人民民主的真谛。北京市政协参与立法协商过程中，始终坚持"民有所呼，我有所应"，最广泛地动员和组织政协委员依照宪法和法律规定，联系各界群众，深入开展调研论证，当好人民群众的"代言人"，既协商真问题，更务求实效，真正把人民当家作主落实到国家政治生活之中，充分彰显了社会主义民主政治的生机活力。

法是党的主张和人民意愿的统一体现，依法治国是党领导人民治理国家的基本方式，也是发展人民民主所必须遵守的重要原则。人民政协是社会主义协商民主的重要渠道和专门协商机构，在全面推进依法治国中发挥着重要作用。北京市政协围绕北京市委和市政府中心任务，参与立法协商活动，是人民政协履行政治协商、参政议政、民主监督职能的表现，有利于完善法律

---

① 习近平：《决胜全面建成小康社会 夺取新时代中国特色社会主义伟大胜利——在中国共产党第十九次全国代表大会上的报告》，《人民日报》2017 年 10 月 28 日。

法规体系，提高立法协商质量，推动依法治国理政。

北京市政协参与立法协商的模式属于党委统筹模式，即北京市委充分发挥统揽全局、协调各方的领导核心作用，把立法协商纳入总体工作部署和重要议事日程，推动北京市人大立法草案和北京市政府规章草案到北京市政协协商。在这一过程中，北京市人大（政府）与市政协并没有直接发生立法工作关系，而是在北京市委领导下实现工作衔接。北京市政协参与立法协商的模式，既体现了党对立法的领导，又保障了人民政协有效参与立法协商，实现了坚持党的领导、人民当家作主和依法治国的有机统一，为推动习近平法治思想在首都加强和创新社会治理改革实践中落地生根、形成生动实践贡献政协力量。

（二）彰显政协协商在发展全过程人民民主中的作用，充分体现了科学立法、民主立法的要求

习近平总书记在 2021 年 10 月召开的中央人大工作会议上指出，我国全过程人民民主实现了过程民主和成果民主、程序民主和实质民主、直接民主和间接民主、人民民主和国家意志相统一，是全链条、全方位、全覆盖的民主。[①] 习近平总书记在党的二十大报告中进一步明确提出，全过程人民民主是社会主义民主政治的本质属性，是最广泛、最真实、最管用的民主。[②] 法律是党的主张和人民意志的高度统一。发展全过程人民民主，就是在决策前、决策中和决策实施各环节充分协商，把协商民主贯穿民主实践全过程，从而更好统一思想、凝聚共识，实现科学决策、民主决策。人民政协在参与立法协商的过程中，把发展全过程人民民主要求贯彻到各环节，使立法协商工作成为践行和体现全过程人民民主的生动实践。

北京市政协在组织立法协商的过程中，成立委员专业专家组和法律专家组，专家组成员从专业角度，针对协商条例草案相关条款的科学性与可行

---

① 习近平：《习近平谈治国理政》第 4 卷，外文出版社 2022 年版。

② 《高举中国特色社会主义伟大旗帜 为全面建设社会主义现代化国家而团结奋斗——习近平同志代表第十九届中央委员会向大会作的报告摘登》，《人民日报》2022 年 10 月 17 日。

性、法条之间的逻辑关系、法学原理、立法技术、法律语言等方面提出真知灼见，使所提的意见建议科学准确、切中要害，促进提高立法质量，充分发挥了政协组织人才荟萃、智力密集的优势。人民代表大会是按地域组织的，具有地域特色；政协是以界别为单位组成的，更多反映的是界别群众的意愿和呼声。在立法表决过程中人大代表充分发扬了民主，而通过在政协开展立法协商，可以很好地把界别群众的意见建议也反映到立法过程中，立法的民主原则得到了更广泛的体现。

（三）进一步丰富了政协协商民主理论，为加强中国特色社会主义民主政治建设探索了一条新的有效路径

关于制定法律是否应作为政协民主协商的内容，在理论上存在着不同看法。党的十八届三中全会明确提出要深入开展立法协商。北京市政协在实践层面上积极探索，拓展了政协协商民主的协商内容，取得了很好的实际效果，积累了宝贵经验，在组织立法协商过程中也创新了很多工作方法，丰富了政协协商民主中的组织和工作方法。在实践层面探索立法协商取得的积极成果，推动了政协协商民主实践，促进了对政协协商民主的理论研究，特别是在协商内容、协商方式等方面的研究，在很大程度上拓展和丰富了人民政协协商民主理论。

此外，通过不断推进立法协商活动，提高了政协界别自身的组织化程度，委员在与立法机关和行政机关的互动过程中极大地加强了政治责任感，锤炼了委员的履职能力，形成了积极有效的工作格局。政协委员依法履行职责的能力和水平，在一定程度上决定了立法和决策代表人民利益和体现人民意志的程度。从这个意义上讲，不断推进政协参与立法协商工作，更好地发挥委员在参与管理国家事务和在全过程人民民主中的作用，必然对完善和发展整个社会主义民主政治具有重要意义。